高等职业学校"十四五"规划跨境贸易专业群建设"岗课赛证"融通新形态精品教材

跨境电商创业

主　编：刘　丹
副主编：方学良

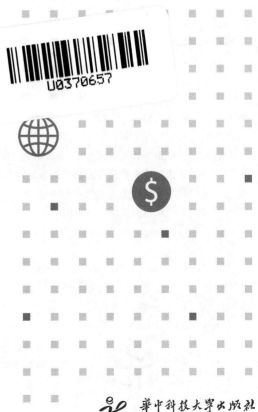

华中科技大学出版社
http://press.hust.edu.cn
中国·武汉

内 容 提 要

本书以创新型人才培养为主线,以提高学生的创业能力为目标,以思政教育与创业教育相融合的角度,按照创业过程中要经历的步骤及可能遇到的问题组织全书内容,科学地构建了树立创业理想、识别创业机会、探寻创业之路、创业准备、Shopee店铺运营实操、直播电商运营实操等几个项目。内容选取以实用为原则,力求知识新颖、案例丰富鲜活。本书旨在培养大学生创新创业意识,强化大学生创新创业精神,提高大学生创新创业能力,锤炼大学生创新创业品质。同时,本书配置了丰富的网络教学资源库,包含课程标准、教学课件、微视频、图片、案例等丰富的资源素材,并以二维码的方式满足学生的移动学习需求。本书既可作为高职高专院校创新创业教育通识课程教材,也可作为社会创业者的参考用书。

图书在版编目(CIP)数据

跨境电商创业/刘丹主编. —武汉:华中科技大学出版社,2023.8(2024.1 重印)
ISBN 978-7-5680-9384-2

Ⅰ.①跨… Ⅱ.①刘… Ⅲ.①电子商务-商业经营-高等学校-教材 Ⅳ.①F713.365.2

中国国家版本馆 CIP 数据核字(2023)第 161772 号

跨境电商创业
Kuajing Dianshang Chuangye

刘 丹 主编

策划编辑:周晓方 陈培斌 宋焱	
责任编辑:吴柯静	
封面设计:廖亚萍	
版式设计:赵慧萍	
责任校对:张汇娟	
责任监印:周治超	
出版发行:华中科技大学出版社(中国·武汉)	电话:(027)81321913
武汉市东湖新技术开发区华工科技园	邮编:430223
录　　排:华中科技大学出版社美编室	
印　　刷:武汉科源印刷设计有限公司	
开　　本:787mm×1092mm　1/16	
印　　张:16.75	
字　　数:405 千字	
版　　次:2024 年 1 月第 1 版第 2 次印刷	
定　　价:49.80 元	

本书若有印装质量问题,请向出版社营销中心调换
全国免费服务热线:400-6679-118　竭诚为您服务
版权所有　侵权必究

高等职业学校"十四五"规划跨境贸易专业群建设
"岗课赛证"融通新形态精品教材

主　编

刘　丹

副主编

吴金娇　　熊　莺

编　委

郭　心　　郭志颖　　李　昕　　李肖爽

李育英　　刘　文　　吴佳妮　　张达阳

总 序

GENERAL PROLOGUE

党的二十大报告强调,"推动货物贸易优化升级,创新服务贸易发展机制,发展数字贸易,加快建设贸易强国"。推动贸易强国建设是建设现代化经济体系的应有之义,也是全面建设社会主义现代化国家的必然要求,其中,数字贸易将赋予贸易强国建设新动能和新优势。大力发展数字贸易,发挥我国海量数据和超大规模市场优势,对于畅通经济循环,助力经济全球化发展,加快构建新发展格局,推动全球价值链变革,更好地满足人民群众的美好生活需要具有重要意义。

跨境电商正在成为数字服务经济新时代全球经济增长的新引擎。目前,中国在跨境电商市场规模、创新活跃度、数字化应用等衡量指标中居全球首位,具有很强的国际竞争力。然而,各层次跨境电子商务人才的缺乏,成为制约跨境电商及相关产业发展的瓶颈。探索跨境电商新职业标准制定、推动相应职业教育改革,培养适应时代、产业所需的高素质技术技能人才,有利于培育具有国际竞争力的跨境电商市场主体,构建优质跨境贸易生态和稳定全球跨境贸易供应链、产业链、价值链,推动经济结构调整、经济增长,以及带动更广范围的就业与拉动经济复苏。培养拥有国际视野与国际化能力、兼具数字技术知识和互联网思维,同时掌握国际商务运营与管理的复合型人才,将为跨境贸易产业的可持续发展提供长期动力,这不仅能够推动产业发展、提供社会就业、实现绿色可持续发展,更能够将中国主导的行业人才标准、中国教育教学体系推广至其他国家,从教育、文化、经济全方位推动人类命运共同体建设。

2021年4月中旬,中共中央政治局委员、国务院副总理孙春兰在全国职业教育大会上发表讲话时,首次提出职业教育"岗课赛证"综合育人。要求职业教育深化"三教"改革,"岗课赛证"综合育人,提高教育质量。2021年4月下旬,孙春兰在安徽调研时强调,要推动全国职业教育大会精神落地落实,要以"岗课赛证"引领"三教"改革。随后,教育部印发通知贯彻全国职业教育大会精神,要求加快完善人才培养体系,探索"岗课赛证"相互融合。2021年10月,中共中央办公厅、国务院办公厅印发《关于推动现代职业教育高质量发展的意见》,提出要完善"岗课赛证"综合育人机制,要求"按照生产实际和岗位需求设计开发课程,开发模块化、系统化的实训课程体系""深入实施职业技能等级证书制度""及时更新教学标准,将新技术、新工艺、新规范、典型生产案例及时纳入教学内容""把职业技能等级证书所体现的先进标准融入人才培养方案"等。这较为系统地、权威地阐述了"岗课赛证"综合育人的核心

要义。关于"岗课赛证"综合育人,我国具有良好的实施基础。职业技能比赛已经组织实施了十多年,2005年国务院提出"定期开展全国性的职业技能竞赛活动",2008年教育部提出"广泛开展职业院校技能竞赛活动,使技能竞赛成为促进教学改革的重要抓手和职业教育制度建设的一项重要内容"。2019年《国家职业教育改革实施方案》提出启动1+X证书制度试点工作以来,教育部、国家发展和改革委员会、财政部、市场监管总局联合制定了《关于在院校实施"学历证书+若干职业技能等级证书"制度试点方案》,教育部办公厅、国家发展和改革委员会办公厅、财政部办公厅印发了《关于推进1+X证书制度试点工作的指导意见》等系列文件,扎实推进1+X证书制度。在新时期,我国职业教育推进"岗课赛证"综合育人,需要进一步适应职业教育高质量发展的时代要求,适应经济社会发展的时代变化,不断迭代其内涵与实质、更替其路径与方法,紧扣"岗课赛证"综合育人的根本目标,将"岗课赛证"综合育人融入职业教育教学改革的各项举措。

为贯彻《国家职业教育改革实施方案》,推动专业升级和数字化改造,结合新专业目录的专业设置,落实立德树人的根本任务,建立"岗课赛证"融通综合育人的一体化新形态教材体系,华中科技大学出版社于2021年6月在武汉外语外事职业学院举办"岗课赛证"综合育人一体化教材编写研讨会。我院根据国家关于职业教育教材建设的相关落实文件,率先在省级高水平专业群——"多语种跨境贸易专业群"项目团队启动"岗课赛证"融通教材建设工作,推动教材配套资源和数字教材建设,高起点、高标准建设中国特色高质量职业教育教材体系。教材编写团队以学习者为中心出发,以职业能力成长为理念厘清逻辑关系,以对接岗位和工作过程为原则整合体系,以分层次、多场景的教学模式赋能课程实施,实现以"能力岗位匹配"客观需求到"岗位课程匹配"的主动供给。同时,多语种跨境贸易专业群教学团队优化教材建设机制,打造融合"岗""证""赛"的新型专业教材,教材内容及时体现产业生产技术发展动态,同时,将产业生产实践和技术升级的变化,及时反映在教材中。

职业教育作为类型教育,在人才培养、专业发展、课程开发、教材建设中有自身的特点和规律,本系列教材融入和传承工匠精神,注重与工作岗位相适应,侧重劳动教育和生产实践。在编写理念上,注重弘扬工匠精神。教材开发中,注重将专业精神、职业精神、工匠精神、劳模精神等融入专业课程内容,整套教材的呈现遵循技术技能人才成长规律,遵循高职学生认知特点,突出理论与实践相统一。教材的编写逻辑以工作逻辑、学生认知为主要依据,以真实生产项目、工作任务、典型案例等形式组织教学单元,体现直观性、实用性、职业性等特征。利用"互联网+"技术,增加教材立体化开发,加快教材更新速度,适应新时代发展需要,从而提升教材建设在提高人才培养质量中的基础性作用,为推进职业教育高质量发展和现代职业教育体系建设改革、培养高素质技术技能型人才提供重要支撑。

武汉外语外事职业学院副院长

刘　丹

2023年6月

序
PREFACE

  在全球经济复苏乏力的背景下,中国经济发展也面临着转型困难、下行压力加大的困境,加之长期扮演世界工厂的角色,我国经济整体处于世界经济产业链的中低端。在这样的大环境下,只有大力破除对个体和企业创新的各种束缚,形成"人人创新、万众创新"的新局面,中国发展才能再上新水平。职业院校的教育目标也应随着发生改变,应从传统的培养就业型人才走向培养创业型人才,以适应社会经济发展的需要。在职业教育的过程中实施创业教育,既有利于适应和满足现阶段经济社会发展的现实需要,同时也充分体现了职业教育的自身特点,我们需要以"双创"为跳板,引导新兴经济模式和产业的发展。

  就市场经济发展的趋势来看,在夯实基础理论知识和专业知识、掌握基本技能和专业技能的同时,还需要学习一定的创业知识和技能,要注意加强创业素质的培养。这就需要职业院校在向学生传授专业技能的同时,必须开展创业教育,培养学生的创业精神、创业意识和创业能力。只有这样,才能使大学毕业生具备生存能力、竞争能力,既可去寻找合适的就业岗位而就业,也可以寻求更好的自我发展机会而走上自主创业的道路。这不仅解决了自己的就业问题,还能为社会创造更多的就业岗位,助力大学生真正成为服务于提高综合国力的、充满活力和主动精神的社会群体。因此,开展创业教育可以转变大学生依附性的就业观,也是学生自我发展、实现自我价值的需要。

  我们一致认为,创业在本质上是一次人生意义的升华,是对自己人生质的定位,是责任心的体现。在这里,本书作者倡导个人价值可以以创业事业的方式进行诠释,将长久的事业作为人生的根本目标,将社会责任作为成功的理想,用创业来实现自己的社会价值。对大学生而言,创业是知识转化的捷径,是终身学习的助力器,从这个意义上来说,创业教育不仅仅是就业工作的一个补充,而是一个发现自我价值和整合周边资源的过程,更是一个满足社会需求的载体。本书以创新型人才培养为主线,以提高学生的创业能力为目标,以思政教育与创业教育相融合的角度,按照创业过程中要经历的步骤及可能遇到的问题组织全书内容,科学地构建了树立创业理想、识别创业机会、探寻创业之路、创业准备、Shopee店铺运营实操、直播电商运营实操等几个项目。内容选取以实用为原则,力求知识新颖、案例丰富鲜活。本书旨在培养大学生创新创业意识、强化大学生创新创业精神、提高大学生创新创业能力,锤炼大学生创新创业品质。同时,本书配置了丰富的网络教学资源库,包含课程标准、教学课件、微视频、图片、案例等丰富的资源素材,并以二维码的方式满足学生的移动学习

需求。本书既可作为高职高专院校创新创业教育通识课程教材,也可作为社会创业者的参考用书。

新的形势下创业教育已成为高校人才培养的新着力点。改革开放以来,中国经济增长靠的就是中国人的创新精神。本书以"岗课赛证"综合育人为目标,积极推动教师、教材、教法"三教"改革,如内容设计中,融入跨境电商岗位标准、技能竞赛关键要素和职业技能标准,促进产教融合,强化学生创业意识和创业能力,让学生敢于创业、勤于创业、善于创业,是一本不可多得的体现高职教育特色的优秀教材。

彭华涛

前 言
FOREWORD

当今世界，新一轮科技革命和产业变革浪潮正席卷而来，创新创业正在成为一种价值导向、一种生活方式、一种时代气息。随着知识经济的发展，加强创业教育已成为世界高等教育发展和改革的新趋势。为了顺应时代潮流，贯彻教育部关于大学生创新创业教育的最新精神，培养新时期高素质的创新创业人才，我们特别组织了几位教师编写了本书，这些教师多年来一直从事大学生就业与创业指导理论研究和实践工作，还有一部分教师多年来一直承担就业与创业指导课程的教学任务，都有着相当丰富的理论知识和实践经验。

虽然我国高等学校在大学生创业教育课程建设方面进行了一些理论研究和实践探索，形成了一些共识，摸索了一些经验，但整体上看，大学生创新创业教育应遵循哪些基础理论的指导，大学生创新创业教育有哪些教育标准、教育原则和教育方法，针对不同层次、不同专业的大学生应秉承什么样的教育理念、采取何种教育模式，创业教育与高校专业人才培养应如何融合，如何针对不同学生群体、不同学生的需求有区别地设计适合的课程体系，诸如此类的问题，目前尚处多元观点并存的发展阶段。很多高校开设的大学生创业教育相关课程的理念还停留在传统的 SYB(Strat Your Business，联合国国际劳工组织的培训项目之一)、KAB(Know About Business，联合国国际劳工组织针对大学生创业的一个教育项目)和创业管理等内容与方法的层面上，实践证明，这些内容已不能满足大学生创新创业教育课程新的发展要求。

本书通过调研、校内外专家指导及毕业生跟踪调查等多种途径和方法了解产业需求及行业发展趋势，以职业能力培养为核心，将创新创业教育与工作岗位对接、与 1＋X 职业等级证书融通、与职业技能大赛融合贯通。思想政治教育元素与专业知识做到嵌入式融合，专业内容的选取、项目任务的设计突出社会主义核心价值观引领、工匠精神培育、创新精神和团队合作等，进而实现思政教育在教材中整体设计的脉络，形成融知识、技能、课程思政于一体的内容体系。本书在编写中融入"课程思政"改革中的教学新理念和新思路，并采用基于"岗课赛证"融通的模块化结构设计，其中每个模块设有若干项目，项目下又有若干个板块，主要有以下这些。

【项目目标】从知识、能力和素质层面细化学习目标，清晰明了。

【项目引入】结合项目目标，精选经典案例，突出实训主旨和内容。

【任务描述】融合创业发展趋势和学生创业实际，给出前沿理论与观点。

【实训任务】根据"岗课赛证"融通教学设计要求,通过实训任务提升学生技能。

【知识链接】将课程思政元素有效植入创业认知,丰富创业思想和智慧。

本书由武汉外语外事职业学院副院长刘丹担任主编,武汉外语外事职业学院吴金娇和熊莺担任副主编。经全体编委反复讨论修改,最终由刘丹统筹定稿。本书共分为四个模块,具体分工如下:模块一"开启创新创业"由刘丹编写;模块二"创新创业实践"由武汉外语外事职业学院刘丹和郭志颖编写;模块三由武汉外语外事职业学院熊莺和武汉商贸职业学院严丽编写;模块四由武汉外语外事职业学院吴金娇和武汉商贸职业学院王姣蓉编写。在本书编写的过程中得到了厦门优优汇联信息科技股份有限公司和湖南典阅教育科技有限公司的大力支持和帮助,还参考了相关文献与论文,在此一并表示感谢!

由于编者的视野和能力有限,书中不足和疏漏之处在所难免,恳请读者和学术界同仁给予批评指正,也欢迎提出宝贵意见和建议,以便更好地对本书进行修订和完善。

目 录
CONTENTS

模块一 开启创新创业 /1

项目一　树立创业理想　2
　任务一　认识创业　3
　任务二　创业者素质与评估　8
　任务三　大学生创业选择　15
　任务四　培养创新创业思维　22
　任务五　创业与职业生涯发展　29

项目二　识别创业机会　36
　任务一　外贸新业态新模式　37
　任务二　创业机会识别　44
　任务三　创业资源管理　55

项目三　探索创业之路　62
　任务一　跨境电商基础认知　63
　任务二　选品与定价策略　78
　任务三　店铺整体运营思路　94
　任务四　跨境电商品牌建设　98

项目四　创业准备　104
　任务一　组建创业团队　105
　任务二　设计商业模式　111

　　任务三　撰写创业计划书　　119
　　任务四　跨境电商店铺开设　　131

模块二
创新创业实践　　/145

项目一　Shopee 店铺运营实操　　146
　　任务一　入驻 Shopee　　147
　　任务二　选品实战　　152
　　任务三　打造 Listing　　157
　　任务四　装修店铺　　161
　　任务五　运营推广　　163
　　任务六　出货与回款　　168

项目二　直播电商运营实操　　188
　　任务一　认识直播电商　　188
　　任务二　直播间搭建　　201
　　任务三　品牌商直播策划　　207
　　任务四　TikTok 运营策略　　213

模块三
创新创业案例与分析　　/217

跨境电商创业案例一　　陪伴儿童成长,打造户外运动玩具品牌新势力　　218
跨境电商创业案例二　　98 年"特殊"小伙创业跨境电商,日出超 7000 单!　　221
跨境电商创业案例三　　独立站 + TikTok 助力家乡特色产品出海　　225
跨境电商创业案例四　　传统外贸转型发展跨境电商,未来可期　　226
跨境电商创业案例五　　90 后西安大学生,玩转跨境电商　　227
跨境电商创业案例六　　湛江 90 后大学生试水跨境电商,商品卖到 53 国　　228
跨境电商创业案例七　　大学生创业就业孵化基地成就大学生创业梦　　229
跨境电商创业案例八　　温理工学生拿下近 50 万美金订单
　　　　　　　　　　　助力温州品牌走向世界　　230
跨境电商创业案例九　　3C 配件,GOX 如何做到年销售额 7 亿?　　230
跨境电商创业案例十　　疫情后毕业生如何创业逆袭?　　231

跨境电商创业案例十一　河北籍衡阳大学生通过跨境电商创业将中国制造
推向全球　232
跨境电商创业案例十二　年销2500万美金背后的"二代"掌舵人：20岁接棒创业，
带领企业迈向品牌发展之路　233
跨境电商创业案例十三　打工返乡一年把300万个板凳卖给全世界　235

模块四
创新创业大赛及证书　/239

项目一　中国国际"互联网+"大学生创新创业大赛项目　240
项目二　全国高校商业精英挑战赛国际贸易竞赛跨境电商赛道项目　243
项目三　湖北省大学生文化创意作品大赛　244
项目四　SYB创业培训项目　246
项目五　教育部1+X证书试点项目（跨境电子商务多平台运营职业技能
等级认证项目）　248

参考文献　/251

模块一
开启创新创业

跨境电商创业

Entrepreneurship for
Cross-border E-commerce

项目一
树立创业理想

📋 知识目标
1. 了解创业的内涵。
2. 了解创业者的素质和能力。
3. 了解大学生创业的主要类型。

📋 能力目标
1. 掌握大学生创业相关政策和环境。
2. 评估自我创业潜力,理性做出创业选择。
3. 结合时代特征,发现潜在创业机会。

📋 素质目标
1. 提升创业意识,厘清创业动机。
2. 具备搜索材料和筛选材料的能力。
3. 养成积极创新的习惯,形成协同合作的团队精神。

项目引入

一百年前,一叶红船从嘉兴南湖驶出,谁也没有想到,一百年后,这艘小船已经成为巍巍巨轮,正载着中国人民朝着新的伟大航路驶去。从石库门到天安门,从兴业路到复兴路,中国共产党创业百年,筚路蓝缕,实现了一个又一个目标,创造了一个又一个奇迹。从创业到不断再创业,中国共产党人一次又一次向人民交出亮丽的成绩单,也铸就了不断再创业的伟大精神。这是一种矢志不渝的执着,始终坚持为人民谋幸福、为民族谋复兴;这是一种永不止步的进取,始终带领人民闯新路、开新局;这是一种艰苦奋斗的勇毅,始终保持大无畏的革命勇气,敢于斗争、敢于胜利;这是一种求真务实的笃行,始终坚持实事求是、知行合一,不断为人民创造实实在在的业绩。

思考：

1. 什么是创业精神？在新的历史起点上，我们青年一代要如何永葆革命精神和革命斗志，艰苦奋斗再创业？

2. 请以小组为单位在一张 A4 纸上用绘画的方式完成一个创业者的画像，限时 15 分钟，要求表达内容如下：

(1) 他的性格怎样？

(2) 他经常会想些什么？

(3) 他业余生活方式是怎样的？

(4) 他经常参加什么活动？

(5) 他经常会接触什么人？

(6) 他应该具备哪些素质和能力？

任务一 认识创业

 **任务描述**

创业教育被联合国教科文组织称为教育的"第三本护照"，和学术教育、职业教育具有同等重要的地位。创业教育不是为了办公司，创业教育重在"教育"，旨在让更多学生了解创业对社会的意义、创业对创业者的意义，了解新时代创业精神到底是什么。通过掌握创业的基础知识和基本理论，熟悉创业的基本流程和基本方法，了解创业的法律法规和相关政策，能够激发学生的创业意识和创新精神，提高学生的社会责任感和创业能力，促进学生创业就业和全面发展。

任务目标

1. 了解创业。
2. 掌握创业过程。
3. 熟悉大学生创业政策。

 一、了解创业

（一）创业的含义

什么是创业？社会上有多种说法，比较抽象的说法更关注本质，但是不便于理解。比如，有人定义创业为"不拘泥于当前的资源约束，寻求机会，进行价值创造的行为过程"。比较具体的创业概念，一般有两种理解：第一种是把创业理解成"创办企业"；第二种是

把创业理解成"开创事业"。开创事业的范围很广,在各行各业成为佼佼者都可以算作是开创事业。创办企业成为企业家只是开创事业的途径之一,所以我们一般把前者称为狭义的创业,后者称为广义的创业。在商业时代,"创办企业"这个概念的确可以涵盖大部分的创业实践,但是由于它用了"企业"这个具体的结果来定义创业,对创业的内涵难免有所限制。比如,有的人虽然自己没有条件和机会去创办企业,但是在为别人工作的过程中积极进取,勇于开拓,最终成为企业管理者或者技术骨干,这样的人应该也是一个值得效仿的"创业者";如果一些人成立了一个企业,但是干的却是造假、欺诈的事情,这样的"创办企业",我们当然不能称其为"创业"。以"开创事业"来定义创业,范围更广,内涵更加丰富,比如上面所说的成为一个非常优秀的从业者,学术上将其称为"内创业"或"岗位创业"。但是,这样创业的概念和就业之间的界限就有些模糊,我们的创业教育如果只是让大家就业,那么创业教育和专业教育的区别在哪呢?还有人把创业定义为一种精神,其实也是非常有道理的。仔细琢磨前文所述"创业"的两种定义,似乎都不全面,但是无论是哪种定义,真正的创业者其实都体现出一种精神追求和价值取向,这才是创业的本质。所以,创业教育最重要的目标并不是帮助大家去创办一个企业,而是帮助大家具备真正的创业者所应该具备的精神追求和价值取向。理解了这些精神追求和价值取向,并为之奋斗,就是一个真正的创业者,这个奋斗过程就是创业。

综合上述观点,可将创业定义为:承担风险的创业者,通过寻找和把握商业机会,投入已有的技能知识,配置相关资源,创建新企业,为消费者提供产品和服务,为个人和社会创造价值和财富的过程。这个概念包括几层含义:

(1) 创业是一个创造的过程,即创业者要付出努力和代价;
(2) 创业的本质在于发掘与利用机会的商业价值,即要创造事物的一个商业用途;
(3) 创业的潜在价值需要通过市场来体现,即市场是实现财富的渠道;
(4) 创业以追求回报为目的,包括个人价值的满足与实现、知识与财富的积累等。

(二)创业与就业的差异

(1) 角色差异。创业者对创业负责,通常要参与创建企业的全过程,并参与通常是企业高层所负责的各项决策;而就业者通常处于中低层,不需要对企业的成长负责,只需做好本职工作就可以了。

(2) 技能差异。创业者通常身兼多职,需具备相当全面的知识和技能,既要有战略眼光,还需要有具体的经营技能;而就业者通常具备一项专业技能即可开展自己的工作。

(3) 收益与风险差异。就业的主要投入是数年的教育成本,而创业投入除了教育成本之外,还包括人力、物力和财力。一旦失败,就业者并不会丧失教育成本,但创业者会损失之前投入的人力、物力和财力;而一旦成功,就业者只能获得约定的收入,创业者则会获得大部分经营利润,其数额理论上没有上限。

(4) 成功的关键因素。就业可以完全依靠企业实体,但创业更多地还要考虑创业者自身的经验、学识、财力以及各种资源占有等条件。

(三)创业的类型

了解创业类型是为了在创业决策中做比较,选择最适合自己的创业模式。

1. 依创业的目的分为机会型创业与就业型创业

(1) 机会型创业,指创业的出发点并非谋生,而是为了抓住、利用市场机遇。它以市场机会为目标，以创造新的需要或满足潜在的需求为目的，因而会带动新产业的发展。

(2) 就业型创业，指为了谋生而自觉地或被迫地创业，大多属于尾随和模仿，因而往往会加剧市场竞争。

我国的机会型创业数量较少，因此，通过加强教育和培训提高创业能力，对增加机会型创业，减少低水平市场竞争具有重要作用。

2. 依创业起点分为创建新企业与企业内创业

(1) 创建新企业，指创业者个人或团队从无到有地创建出全新的企业组织。这个过程充满挑战和刺激，风险和难度也很大，创业者往往缺乏足够的资源、经验和支持。

(2) 企业内创业，指现有企业由于产品、营销以及组织管理体系等方面的原因，在企业内重新创建流程的过程。企业流程再造本质上就是一种创业行为，正是通过二次创业、三次创业乃至连续不断的创业，企业的生命周期才能不断地在循环中延伸。

3. 依创业者数量分为独立创业与合伙创业

(1) 独立创业，指创业者独立创办自己的企业。其特点在于产权归创业者个人独有，企业由创业者自由掌控，决策迅速。但创业者要独自承担风险，创业资源准备比较困难，并且受个人才能的限制。

(2) 合伙创业，指与他人共同创办企业。其优势和劣势正好与独立创业相反。

4. 依创业项目性质分为传统技能型创业、高新技术型创业和知识服务型创业

(1) 传统技能型创业，指使用传统技术、工艺的创业项目。在酿酒、饮料、中药、工艺美术品、服装与食品加工、修理等与人们日常生活紧密相关的行业中，独特的传统技能项目表现出了经久不衰的竞争力，国内外均是如此。

(2) 高新技术型创业，指为人们提供知识密集度高，带有前沿性、研究开发性质的新技术、新产品的创业项目。

(3) 知识服务型创业，指为人们提供知识、信息的创业项目。当今社会，各类知识性咨询服务机构不断细化和增加。这类项目投资少、见效快。比较常见的知识服务型创业有设计师、策划师、心理咨询师、法律顾问、留学顾问等，只要你在某一领域拥有足够的知识储备量，都可以通过为客户提供专业的咨询服务来实现知识创业。

5. 依创业方向或风险分为依附型创业、尾随型创业、独创型创业和对抗型创业

(1) 依附型创业，可分为两种情况：一是依附于大企业或产业链，为大企业提供配套服务；二是使用特许经营权，如利用麦当劳、肯德基的品牌效应和成熟的经营管理模式创业。

(2) 尾随型创业，即模仿他人创业。其特点一是短期内只求维持下去，二是在市场上拾遗补阙。

(3) 独创型创业，大到商业模式具有独创性，小到商品的某种技术具有独创性，只要提供的产品或服务能够填补市场空白，就是独创型创业。这种类型的创业主要取决于创业者能否突破传统思维限制，主动应对环境变化，整合组织内外部资源，实施技术创新、管理创新、体制创新、品牌创新、市场创新等战略，创造出新的经营模式。

(4) 对抗型创业，指进入其他企业已形成垄断地位的某个市场，与之对抗较量。这类创业风险最高，必须在知己知彼、科学决策的前提下进行。例如，针对20世纪90年代初外商在中国市场大量倾销合成饲料的局面，希望集团建立了西南最大的饲料研究所，定位于与外国饲料争市场，一举取得成功。

6. 依创新内容分为基于产品的创新而创业、基于市场营销模式的创新而创业和基于企业组织管理体系的创新而创业

（1）基于产品的创新而创业，指基于技术创新或工艺创新的成果，产生了新的消费市场，从而导致创业行为的发生。

（2）基于市场营销模式的创新而创业，指采取了一种有别于其他厂商的市场营销模式，因而有可能给消费者带来更好的满足感。

（3）基于企业组织管理体系的创新而创业，指采取了一种有别于其他厂商的企业组织管理体系，从而能够更高效地实现产品的商业化和产业化。如20世纪80年代国内乡镇企业的大量创立与成功，正是来源于组织管理体系的创新。

习近平总书记的
创新观

> **知识链接**
>
> 创新是一个民族进步的灵魂，是一个国家兴旺发达的不竭动力，也是中华民族最深沉的民族禀赋。在激烈的国际竞争中，惟创新者进，惟创新者强，惟创新者胜。
>
> ——2013年10月21日，习近平在欧美同学会成立一百周年庆祝大会上的讲话

二、创业的过程

（一）创业过程的蒂蒙斯模型

美国著名的创业学家蒂蒙斯教授（Timmons，1999）提出了一个被广泛应用的创业过程模型——蒂蒙斯模型，如图1-1所示。

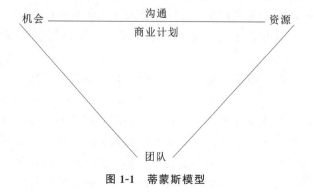

图1-1 蒂蒙斯模型

（二）蒂蒙斯模型的含义

（1）商业机会是创业过程的核心驱动力，创始人或工作团队是创业过程的主导者，资源是创业成功的必要保证。创业过程始于商业机会。商业机会的最重要特征在于有强劲的市场需求，因而创意并不等于商业机会。创始人或工作团队的作用就是利用其自身的创造力在模糊、不确定的环境中发现商机，并利用企业网络和社会资本等外界因素组织和整合资源，领导企业利用商业机会创造价值。

（2）创业过程是商业机会、创业者和资源三要素匹配和平衡的结果。创始人或工作团队的核心工作是：对商机的理性分析和把握，对风险的认识和规避，对资源的合理利用和配置，对工作团队适应性的分析和认识。

（3）在创业过程中，资源与商机间经历着一个"适应—差距—适应"的动态过程。商业计划为创业者、商机和资源要素的质量和相互间的匹配和平衡提供语言和规则。

总之，创始人或工作团队的任务是在千变万化的环境中依靠机会、团队和资源三要素之间的和谐和平衡，分析解决存在的种种困难及问题，努力协调创业中各种资源的配置，创造性地解决问题。

（三）创业过程的一般分析

创业过程一般可以划分为创业动机的产生、创业机会的寻找与识别、资源的整合、企业的创建、新创企业的成长和创业的收获六个阶段。

1. 创业动机的产生

一个人能否成为创业者，直接受三方面因素的影响：一是个人特质，如温州人有强烈的创业动力，其中环境起到了很大作用；二是创业机会的多少，创业机会的增多会形成巨大的利益驱动力，促使更多的人创业；三是创业的机会成本。

2. 创业机会的寻找与识别

国家产业政策的调整、新技术的出现、人口和家庭结构的变化、人们物质和精神需要的变化、流行时尚等都可能形成商业机会。作为创业者，应该具有敏感的嗅觉，能够及时、准确地识别创业机会。

3. 资源的整合

整合资源是创业过程最为关键的阶段之一。创业者需要整合的资源包括基本信息资源、人力资源和财务资源等。

4. 企业的创建

创业计划、创业融资和注册登记对于创建企业尤为关键。创意能否变成行动，关键看其是否具有一个周密的创业计划；资金往往成为新创企业的"瓶颈"，创业融资至关重要；注册登记包括确定企业的组织形式，设计企业名称系统，申请登记注册，领取营业执照等内容。

5. 新创企业的成长

新创企业要在市场上取得成功，就需要在企业营销策略、组织调整、财务稳健管理等方面更上一层楼，这是企业成长管理的重要内容。

6. 创业的收获

调查发现，多数创业者的创业动机首先是自己当老板，然后才是追求利润和财富。

实训任务

请将你个人的创新兴趣记录下来,利用头脑风暴法,从自己感兴趣的行业出发,开发创业灵感。

领域	你对该领域的哪个方面感兴趣	你认为这个创新兴趣有什么价值

任务二　创业者素质与评估

 任务描述

海尔集团创始人张瑞敏曾说过每个人都想得到社会的认同,得到别人尊重,都想展现自我价值,那么创业无疑是一条最好的道路。25—29岁是创造力最为活跃的时期,这个年龄段的青年正处于创造能力觉醒时期,对创新充满渴望和憧憬,他们思维活跃、创新意识强烈,所处的环境往往更容易接触一些创新事物。现在很多院校提供大学生锻炼创新能力的平台,如大学生社团提升了沟通、组织、事务处理、承受失败等能力,创新创业竞赛提升了真实项目策划与运营能力,这些都是创业者必备的能力。

 **任务目标**

1. 了解创业者的内涵和应具备的创业素质。
2. 评估自我创业潜力,理性做出创业选择。
3. 培养创业精神,提升创业意识,厘清创业动机。

创新是每一个时代不变的主题之一,创新创业能力培养亦是大学生能力培养的重中之重。而创新创业具有较高的风险,同时也可能有较高的回报。我国自2015年起开始在全国高校中推广创新创业教育，要求 2017 年取得重要进展，普及创新创业教育，到 2020 年要建立健全高校的创新创业教育体系，使投身创业实践的学生显著增加。近些年来，越来越多的大学生投入创业的浪潮中，并取得了不少成功的经验，大学生创业也成了热门的话题。

一、大学生创新创业应具备良好的基本素质

每一个有志于自主创业的大学生都渴望在创业中打拼出一片属于自己的天地，创业者能够创业成功，固然离不开创业精神的支持，但并不能证明只要有创业精神，创业就一定能够取得成功，因为市场是无情的，创业是一种高水平的就业，要想取得创业成果，创业者必须接受市场全方位的考验。

（一）创新精神

创新精神包括创新意识和创新人格。创新意识是指善于发现并提出问题，具有强烈的问题意识；创新人格指具有坚强意志，具有敢闯、敢冒风险、敢于怀疑和批判的科学精神，具有良好的精神状态和心理素质。

创新精神培养的七个基本原理：

（1）需要有针对性的培养措施，需要时时处处地精心呵护与激励；

（2）需要创新教育来培养，创新精神需要创新性教学与具有创新精神与创新能力的教师；

（3）学生的创新精神在有创新需求、刺激创新欲望的教育环境和从事创新学习活动过程中生成与提高；

（4）民主与多元、尊重与信任、挑战与任务、兴趣与爱好是学生创新精神成长的肥沃土壤；

（5）积极评价是创新精神提升的推进器；

（6）创新精神需要创新驱动，创新驱动既需要从点滴上突破，又需要整体设计和系统改进；

（7）习惯性创新是持久的创新，是创新人格形成的重要标志。

（二）创业意识

人能够超越其他动物的原因是人有主观意识的存在，确保了人有目的地参与改造世界的活动。创业也离不开意识的参与，创业意识对创业具有能动作用。只有在强烈的创业意识的推动下，大学生才会进行相关的创业活动，可以说创业意识是创业行为的推动器。那么，什么是创业意识呢？创业意识是指大学生对创业实践的正确认识、理性分析和自觉选择的心理过程，包括需要、兴趣、动机、理想和世界观等心理成分。

首先，在当前严峻的就业形势下，大学生必须树立正确的就业创业观，明确创业是生存和发展的手段之一。根据马斯洛需要层次理论，不同层次的需要激发了个人行为动机的产生，创业的需要取决于创业者的社会状况、社会地位和阶层等社会性的条件。如果没有创业的需要，就不可能产生创业意识。这里创业的需要表现在满足物质生存要求等低层次需要上，如以"不想替别人打工、寄人篱下"为创业动机；而更高层次的创业意识则表现在创业是青年人自立自强、实现理想的重要途径上，是有意识地通过自己的

双手去创造美好人生的强烈的创业需要，即创业理想。创业理想主要是一种职业或事业理想，通过创业实现自己所追求的人生价值，如比尔·盖茨创立微软公司，或者大学生立志成为一个成功商人，这些创业理想会形成创业者创业的强大动力，其创业行为就会充满生机和活力。

其次，创业意识着力培养一种创新意识。创业本身就是一种创新，创新是一个民族进步的灵魂，是社会发展进步的动力。它是在社会实践中表现出来的重视、追求和主动开展创新活动的兴趣、欲望和思想观念，是人们进行创业活动的内在动力。创新意识是创业者必须具备的素质。在市场经济环境下，照搬照抄别人的创业成功模式，虽然也有成功的可能性，但随着时间的推移、经济的飞速发展和人类需求层次的不断提升，而你的企业始终没有创新点，还是停留在原有的模式下，没有任何的突破，那么终究逃不过失败的结果。

要想创业成功，最重要的是走别人没有走过的路，而走别人没有走过的路，就要勇于开拓进取，就要有创新精神和创新意识。

（三）创业品质

大学生不论就业还是创业都属于初出茅庐，都不可能一帆风顺。创业路上充满了困难和挫折，创业者承担着企业的兴衰存亡，需要承受的压力往往比一般人更大，所以自主创业的大学生需要具备优良的创业品质。

1. 优秀的人品

成功的创业者必须具有优秀的人品，包括以下几个方面。一是要诚信，阿里巴巴创始人马云在《赢在中国》点评时说："一个创业者最重要的，也是你最大的财富，就是你的诚信。"创业者务必要诚实守信，做人做事讲求信誉，必要时放弃个人利益来确保企业的可持续发展。二是要公平，做事公平公正，值得同事和顾客信任。三是要胸襟豁达，有远见卓识，强调认同和理解，用宽容的心态对待周围的人和事，不为眼前的蝇头小利所动，看到长远的利益。四是要自制，在创业过程中善于控制自己的情绪，约束自己的言行，促使自己正确执行任务和克制消极情绪及冲动行为，不随意发脾气。

2. 健康的身心

创业所需要的身心素质表现在：精力充沛，头脑清醒，乐观自信，富有理想，能吃苦耐劳，有紧迫感，行为协调，具有创造热情，并且易于相处。拥有健康身心的人通常能与人保持良好的关系，可以提高工作效率，有利于工作的顺利展开。创业过程是辛苦的，需要有强健的体魄和良好的心态支持。

3. 依靠团队

创业者应该看到，分工协作、团结共进才是创业团队所应该提倡的，如果一个人单打独斗，最终只会让自己精疲力竭。一般来说，一个团队的力量往往要大于个人能力的简单相加，所以创业者必须通过合作使创业团队更具有凝聚力和战斗力。

4. 创业能力

创业能力是能够影响创业活动效率、促使创业活动顺利进行、创业目标顺利实现的综合性能力。如创业者要与各种行业及各部门的人打交道，以获取能力、信息、材料和某些人的支持，需要人际交往能力；管理能力是创业者计划、组织、控制、协调、领导整个组织的必备条件；市场瞬息万变，创业者必须不断开发新产品和新技术，以保证自己的事业获得可持续发展，创新能力是必要的；知识日新月异，过去获得的知识不可能长期有效，要想紧跟时代的步伐，必须有终身学习的能力。如果大学生根据自己所学专业选择行业进行创业，那么也需要有踏踏实实、刻苦勤奋地学习和钻研自己的企业所在行业的专业技术能力，才能确保创业活动的有效展开。此外，大学生创业过程中还需要收集信息的能力、市场判断能力、策划能力等。

5. 创业知识

人类社会已步入知识经济时代，知识成为一种资本。在创业的过程中，人才培养、市场开拓、法律咨询、财务管理等，都是创业者必须接触的内容。没有一定的知识积累，很难经营管理好自己的企业。要想处理好各方面的关系，需要了解以下几个方面的知识。

（1）人力资源管理知识。主要是关于企业员工的管理问题。如果想有所成就，就不能凭感觉管理和激励员工。美国学者赫茨伯格提出了管理的"双因素"理论，即影响员工工作积极性的因素有保健因素和激励因素两方面。保健因素起着保证和维持原有状况的作用，能够预防组织成员的不满。但要想激发组织成员的积极性，必须采用激励因素，通过责任、升迁和发展等因素来调动员工的积极性。这一理论能有效地开发人力资源，如人员的甄选录用和合理配置使用、教育和培训、如何制定科学的管理制度以调动员工的工作积极性等。

（2）营销知识。经济利益的产生和增长都借助于产品的销售，因此都离不开市场营销。营销知识包括市场供需状况调查和预测，产品和服务的定价，如何把握消费者的消费观念和心理，如何降低销售风险应对竞争，利用广告拓宽销售渠道，等等。创业者要开拓市场必须具备一定的营销知识，并掌握一定的谈判技巧。

（3）法律知识。在法制社会，企业的一举一动都与法律有关，如选择企业的形式时，涉及企业法（公司法）；签约时，要懂得《中华人民共和国劳动合同法》；创立品牌时，要知晓《中华人民共和国商标法》；在经营过程中还可能碰到《中华人民共和国反不正当竞争法》以及《中华人民共和国消费者权益保护法》等。创业者既受法律的保护，也要受到法律的约束，因此创业者应该掌握和了解创业活动相关的法律法规和制度条例，有利于守法经营和维护自身权益。与大学生创业相关的法律法规还包括税法、《公司登记管理条例》《中华人民共和国劳动法》《中华人民共和国票据法》《中华人民共和国合伙企业法》等。

（4）财务知识。创业活动离不开创业资金的筹集和资本运转，尤其是大学生，在创业初期，资金的匮乏和融资途径不通畅，是比较突出的问题。任何一家企业都要涉及现金的流入/流出、成本核算、税收缴纳、投资分析、股权分配等，这都反映出企业的各方面状况，因此，必须掌握和了解一些财务知识，包括货币金融、银行信贷、成本预算与资金核算、财务管理、外汇汇率、会计审计等。虽然在实际中，一些具体事务可以由财务部门处理，但能看懂财务报表是最基本的创业素养，因为财务报表能反映企业的经营状况和发展趋势。

（5）其他知识。创业活动是一项具有复杂性、综合性的特殊实践活动，需要创业者掌握比较全面的知识。除以上几种知识外，需要掌握的创业知识还很多，包括有关服务行业

的基本知识、公关和交往知识、贷款和各项政策优惠方面的信息、人文基础知识等。这些综合知识都需要大学生根据现实需要储备或者在实践中积累补充,并根据实际情况熟练运用。如以政策知识为例,近几年,国家和地方都鼓励并支持大学生创业,陆续出台了一系列相关优惠政策,大学生应充分了解和学习。

国务院办公厅
关于进一步支持
大学生创新创业的
指导意见

二、大学生创新创业必须具备的基本能力

创业是一条艰难但又充满激情的路,不少大学生创业初期信心满满,遇到困难时却一蹶不振,甚至没有了坚持下去的勇气。那么大学生创业需要具备哪些基本能力才能更有优势地成功创业呢?

1. 具有合理规划人生的能力

大学生对未来和理想都比较乐观,但是对社会和自己的认识还非常有限。《孙子兵法》中"知己知彼,百战不殆"就是要求我们了解自己,清楚地知道自己以后发展方向在哪里。最好的办法就是通过自己去观察别人,征求"过来人"的意见,再结合自己的实际情况制定一些小的目标,通过确定和实现这些小目标,再慢慢地开始规划自己的人生。

2. 具有决策时的胆识和魄力

大学生创业时作为团队的核心,要负起整个创业项目的职责。团队运营后,甚至在筹备之初就会面临各种各样的决策,你的一举一动都左右着创业的发展走向。前期大学生创业者可能会广泛地征求亲朋好友的建议,一旦自己能够独立自主后,就必须通过自己的智慧和胆识去决定各种事务。当最终做出决策时,谨慎是必不可少的,一旦优柔寡断可能就会失去一个绝佳的商业机会。同时,决策的胆识和魄力一定要建立在深思熟虑的基础之上,既要风险小又要兼顾利益最大化。

3. 具有计划管理的能力

大学生在创业过程当中,要经常性地提前计划或规划一些事情。在制订计划的时候一定要综合各种因素,形成切实可行的动作分解,要将任何可能的细节都考虑在内;而在实施的过程当中要针对当下的具体情况适时调整。运营需要强有力的计划管理能力,只有具备这一能力才能让自己更靠近成功创业之门。

4. 具有建立和改进创业项目管理制度的能力

创业需要制定各种制度,制度不在于多,而在于是否让所有相关人员都能够明白其道理,并且严格执行。大学生创业者需要针对自己团队的实际情况建立各种有效的管理制度,包括店员管理、培训、绩效考核等;同时,针对市场的不断发展变化而相应改进有关制度。只有这样才能够让创业者及其团队立于不败之地,拥有发展的主动权。在此想提醒大学生创业者,在制定和改进管理制度的时候,一定要从客观实际出发,而不能想当然,要极力保证制度的可实施性。

5. 具有管理信息的能力

创业者每天都会通过不同渠道接触到各种信息,如竞争对手又开始降价了,厂家又有新政策了等,如何从大量的信息里筛选出与自己相关的,再从与自己相关的信息里找到有效的,这需要长时间的锻炼。只有正确有效的信息才能指导自己创业各项工作有序开展。对于大学生创业者而言,由于缺乏足够的社会实践经验,所以在接触各种信息的时候,难

免会有失偏颇地做一些决定。在大家对信息无所适从的情况下，可以向过来人请教，加以甄别。创业者要在观察和请教别人的过程当中，不断提高自身信息管理的能力。

6. 具有目标管理的能力

大学生在创业时必须要有明确的目的。在不同创业阶段需制定不同的目标，把目标进行细致的分解。一个创业项目要想得到长远发展，必须得有长远发展目标。长远的发展目标又可以按阶段分解成不同的小目标，而这些小目标又可以分解到每个相关人。在这个过程当中，作为创业者和主导者，就需要对不同的目标进行统筹管理。

7. 具有授权的能力

创业时一个创业团队的发展无法单靠某一人完成，只有充分调动团队中每个成员的主动性才能让团队的发展更加迅速。大学生创业者要让团队每个成员主动工作，必须让成员认识到他们对于团队的重要性，而授权给成员无疑是最有效的管理方法。授权是建立在对成员的信任基础之上的，一旦成员得到创办者的充分信任，则会更加主动地为创办者分担一部分工作，使创办者能够将精力投入到更加重要的事务中去。

8. 具备谈判的能力

大学生创业者在人际交往过程中，不可避免会与人谈判。谈判对大学生创业者的要求是综合多面的，需要大学生创业者有一定的语言能力、心理分析能力、人文素养等。要想在谈判当中占得主动地位，必须要有很强的谈判能力。杰出的谈判能力能够让大学生创业者在谈判过程当中直接获得更多的利益。

9. 具有处理突发事件的能力

在创业过程当中，大学生创业者会不可避免地碰到一些突发事件，而其中很大部分都是创业者想避免的。然而当事情发生的时候，需要创业者更为积极地应对。如果这些事情发生在顾客身上，处理得当的话，还能起到广告效果。通过用心的服务会向顾客传递一个负责任的形象。"好事不出门，坏事传千里"，任何一件突发的事件，稍不注意，也会使创业项目的形象一落千丈，甚至砸掉招牌。处理好每次突发事件，不仅能化险为夷，甚至通过这些事件的妥善解决，可以让顾客更加认同创业者或者创业者团队，再借消费者之口，不断传播好口碑。

10. 具有坚守职业操守的能力

"君子爱财，取之有道"，这句话已经流传了几千年。历史上被记住或称道的商人几乎都是有一定道德操守、通过正当途径发家致富的人，如范蠡、乔致庸、胡雪岩等，不胜枚举。作为商人，要尤为珍视自己的操守。我们经常看到一些人，倒卖消费者信息、出卖商业机密，短期内他们有可能获利颇丰，但透支自己的信用最终将会被市场唾弃。

胡雪岩的故事

一份关于大学生创业的调查报告　　大学生创新创业的时代背景

11. 具有学习能力

现代社会要想不断地取得成功，必须具备持续学习的能力。市场和行业的竞争日益激烈，大到一个企业，小到个人要想力争上游，就必须比竞争对手更快地掌握更多的知识，通过不断的学习使自己处于不败之地。对于大学生创业者而言，除了书本的理论知识，还要重视其他方面的综合能力。

实训任务

测试自己的创业素质。

下列各题均有四个选项：A. 是（记 4 分）；B. 多数（记 3 分）；C. 很少（记 2 分）；D. 从不（记 1 分），请在括号内填上符合你实际情况的选项。

1. 在急需做出决策的时候，你是否在想："再让我考虑一下吧？" （　　）
2. 你是否为自己的优柔寡断找借口，说："是得慎重考虑，怎能轻易下结论呢？" （　　）
3. 你是否为避免冒犯某个或某几个相当有实力的客户而有意回避一些关键性的问题，甚至表现得曲意逢迎呢？ （　　）
4. 你是否在已经有了很多写报告用的参考资料的情况下，仍责令下属部门继续提供？ （　　）
5. 你处理往来函件时，是否读完就扔进文件框而不采取任何措施？ （　　）
6. 你是否无论遇到什么紧急任务，都先处理琐碎的日常事务？ （　　）
7. 你是否非得在巨大的压力下才肯承担重任？ （　　）
8. 你是否无力抵御或预防妨碍你完成重要任务的干扰与危机？ （　　）
9. 你在决定重要的行动计划时常忽视其后果吗？ （　　）
10. 当你需要做出可能不得人心的决策时，是否找借口逃避而不敢面对？ （　　）
11. 你是否总是在快下班时才发现有要紧事没办，只好晚上回家加班？ （　　）
12. 你是否因不愿承担艰巨任务而寻找各种借口？ （　　）
13. 你是否常来不及躲避或预防困难情形的发生？ （　　）
14. 你总是拐弯抹角地宣布可能得罪他人的决定吗？ （　　）
15. 你喜欢让别人替你做自己不愿做的事吗？ （　　）

测试结果：

50~60 分：你的个人素质与创业者相差甚远。

40~49 分：你不算勤勉，应彻底改变拖沓、效率低的缺点，否则创业只是一句空话。

30~39 分：你在大多数情况下充满自信，但有时犹豫不决，不过没关系，有时候犹豫是成熟、稳重和深思熟虑的表现。

15~29分：你是一个高效率的决策者和管理者，更是一个成功的创业者，具有良好的心理素质和坚忍不拔的毅力。

果断性测试

意志力指数测试

人际交往能力测试

处理公务关系能力测试

任务三　大学生创业选择

任务描述

对一个创业者来说，一个真正好的创业模式，应该是适合自己的。"创业者应该做好自己最擅长的事情"，这里的擅长，不仅仅是指能力，更是指创业者根据所处环境的资源条件，有能力操作而且能把现有的资源有效地进行整合，在此基础上，才能实现真正的创新。在设计自己的创业模式时，非常重要的一点就是对自身以及环境条件进行客观的衡量，认清自己能做什么，在什么环节投入会取得最大收益，而不是盲目地去模仿和追随别人成功的模式。大学生平时应加强创新思维方式的学习和训练，提升个人的洞察力和创造力，加强思维的批判性、逻辑性和发散性。

任务目标

1. 处理好创业和学习的关系。
2. 加强发散性思维训练，开拓创新思路。
3. 掌握"六项思考帽"解决问题的方法。

一、创业实践和专业学习的关系

（一）专业学习和创业实践相辅相成

很多同学认为自己只要学好专业知识就行了，创业离自己还很远，根本不需要参加创业学习和实践。这种观念体现了很多大学生没有理解创业实践的本质，仅仅把创业教育看作开公司。其实创业实践和专业学习相辅相成，你中有我，我中有你，相互融合，相互促进。

（二）创业实践为专业学习提供动力

现在很多大学生考上大学后，对自己选择的专业并没有清晰的认识，不清楚学好自己专业后能做什么，大部分的同学对专业学习停留在高中时期的学习模式，学校开什么课，老师讲什么，我就学什么，往往没有内在的动机。其实，大学期间属于自己的时间很充裕，除了课堂上掌握专业技能，还可以利用空余时间，在创业老师的指导下，尝试创业实践训练，更有利于了解商业运行的规律，习得企业管理的技能。

（三）创业实践为专业学习提供平台

创业实践是在真实的市场环境中开展，是专业知识在真实企业运营环境下的应用。依托创业项目的实践，大学生创业者将会面对复杂多变的环境，这就迫使创业者为解决这些问题去寻找相关的知识和相应的技能，这样一来，既锻炼了学生们解决问题的能力（解决问题的能力又是所有职场人必备的核心职业能力），又让我们清晰地认识到哪些技能是非掌握不可的，反过来增强学习技能的内在动力。

（四）创业实践提高了大学生的就业竞争力

大学生从选择专业到专业学习，目标常常是希望一毕业就能在对口岗位就业。选择创业实践的同学经过三年专业技能训练，如果再拥有创业运营实战经验，必将增加个人的就业竞争力。在就业岗位上如果继续保持在校期间的创业精神，一定也能在平凡岗位上脱颖而出。

二、在校期间参加创业实践的方法

（一）大学生创新创业竞赛

近几年各类大学生创新创业大赛的举办如火如荼，或许有一些想要创业或者正在创业的大学生，对于创新创业大赛的意义并不完全理解，其实通过参加一些比赛活动可以很好地检验自己的创业项目。

（1）大学生创新创业竞赛给大学生创业提供了更多的宣传渠道和展示舞台。如果能够进入到大学生创新创业竞赛的答辩环节，对于很多大学生创业者来说是一个不小的成功，因为自己能够得到这个机会，肯定是从很多大学生创业项目当中被筛选出来的，自己的项目已经得到了初步的肯定。对创业者特别是大学生创业者来说，能够得到一定的肯定是很重要的，这能给他们更多的自信。在创业过程中会遇到很多的困难，所以创业者的自信心显得尤其重要。参加创新创业竞赛，自己的创业项目和想法得到展示，同时也通过这一类活动的渠道，来帮助自己得到更多的宣传，或许能够得到一些新的客户或者是新的支持。

（2）大学生创新创业竞赛不仅仅给创业者带来一定的帮助和支持，对于大学生这个群体来说也有比较好的推动作用。因为大学生具有比较高的知识水平，他们在创业创新中肯定能够发挥非常好的作用。国家在大学生创业方面已有很多的扶持和优惠政策，同样的，大学生所在学校也提供了很多的帮助，大学生进行创业，能够感觉到自己处于一个非常有优势的环境当中。而大学生创新创业竞赛更能够影响整个大学生群体，激励他们如果有自己的想法或者是梦想，可以尝试通过创业来实现。

（3）积极参与学校组织的创新创业竞赛，有更多接触项目导师的机会，项目导师跟社会接触比较紧密，在导师那里可以学到很多实践经验；通过创新创业竞赛，可以充分锻炼自己分析、解决问题的能力，找出创业金点子，有效提升自己的策划能力。

（二）创业孵化基地

一个能给创业成功的"蛋"提供必要的条件，让它"孵出"并长大的平台可以称为创业孵化基地。它以促进大学生创业带动就业、促进产业振兴、帮扶创新人才成长为指导思想，为初始创业者提供共享服务空间、经营场地、政策指导、资金申请、技术鉴定、咨询策划、项目顾问、人才培训等多类创业相关的服务。创业孵化基地的具体特点有以下几个。

（1）场地租金优惠。孵化基地在大众创业、万众创新的号召下，借助国家各类政策补贴的支持，可以实现场地租金优惠，不少创业园甚至可以场地免租金，助力创业者成功迈出创业的第一步。

（2）公司注册等基础服务一步到位。创业初期如果想避免为公司后期扩张与发展带来不必要的麻烦，同时控制初期人力财物成本，这个时候就可以考虑创业孵化基地。凭借强大的服务团队与运营经验，孵化基地可以为创业团队提供可靠的工商财税等创业相关的专业指导与服务，一步到位，让创业省力省心又放心。

（3）创业服务资源丰富。创业服务是孵化基地区别于一般办公楼的根本之所在。据调查，除资金需求外，初创企业的各类培训服务需求呼声较大。毕竟，创业之初可能只是一个想法，而经营一家企业就必须考虑更多。创业维艰，整个发展路途上需要经验丰富的专业人士进行辅导。所以在行业竞争日益激烈的今天，孵化基地除了提供物业、办公等基础服务外，更注重的是专业培训指导与服务。

（4）创业氛围浓厚，激发创业活力。浓厚的创业氛围，可以激发创业创新的活力。成功，取决于你和什么样的人在一起。孵化基地作为一个物理空间，容纳多个创业团队同时进行办公，打破了传统意义上每个创业项目各自独立办公、与外界相对绝缘的状态，创造出诸多项目之间、项目和外界之间连接的机会，具有集中化的效应。

总而言之，大学生进入孵化基地"低门槛、零成本、无负担"，只要大学生感兴趣、有意愿，就可以集聚到孵化基地，参加创新创业活动。

三、大学生创业类型

（一）销售某类商品

销售某类商品的创业类型，是指大学生依托现成的平台，销售某一类现成的商品，通过进货和销售之间的差价赚取利润。这种类型是大学生最容易上手的创业方式，但同时也意味着人人都可上手，要做好就需要各种细节上的创新，比如你的商品选择、营销手段选择、沟通谈判技巧、互联网技术的应用等。

1. 商品选择

在商品的选择上，主要有两种思路，一是针对校园集中的学生群体，选择相应的消费品，比如手机等电子产品、中低端的服装、面包奶茶等便捷的饮食、大学生喜欢的体育运动器材和化妆品等，或者针对一些特殊专业的文具、设备等，首要考虑消费群体要足够大；二是利用有进货优势的商品，比如本地特产、有特殊进货渠道保证的稀缺性进口商品等，此类商品的目标群体不局限于校园，可以利用互联网平台和发达的物流完成交易。大学生创业者选择优质快消品的居多，对于某些具有一定知名度的商品，还可以采用代理加盟的方式。

2. 平台选择

在平台选择上，少数项目可以利用学校提供的低价或免费门店进行创业，更多的是通过以淘宝和微信为代表的互联网平台进行销售。淘宝开店是指利用淘宝网进行商品销售。淘宝网是深受欢迎的网购零售平台，随着淘宝网规模的扩大和用户数量的增加，淘宝也从单一 C2C 网集市变成了包括 C2C 团购、拍卖等多种电子商务模式在内的综合性零售购物平台。而近几年，随着微信成为移动互联网乃至物联网的入口，微信营销得以产生。由于大学生使用微信营销的主要客户群体是自己的朋友圈，因此对于产品的选择显得特别重要，营销方式也要避免过于激进。

（二）提供一种产品

这种类型的创业，销售的商品不是从别的厂家、商家进货，而是依靠技术或创新生产新的产品。此类创业的核心问题是产品在一定范围内的市场竞争力，由于商品贸易发达，要实现产品在一定范围内的市场竞争力，必须有一定的竞争壁垒。一般来说，大学生产品类创业可以考虑三类竞争壁垒。

1. 物流壁垒

有一些产品无法包装，不宜长时间存放，不能长途运输，此类产品形成天然的物流壁垒，只要在一定范围内具备竞争优势，就能占据一定的市场份额。比如餐饮、花卉盆栽、宠物等。此类产品如果能够解决技术壁垒问题，则更具竞争优势。

2. 技术壁垒

技术壁垒是指生产此类产品需要一定的技术，而没有经过一定程度的训练无法具备此项技术。高等职业院校的大学生依托自己所学专业技术生产产品，是一举两得的创业途径。比如园艺专业学生生产销售盆栽、食品类专业学生生产销售糕点甜品、化药专业学生生产销售日化护肤品等。

3. 创新壁垒

创新壁垒是指通过科技创新研发，生产出新的产品，具有自主知识产权。比如研发一个配方、发明一种设备、开发一款软件、利用遗传育种技术培育一个新品种等。此类产品对创新要求较高，但是一旦取得较大突破则创业成功的可能性也很大。国内外许多伟大的企业其实都是通过这条途径实现创业的。目前在许多高校流行的"创客空间"，其实就是为大学生提供一个工作场所，让学生可以把自己的创新设计生产出来。此类创业者就是典型的"创客"。"创"指创造，"客"指从事某种活动的人，"创客"译自英文单词"maker"。以客户为中心，以个人设计、个人制造为核心内容，参与创新创业的学生即创客。不过，在一般情况下，大学生无论通过哪种方式提供一种产品，短期内无法形成品牌效应，因此销售范围比较窄。

何谓"创客"？

创业案例——校园众筹咖啡店

（三）提供一种服务

此类创业是指通过人力或者技术为某一类人群提供某种服务并收取服务费用。单纯的人力服务，大学生并不具备优势，因此要通过目标群体的选择、痛点的选择、人力资源管理、互联网技术应用等方面来提高自身的竞争力，实现成功创业。此类服务包括洗车服务、物流服务、文印服务等。如果结合自身专业技术提供服务，具备了技术壁垒，准入门槛高了，核心竞争力就增强了。此类服务包括美工设计、家政维修、翻译文案、教育培训、宠物诊疗、广告营销、园林绿化、网站制作、美容保健等。此类创业特别适合高职院校的大学生，在自身具备一定的专业技术后，此类创业可以从零成本起步，专业创业相结合，互相促进。还有一些适合图片、视频教学的技术、技能，可以通过微信群、视频直播等方式进行教学，形成自己的"粉丝"群体，搭建一个营销平台，这一类服务如游戏教学、摄影教学、魔方教学、美容教学等。

（四）搭建一个平台

汇聚具有相似爱好、目标、价值取向、文化属性的一群人，组成一个社群，除了利用社群销售商品，还可以收取平台广告费、会员费、内容服务费、交易服务费等。社群的主体规模越大，隐含的价值就越大，盈利来源就越广泛。互联网为社群平台的搭建提供了一个高效的虚拟手段，此类创业依托互联网，造就了很多大企业，比如新浪、网易等门户网站，淘宝网、京东、唯品会等电子商务平台。对于大学生创业来说，依托抖音、微信等社交工具，可以搭建一些具有特色的小型平台，一样可以实现创业。这种创业可以充分发挥大学生善于接受新事物、更具互联网思维的优势，实现快速扩张，这种创业类型也造就了很多大学生的创业奇迹。

创业案例——抖音创业

四、大学生创业项目选择策略

（一）基于解决别人的困难，选定创业项目

别人的困难往往就是企业的机会，企业通过为他人提供有益的服务，为他人解决工作和生活中的困难可以获得正当合法的盈利。比如，北大方正公司创始人王选为解决印刷行业困难，发明了激光照排系统，一举创业成功；有人针对大城市中的三口之家，夫妻两人上班，经常为接孩子上学和孩子吃饭的事发愁这一困难，开办托教服务项目，投资少、见效快，也取得了成功。

（二）分析已有商品存在的问题，选定创业项目

市场上销售的商品总会存在这样或那样的问题。有的样式呆板，有的颜色单一，有的在功能和性能方面不够完善，有的结构方面不够合理，等等。创业者经过调查分析，针对这些商品存在的问题，进行改善、完善、提高，以此作为创业项目，往往成功率很高。

（三）透视热销商品背后隐藏的商机，选定创业项目

以热销商品为导向，认真分析热销商品背后隐藏的商机，再选定创业项目进行经营。比如，看到市场上鸡蛋热销时，分析预测鸡蛋热销背后隐藏的商机：一是马上会兴起养鸡热，二是当养鸡热兴起后，鸡饲料将会供不应求。因此，既不去卖鸡蛋也不去养鸡，而是跳过两个阶段去生产鸡饲料。这样当养鸡热兴起后，自然就会财源滚滚。

（四）基于市场供求差异分析，选定创业项目

从宏观上看，任何产品或服务的市场需求总量和市场供给总量之间都会存在一定差距。通过调查分析，若发现哪个产品或者服务的市场供给不足，就可以从中找到创业机会，选定创业项目。市场需求不仅是多样化的，而且是不断变化的。因此，即使有时市场供求总量平衡，但结构也会出现不平衡，这样就会有需求空隙存在。创业者通过分析供需结构差异，也可以从中发现创业机会，选定创业项目。

（五）利用市场细分，选定创业项目

所谓市场细分，就是根据整体市场上顾客需求的差异性，以影响顾客需求和欲望的某些因素为依据，把某种商品的整体市场划分为若干个消费群体的一种市场分类方法。通过市场细分划分出的每个消费群体就是一个子市场。每个子市场都是具有相同或类似需求倾向的消费者构成的群体，属于同一子市场的消费者对同一商品的需求极为相似；分属不同子市场的消费者对同一商品的需求则存在着明显的差异。因此，进行科学的市场细分有利于发现市场机会，选定目标市场，确定创业项目。

六项思考帽

 实训任务

哪个团队的创意最有魅力？

1. 实训目的

（1）体验创意的过程，思考哪些因素影响了创意产生。

（2）通过六项思考帽法，体验六种不同的思维模式，学会多角度思考问题。

2. 实训准备

（1）分组准备：每个团队人数建议控制在6~8人。

（2）材料准备：教师准备5~8份不同的项目方案；每个团队提前用纸张制作六顶帽子（白、黄、黑、绿、红、蓝）。

3. 实训步骤

第一步：抽取项目。

第二步：分析项目。

（1）每个团队15分钟，围绕抽取项目方案，轮流使用六顶思考帽法进行思考，并把每个想法记录下来。

帽子种类	记录内容
白色（事实/信息/数据）	
黄色（正面/优势/亮点）	
黑色（负面/批判/劣势）	
绿色（阳光/改进/创意）	
红色（情感/直觉/预感）	
蓝色（控制/指挥/总结）	

（2）各个团队展示使用六顶思考帽法的讨论结果。

第三步：提出创意。

围绕抽取项目的主题，每个团队至少再提出5个创意想法。下面以铅笔为例，提出几种想法。

▲ 能否他用（搬一搬）

含义：现有的事物有无其他应用场景，就是把这件事物、设想、技术搬到别处，看看会产生什么新事物。

举例：铅笔加精致包装可做礼品。

▲ 能否借用（学一学）

含义：能否模仿其他领域的产品、方案，在自己的创意中引入新的元素，以求创新。

举例：铅笔可以临时代替美容笔用来化妆。

▲ 能否改变（改一改）

含义：从现有事物入手，发现该事物的不足之处，如不安全、不方便、不美观的地方，然后针对这些不足寻找有效措施，从而引出创新。

举例：铅笔切割成比例均衡的小段可做棋子。

▲ 能否扩大（扩一扩）

含义：现有事物可否扩大使用范围、功能，或者添加部件，增加长度，改变厚度、频率、速度，延长使用寿命？

举例：多个铅笔捆绑在一起可作为木筏。

▲ 能否缩小（缩一缩）

含义：现有事物能否拆分、浓缩、方便化、省力化、体积变小、厚度变薄、重量变轻、长度变短？

举例：铅笔芯磨成粉后可以作为润滑粉。

▲ 能否替代（代一代）

含义：现有事物能否用其他材料、设备、方法、声音等代替？

举例：铅笔可替代尺子用来画直线。

▲ 能否调整（变一变）

含义：现有事物能否变换排列顺序、使用场合、使用方式、位置、型号、内部元件，形成新思维，变成新的东西？

举例：铅笔变成彩色铅笔用于彩描。

▲ 能否颠倒（反一反）

含义：现有事物能否从里外、左右、前后、主次、因果等相反角度颠倒过来使用？

举例：铅笔削下的木屑可以做成装饰画。

▲ 能否组合（联一联）

含义：现有事物能否进行原理、部件、材料、形状、功能、目的的组合？

举例：铅笔加一个橡皮可画可涂。

第四步：筛选想法。

第五步：介绍创意并投票。

任务四　培养创新创业思维

任务描述

不是每个人都适合创业，但每个人都需要创业思维的训练。创业思维有效果逻辑、设计思维等。谈到设计思维可能很多同学会认为，设计思维是设计师的事，和自己没有关系。其实不然，设计思维适用于各行各业不同身份的人，特别是管理层和负责人。创新创业思维中的产品思维、商业思维、突破性思维、服务设计、体验设计，其实都来源于设计思维的核心理念和方法。一些全球知名品牌公司已意识到设计思维对于其产品开发及公司发展的重要性，采取一系列措施加大对员工在设计思维方面的培训，把设计思维纳入其经营策略，成立设计思维工作坊，并大量运用于为企业和社会难题提供实用和具有创造性的解决方案。

任务目标

1. 掌握效果逻辑五大原则。
2. 了解什么是设计思维。
3. 掌握设计思维五步法。

创业思维，通俗地讲就是创业者的思考方式。从广义上理解，创业教育是应对"不确定性"的教育，创业思维是应对外部世界"不确定性"的一种思考方式。效果逻辑是创业思维的一种，该理论由 Sarasvathy 提出，Sarasvathy 是赫伯特·西蒙（Herbert Alexander Simon）的博士生。西蒙提出"有限理性"（bounded rationality）的决策理论，于 1978 年获得诺贝尔经济学奖。Sarasvathy 在其导师关于有限理性以及人工科学（artificial science）的研究基础上，关注创业者的决策特点，在她的博士论文中通过对专家型创业者决策过程的有声记录，总结出创业者的思维模型，提出了效果逻辑理论，并将提炼的决策要素总结为效果逻辑的五大原则。

一、效果逻辑的五大原则

面对不确定性做决策有五大原则，如果用一种内在的逻辑把他们连在一起，就形成了一种思考逻辑，我们也把它叫作创业思维。创业思维背后的理论框架其实就是效果逻辑。假设起点是你的手中有一只鸟，这是你的资源，这意味着要弄清楚我是谁，我知道什么，我认识谁；接下来是我能做什么，基于你现有的资源，你马上可以采取的行动是什么；然后我们要与他人进行互动，你视他人为资源和机会，随着资源的增加，你再拓展你的目标；在这个过程当中又会有很多意外发生，但我们始终要保持乐观、积极的心态，接受并利用意外事件，将其转化为一种新资源；最后就是要时刻提醒自己关注自己能够掌控的事情，这样才能把握好航向，顺利到达航程的终点。上述整个框架就是效果逻辑的五大原则。

（一）手中鸟原则——从拥有的资源出发

从拥有的资源出发是创新创业人行动的开始。手中鸟（bird-in-hand）来自西方谚语"A bird in hand is worth two in the bush"（一鸟在手，胜过二鸟在林）。创业者通常会从自身开始思考，我是谁（特质、个性和能力）、我知道什么（教育背景、专业知识和经历经验）、我认识谁（社交网络）。这三个方面综合构成了一个人拥有的资源总和，创业者从资源出发可以找到最有效的解决方案，认清了自己的资源，也就更明白自己要做的事情，拓宽了自己的思路。

创业者可以先基于手边最近的资源迈出一小步，并通过每天的行动和与他人的互动，不断地制订新计划，并推翻、修改、迭代。通过这个过程，创业者的资源会产生一系列改变并重新配置。最终，某些组合所产生的效果融合成为明确且可行的、令人向往的目标。

（二）可承担损失原则——从自己能做的事情做起

这条原则是关于风险的。我们在做决策的时候，不是依据未来你能收获什么来做决策，而是依据你可以失去什么来做决策。简单地说，思考逻辑是：第一，先想坏的结果；第二，把坏的结果想透，最坏的结果是什么，你能承担的底线是什么；第三，要考虑这个结果一定会发生，不要有侥幸心理。如果最坏的情况你可以承担，你就可以往前一小步，进行行动。手中鸟原则和可承担损失原则，都是关于创新创业者行动的原则，正因为你使用了你手中的资源，所以你可以承担得起。使用自己的资源才可能是免费资源，才可能是零风险的，而我们每个人都有大量被闲置的资源可以进行挖掘。

（三）疯狂被子原则——建立战略合作关系

擅长获得别人的帮助是创业者的魅力和能力的体现。疯狂被子原则（patchwork quilt）是指将形状、图案、颜色不同的织物组合在一起，形成一床漂亮的被子。patchwork 意味着生成、共创，quilt 则意味着共创后的成果物。在效果逻辑中，可以指通过建立战略合作关系，达成最终的目标（共赢）。在创业的初期阶段，可能根本就不存在一个既定的市场，详尽的竞争分析因此产生不了任何作用。此时创业者应该去开放地拥抱你身边的每一个人，视人人为潜在的开放合作的资源，从而在你的资源基础上去叠加新的目标，去拓展你新的目标。所谓"众人拾柴火焰高""人多力量大"，别人的帮助不是凭空来的，是需要方法的。"PIVT"原则是一个与人交往、获得帮助的原则，即 position，找准自己的位置；introduce，互相介绍；value，能够为别人创造价值；trustworthiness，表现得可以被信赖。也就是说，如果你要获得别人的帮助，首先你要准确地找到自己的定位，而且能够为别人创造价值，并且做人诚实，表现得可以被信赖。为大家做事情，不仅会获得大家的帮助，而且还会成就自己，这就是"PIVT"原则的逻辑。

（四）柠檬原则——拥抱不确定性

如果生活给了你柠檬，我们就要把它变成柠檬水。柠檬水原则（lemonade）源于西方谚语" When life gives you lemons, make lemonade"（当生活给了你柠檬，那就把它变成柠檬水吧）。常用来鼓励人们在面对逆境或不幸时要乐观、积极。在效果逻辑中，"柠檬"意味着创业过程中不断出现的"意外事件"，而"柠檬水"则意味着"有价值的、积极的、令人愉快的结果"。成功创业者会接受并利用意外事件，尤其是关键事件，他们眼里，意外事件不是成本、代价，而是一种新资源。创业的未来是不可预测的，无法确定前进的途中会遭遇什么，接受意外事件、分析意外事件、利用突发的关键事件检验目标。此时，"惊喜"不一定是坏事，可能是寻找新市场的机会。辩证的积极心态是创业者区别于他人的根源，积极的心态并不是盲目积极，是在寻找事物好的一面的过程中的积极，要坚信解决事情总是有办法的。

（五）飞行员原则——专注可控性较强的事件

从可控的小事做起，咬定青山不放松，是创新创业人的核心品质。如果想从量变到质变，就需要不断积累量变的数量，而且要持之以恒。其实任何事情的发展都是循序渐进的，都有一个从量变到质变的过程。最终想要得到质变，首先要从量变开始；想要改变世界，先要从身边的改变开始。这就是飞行员原则，即要关注自己能够掌控的事情，最后才能把握好航向，顺利到达航程的终点。

需要注意的是，效果逻辑是 Sarasvathy 总结的专家型创业者的决策逻辑，属于创业思维范畴，但我们这里说的创业思维并不仅仅指效果逻辑，被归入创业思维的还有设计思维（design thinking）、精益创业（lean startup）等。

二、设计思维的定义及方法

设计思维并不是设计师的专有技能。随着创新能力在各行各业成为新的核心竞争力，设计思维也越来越被社会各界广泛接受，它在文学、艺术、科学、教育、商业等领域都得到了有效的实践，且当前企业中正在使用的许多设计理念，如体验设计、服务设计、以用户为中心的设计，都或多或少源自设计思维。

设计思维并不是一个新产物，只是自第三次工业革命以来，社会分工的精细化导致了人们工作的局限性，限制了人的全局性的思考，公司的决策和管理者也倾向于用有章可循的套路和理论来管理庞大的公司。而随着互联网和工业4.0浪潮的到来，技术门槛的降低及消费者需求喜好的多样化，催生了大量人群及环境细分的小公司，即团队型公司，创新性、产品开发速度及受欢迎程度对其极其重要。在"快速开发、快速试错、快速接收反馈并调整、快速迭代"的竞争模式下，对公司系统思维和统筹架构能力的要求大大提升，设计思维对于其产品开发及公司发展开始变得至关重要。

（一）设计思维的定义

设计思维的倡导者蒂姆·布朗（Tim Brown）教授认为，设计思维是以人为本地利用设计师的敏感性以及设计方法，在满足技术可实现性和商业可行性的前提下，满足人的需求的设计方法。设计思维是一个可以被重复使用的解决问题的方法框架或一系列步骤，它提供解决问题的深层逻辑和一系列工具。

设计思维是一种以人为本的创新方式，它提炼自设计师积累的方法和工具，将人的需求、技术可能性以及对商业成功的需求整合在一起。设计思维是以用户为中心的，从用户的需求出发，针对产品看看用户有哪些需求，这些需求能不能通过科技手段去实现，有了科技的可行性，再看看能不能不断地实现商业变现，使产品不断地给用户提供价值。所以设计思维指的是用户（人）的需求、科技可行性和商业持续性，这三者之间的交界就是设计思维带来的创新，如图1-2所示。

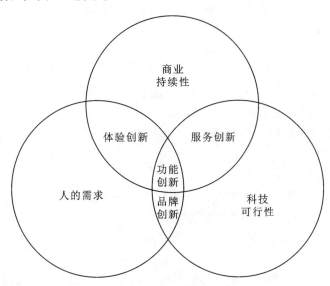

图1-2　设计思维如何带来创新

（二）设计思维五步法

很多人都以为设计思维是我们平常理解的那个"视觉设计"，其实两者完全不是一个概念。设计思维是一套以人为本的解决问题的方法论，帮助各种背景的人通过不同角度的创新思路解决问题，创造更多可能性。斯坦福设计院将设计思维分为五个步骤：同理分析（empathize）、定义问题（define）、创意产生（ideate）、原型搭建（prototype）、测试（test），是一套完整的创新创业操作系统，如图1-3所示。

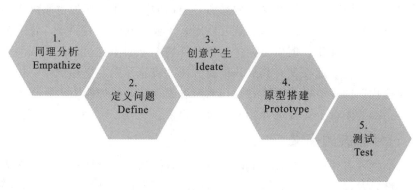

图1-3 设计思维五步法

1. 同理分析

设计思维的第一步是同理分析。大家可以想一下，我们在设计或者解决问题的时候，是不是站在人的需求的角度去看待问题的，有的创业者可能只看到冰山最上面的那一层，而冰山下用户的真正需求却看不到，这就需要我们去了解用户，了解用户最好的方法就是共情。在这一阶段，我们要抛开自己的预设，通过采访、观察和互动，收集用户的真实见解，了解他们的经历和动机，从而获得更多所关注领域的信息。可以让自己沉浸在用户所处的物质环境中，在心理和情感层面上深入了解用户，创建用户画像，这其中要重点考虑：用户是谁，他们的问题是什么，他们现在是如何处理这些问题的。

要注意以下几个问题：

（1）尽可能多地观察生活状态下用户的行为；

（2）理解用户所说的和所做的之间的差异；

（3）让对话在轻松的氛围中进行，最好是能在用户使用产品或服务的场景中进行；

（4）通过不断询问，来了解用户背后的原因；

（5）将收集到的信息进行可视化展示，标注用户、对话、体验、原因，建立联系，从而开始下一步骤。

2. 定义问题

定义问题是指基于用户行为和背后的原因，分析并整合信息，由此来确定的核心问题。定义正确的核心问题，是创造解决方案的唯一途径，通常需要考虑用户面临着哪些困难和挑战，用户的核心问题是什么，用户最迫切的需要是什么，哪些信息要深入研究。

描述问题的格式：（用户）需要（用户的需求），因为（深层次的原因）。

要注意以下几个问题：

（1）聚焦和界定问题，不应太小或太宽泛；

（2）避免不切实际的情况；

（3）定义用户的问题，而不是自己的愿望、想法。

3. 创意产生

有了用户画像和清晰的问题陈述，是时候开始研究潜在的解决方案了。构思方案不是为了得到"正确的"方案，而是为了产生更多、可能的方案。创造力就在设计思维的第三阶段得到充分的体现。创业者可以举行多个头脑风暴会，提出尽可能多样且新颖的角度和想法来满足用户的需求。

要注意以下几个问题：

（1）使用头脑风暴产生更多的方案，鼓励不同的创意；

（2）不要着急判断好或者不好；

（3）把最好的方案和决定留到用户测试和反馈阶段。

4. 原型搭建

这一步是将想法变成有形产品。原型基本上是指正式产品的缩小简易版本，它们并不需要被完善地设计和开发，甚至可以只是产品的一个部分或特征，用于方便快速地参与真实的用户测试，是发现产品存在的问题或缺陷的关键，以便创业者及时做出调整。通过原型的迭代，可以发现并解决设计中的问题，优化解决方案。

要注意以下几个问题：

（1）原型要尽快开始制作，不用花太多时间，避免过多感情投入；

（2）确定每个原型的测试要点；

（3）制作完原型后，要仔细考虑测试内容和测试方式，使得用户可以提供更多更真实的反馈意见；

（4）在迭代初期，制作快速、便宜的原型；

（5）在迭代后期，需要精致、逼真的高仿真原型，从而能够获得用户真实的情感反馈。

5. 测试

测试反馈是理解你的产品和用户的机会。通过测试，可以从用户那里收集反馈，重新审视你的产品，不断加以优化。测试阶段的结果可能可以帮助创业者获取一些有关用户的新的认知，从而引发另一个头脑风暴，甚至是开发新的原型。不过，也有可能需要创业者重新界定需要解决的问题。

要注意以下几个问题：

（1）展示产品但不要去解释，让用户自己去理解产品，观察用户是如何使用的（正确或错误的用法），和用户交流他们对产品的理解、感受及看到的问题；

（2）尽可能创造真实的体验，让用户感觉是在使用产品，而不仅仅是在评估；

（3）让用户对比多个原型，通过比较，经常会揭示用户潜在的需求。

（三）设计思维的使用场景

理解设计思维五步法，将使创业者能够运用此方法来解决身边的复杂问题。这些问题大到城市设计，小到制作自己的作品集，从自己的创业过程到生活中的事件，都可以从这五个方面入手，寻求解决方案。下面以一个小发明为例说明。

- **始于同理心思考**

  李华是个很注意观察身边事务的学生,他一直觉得学校图书馆大厅的椅子不能让更多的学生坐在一起交流问题,于是,他萌生了自己动手做一个变形椅的想法。

  很多惊人的发明都是始于简单的困惑和好奇,培养设计思维,要从激发和鼓励这些想法开始。

- **然后是重新定义问题**

  通过和老师讨论,李华明确了自己的目标。通过测量和统计学生的身高、体重,大致确定了椅子的尺寸。

  无论设计什么产品,调研都至关重要。如果没有捋清思路就动手开工,看似效率很高,但后面会面临推倒重来的风险。

- **头脑风暴,提出更多有创意的解决方案**

  李华开始绘制椅子图纸,每一稿完成后都会和老师、同学一起讨论可以改进的地方,让椅子看起来更结实、舒适。为了保证椅子的灵活性和平衡性,在一次又一次的修改中,变形椅变得越来越完善。

- **原型设计,把想法从脑子里拿出来**

  设计稿确定后,李华决定按照图纸自己动手制作了一个模型。模型制作出来后,又出现了一系列问题,不过,李华已经做了充分准备,一一解决了这些问题。

- **测试改进,不断升级迭代**

  李华的设计稿送到工厂批量生产了。一周后,变形椅在校园亮相,设计师李华亲自和室友在图书馆大厅进行演示,引来了很多人围观。李华在演示过程中又发现了新的问题,在分享会上与其他同学分析了自己设计和制造的过程,以及下一个版本的新功能。

知识链接

设计思维作为一种思维方式和方法论,相对来说还比较年轻。设计思维被广泛使用是进入21世纪以后的事。在很大程度上来说,设计思维仍然是一套用于指导团队协作的启发式方法。诺贝尔奖获得者赫伯特·西蒙在其1969年关于设计方法的开创性论著《人工的科学》中,概述了设计思维过程。西蒙的模型由七个主要阶段组成,每个阶段都包含更小的阶段和活动,它对当今使用最广泛的一些设计思维过程模型影响很大。今天,设计思维已经成为许多行业和学科的共同用语,这种方法既新鲜又有效,新手很容易就可以学会并有效参与其中。随着这一概念的传播,其内涵一直在演变,著名的创新设计咨询公司IDEO认为完整地应用设计思维意味着不断深化和完善,同时成为终身学习者和实践者。

 实训任务

创业思维实践练习

1. 你曾经做过的最自豪的一件事情是什么？

2. 你使用了你的什么资源？

3. 你第一步做了什么？

4. 在这个过程中谁又成为了你的新资源？你是如何拓展你的目标的？

5. 最后的目标和当初的目标一样吗？为什么？

任务五　创业与职业生涯发展

 任务描述

人人都有可能成为创业者，每个人都拥有创业能力。高等教育必须适应知识经济时代的快速发展和急剧变化，以创新性和创造性为基本内涵，更加注重培养大学生积极应对环境变化的职业迁移能力和自主创业能力，使其成为职业岗位的主动创造者。通过本任务引导大学生主动进行职业生涯探索，使大学生理性做出职业生涯的选择，增强大学生职业生涯规划的科学性和可行性，提高大学生职业生涯发展的高度和广度，包括创新能力、团队协作能力、管理能力、沟通能力等，有助于大学生在竞争中脱颖而出，从而获得更大的职业发展空间。

任务目标

1. 学会主动探索个人职业生涯。
2. 学会制订提升创业能力的学业规划。

在人生发展过程中，主要有三个舞台：事业、家庭、社会。因此，成功的人生应该包括三个主要方面：事业有成、家庭和睦、社会价值。在现代社会中，事业在人们生活中起到越来越重要的作用，并在人生发展历程中，占据了相当长的时光，它是绝大部分人投入时间、精力最多的人生组成部分。在走向事业成功的过程中，创业是人类心智的一种宝贵历险，是最能激发年轻人豪情和灵感的"游戏"，创业能力具有普遍性与时代适应性，能对个人职业生涯发展起到积极作用。

如今，我们生活在一个瞬息万变的世界中，世界充满了不确定性。在我们的一生中有许许多多的事情要去完成，每个人的时间又是如此有限。从某种意义上来说，人的一生就是时间管理和目标管理的一生。美国的成功学大师安东尼·罗宾斯曾经提出过一个成功的公式：成功＝明确目标＋详细计划＋马上行动＋检查修正＋坚持到底。也就是说，我们要想未来的职业生涯获得成功，首先应该确定一个切合实际的职业定位和职业目标，并且把目标进行分解，然后设计出合理的职业生涯规划图，并且付诸行动，经过不断努力调整，直到最后实现我们的职业发展目标，才能获得人生的成功。对于实实在在的创业活动本身而言，好高骛远是没有意义的。有职业生涯规划的人会有清晰的发展目标，每个人的人生不仅与收入有关，还与自己的生涯规划发展有关。有目标的人才能抗拒短期的诱惑，有目标的人才会坚定地朝着自己的方向前进，有目标的人才会感觉充实。每个人只有找准自己的角色定位才能取得最大的成功，做自己喜欢的事情，并做到极致。很多时候失败的人不代表没有能力，而是角色定位的失败。职业生涯规划正是对个人角色有效定位的方式。

学习创业基础课程的学生，其中有一小部分在学习之前已经开始创业并已经获得了一定的成绩，但大部分还暂时停留在有创业的想法但还没有任何行动的阶段，还有一部分则可能只是出于好奇。所以，对于这样一门课程，首先，需要让同学们对于创业这件事心里有底：要不要成为一个创业者？怎样才能成为一个创业者？如何让一个创意变成一个创业机会，再由一个创业机会变成一个可以获得持续成长的企业？其次，这门课最根本的宗旨是要帮助同学们了解并懂得如何去培养自己创新创业的能力以及企业家精神，从而更好地进行个人职业生涯规划和发展。

一、个人职业生涯规划的原则及步骤

（一）制订个人职业计划的原则

（1）实事求是，准确的自我认识和自我评价是制订个人职业计划的前提。对自己要有四个方面的清醒认识：

① 个人的价值取向、自我确定的整个人生之路和生活方式；
② 个人知识、技能水平及工作适应性；
③ 个人特质，主要是素质、性格、爱好、兴趣和专长等；
④ 自己在事业中最渴望的是什么，最有价值的追求是什么。

准确的自我认识和评估显然是制订个人职业计划的基础。

（2）切实可行。一方面，个人的职业目标或职业需求，一定要同自己的能力、个人特质及工作适应性相符合，这样，职业计划方有可能实现；另一方面，个人职业目标和获取职业成功之路，要考虑到周围的客观环境和条件。经过这两方面的考量，可以修正个人职业规划。职业生涯有进入组织、职业早期、职业中期和职业后期等不同阶段。应当根据不同阶段的职业任务和个人职业特征，制订不同时期或阶段的个人职业目标、需求及其实现途径。计划一经制订，并非一劳永逸，尚需依据客观实际情况及其变化，不断予以调整、修改和完善，使之可行，且行之有效。

（二）制订职业生涯规划的步骤

1. 环境评估

环境评估主要是评估各种环境因素对个人职业发展的影响。在制订个人的职业生涯规划时，要分析环境条件的特点、环境的发展变化情况、自己与环境的关系、自己在这个环境中的地位、环境对自己提出的要求以及环境对自己有利的条件与不利的条件等。只有对这些环境因素充分了解，才能做到在复杂的环境中避害趋利，职业生涯规划才具有实际意义。

2. 自我评估

自我评估的目的，是认识自己、了解自己。因为只有认识了自己，才能对自己的职业做出正确的选择，才能选定适合自己发展的职业生涯路线，才能对自己的职业生涯目标做出最佳抉择。自我评估包括自己的兴趣、特长、性格、学识、技能、智商、情商、思维方式、思维方法、道德水准以及社会中的自我等。可以通过以下三个问题完成自我评估。

第一，我是谁？

思考你所扮演的各种角色与你的特征、能力如何，个性是什么样的。尽量多地写出各种答案，你将会更清楚自己承担的责任、角色和性格。想想哪些是暂时的，哪些是永久的，哪些是应该保留的，哪些是必须抛弃或改正的。可以找一些社会学方面的书籍来看，社会学专业的术语"角色扮演"的相关论述对自我分析是很有帮助的。也可以到专业机构接受心理测试，帮助自己进行分析。

第二，我在哪里？

首先用几分钟思考你的一生，从摇篮到坟墓，画一个图，画出过去也画出未来，仔细考虑，它将成为什么样？然后在上面标上"＊"表示你所在的位置。

第三，我将是什么样子？

职业生涯中，我将完成什么事，有哪些成就？仔细思考，然后写在纸上。回到眼前，思考你的职业梦想。想一想在工作中你想得到的特定东西是什么。

3. 选择职业

职业选择正确与否，直接关系到人生事业的成功与失败。据统计，在选错职业的人当中，大多数人在事业上是失败者。由此可见，职业选择对人生事业发展是何等重要。选择正确的职业至少应考虑以下几点：

① 性格与职业的匹配；

② 兴趣与职业的匹配；

③ 特长与职业的匹配；

④ 内外环境与职业相适应。

4. 选择职业发展模式

在职业确定后，向哪一种模式发展，此时要做出选择。是向行政管理模式发展，还是向专业技术模式发展，还是先走技术模式，再转向行政管理模式……发展模式不同，对职业发展的要求也不相同。因此，在职业生涯规划中必须做出抉择，以便使自己的学习、工作以及各种行动措施沿着你的职业生涯路线或预定的方向前进。通常职业生涯发展的模式有以下两种。

1）技术型

典型特征：性格内向，喜欢独立思考，做事谨慎细致。职业选择时，主要注意的是工作的实际技术。即使职位获得提升，也只愿在技术职能区提升。

成功标准：在本技术区达到最高管理位置，保持自己的技术优势。

主要职业领域：财务分析、计划、工程设计等。

典型职业通路：以财务分析的一般路径为例，财务分析员—主管会计—财务部经理—公司财务副总裁。在承担主管会计两年后，如果本企业发展不佳，到大中型企业发展。

培训和准备：两年内取得注册会计师资格，在业余时间进修管理学知识。需要提高处理信息的能力，保持积极的心态。

2）管理型

典型特征：考虑问题比较理智，善于从宏观角度考虑问题。能在信息不全的情况下，分析解决问题，善于影响、监督、率领组织成员实现组织目标。

成功标准：管理越来越多的下级，承担的责任越来越大，独立性越来越强。

主要职业领域：企业组织或部门的主要负责人。

典型职业通路：工人—生产组组长—生产线经理—部门经理。

培训和准备：认真学习技术，成为技术能手，取得技师、高级技师或工程师、高级工程师职称，进修学习管理学知识。

5. 确立目标

职业生涯目标的确定包括人生目标、长期目标、中期目标与短期目标的确定，它们分别与人生规划、长期规划、中期规划和短期规划相对应。一般地，我们首先要根据个人的专业、性格、气质和价值观以及社会的发展趋势确定自己的人生目标和长期目标，然后再把人生目标和长期目标进行分解，根据个人的经历和所处的组织环境制订相应的中期目标和短期目标。

（1）制订个人长远职业目标。长远目标期限不可太长，也不可过短，一般以10年左右为宜。确定长远目标，建立自己的事业和职业规划，必须要能配合工作环境的需求，能从市场的角度探求人生的人，一定可以得到清晰的目标。眼光放远，不要囿于现实和近期，放眼未来，预测可能的职业进步。寻找自己最渴望追求的东西，用心去思考和发现自己的长远职业目标。看清自己的欲望，是个人谋略的重要工具。个人的长远目标，一靠个人思考、反思得来，是以自己的价值观、信念、能力、特性对自己的理想或志向进行分析；二靠个人创建得来。个人异乎寻常的创意，使之超脱现实思想限制，拓展更广阔的眼界，利于长远目标的确定。

（2）制订短期职业目标。已经选定长期目标，就需要足够的理智和准确度，把长期目标换成一个个具体的短期目标。短期目标是一种特殊工具，将长期目标具体化、现实化、可操作化，它是结果和行动之间的桥梁。长期目标和短期目标有机联系，构成一个金字塔型目标网,塔尖是长期目标,底部是无数个短期具体目标。短期目标必须清楚、明确、现实、可行。如果你对短期内期望完成的事业有清晰而完整的概念,那么你差不多已完成目标的制订了。每一个短期目标还可以设置输出目标和能力目标。所谓输出目标,即为达到长远目标而设定的具体实施目标,是能以标准衡量是否完成的目标;所谓能力目标,则是为达到输出目标所需要的相应能力,是对于"为了达成我的输出目标,我必须擅长什么?"问题的解答。

6. 制订行动计划与措施

在确定了职业生涯目标后,行动便成了关键的环节。没有达成目标的行动,目标就难以实现,也就谈不上事业的成功。这里所指的行动,是指落实目标的具体措施,主要包括工作、训练、教育、轮岗等方面的措施。例如,为达成目标,在工作方面,你计划采取什么措施提高你的工作效率?在业务素质方面,你计划学习哪些知识、掌握哪些技能提高你的业务能力?在潜能开发方面,采取什么措施开发你的潜能?这些都要有具体的计划与明确的措施。

7. 评估与反馈

影响职业生涯规划的因素诸多。有的变化因素是可以预测的,而有的变化因素难以预测。由于社会环境的巨大变化和一些不确定因素的存在,会使我们与原来制订的职业生涯目标与规划有所偏差,这时需要对职业生涯目标与规划进行评估和做出适当的调整,以更好地符合自身发展和社会发展的需要。职业生涯规划的评估与反馈过程是个人对自己不断认识的过程,也是对社会不断认识的过程,是使职业生涯规划更加有效的有力手段。

下面以外贸业务员为例,说明典型的职业发展路径。

二、外贸业务员的职业发展路径

(一)初入外贸职场

现在做外贸的人越来越多,但是想要做好外贸,对业务员的综合素质要求非常高,建议进入外贸行业的人最好是具备外贸综合素质的专业人士,比如国际贸易、市场营销等专业毕业,拥有英文优势和基础的电商理念优势,除此以外,还需要掌握以下技能。

1. 熟悉产品,选择一个好行业

刚刚进入外贸职场的新人,需要选择一个好的细分行业和好的产品,找到一个好的产品,你的外贸业务就已经成功一半了。如果你刚刚大学毕业,在选择外贸公司、选择产品和行业之前可以多与资深外贸人沟通交流,可以是你的导师、你从事外贸业务的亲戚朋友。

至于选择去外贸公司还是去工厂,建议首选去工厂。但是如果你刚刚大学毕业,想要熟悉产品、流程,最好跟着老外贸业务员做跟单,这些都是做好外贸的基础,基础越扎实,你未来的职业发展越好。这个阶段大概需要六个月到一年的时间。

2. 熟悉外贸的整套流程,夯实外贸基础

如果你要成为一个成功的外贸业务员,你应该熟悉整个外贸流程,包括报价、订货、付款、包装、通关手续及备货装运等。经历两年这样的职业训练后,你基本上可以成为独立的外贸人。

（二）外贸职业的美好期

这应该是外贸业务员最幸福的时期，这时候业务员客户稳定、供应商资源稳定、市场稳定，而且随着客户资源的积累，业务员的收入也越来越高，在广州、浙江这样的地区，成熟的外贸业务员的年收入一般是 20 万元人民币左右。如果你业务量大，行业利润高，收入也许会更高。

（三）外贸职业的瓶颈期

外贸职业的瓶颈期，是外贸行业普遍存在的问题，它的表现一般是业绩停滞、行业发展受阻，外贸业务员感到前途比较迷茫，开始自我怀疑，情绪消极。

（四）外贸职业的破冰期

对于如何突破外贸职业的发展困境，调整心态是第一位的。不管是对新人还是对老业务员来说，好的心态都是在外贸逆境期更能体现出其价值。首先你需要客观分析当前市场环境与形势的利与弊；其次再客观分析自己的付出和业务能力，如果你已经用心了，也非常努力，那么，保持顺其自然的心态很重要，很多事情"船到桥头自然直"，轻松的心态反而能让自己保持平静。另外，可以多去参加一些外贸线下沙龙，冷静客观地分析自己的真实业务状态、供应链状态，判断能否通过自己的能力突破瓶颈。

（五）外贸业务员的转型路径

1. 管理路线

这种外贸职业路径一般存在于规模较大的外贸公司、品牌企业。规模较大的外贸公司会引导资深外贸业务员向管理层发展，比如说带业务团队、管理业务小组、参与公司的制度管理等。这样的外贸转型路线对于很多年纪比较大的外贸人来说是非常有价值的。从一线业务员到团队的管理者，你不再有非常大的业绩压力，更不需要每天拼命开拓市场，你的任务变成带团队、培训新人等，如果你带的团队业绩斐然，你的生活会很轻松，而且收入会更高。此外，成为外贸管理者你的职业风险会降低，职业发展会更稳定，同时综合自己多年的外贸经验，你可以参与管理，从事综合性的外贸工作，比如供应链资源整合、产品研发、市场开拓、公司战略制定等。

2. 更专业的业务路线

对于大多数外贸业务员来说，选择更专业的业务之路，更切实可行。如果你现有的产品遇到了问题，你可以开拓新的产品线；这个外贸公司不行，你可以换公司、换工作。外贸业务员是非常实际的岗位，永远靠业绩说话。业务员可以通过持续的学习，不断地提升自己，通过电商平台和展会开拓新的客户和市场渠道。随着数字贸易新形态出现，你也可以选择跨境电商零售平台，如亚马逊、eBay、速卖通和 Shopee 等。对于坚持做一线业务员的人一定要学会团队协作，专注一个领域和行业。

3. 选择外贸创业之路

很多外贸业务员职场发展到一定的阶段后会选择自己创业，他们会利用前期所积累的优势产品和供应链、丰富的资金储备和外贸经验，迎接新挑战！

实训任务

请调查了解本地特色产业有哪些，思考如何将本地特色产品卖往全球。如果你回家乡创业，从现在开始可以采取什么行动来实现这个目标？你需要学习的创业知识有哪些？你在大学期间需要锻炼哪些创业能力？请结合以上信息，探索可能的创业思路。

1. 关注国家经济政策，国家鼓励什么、限制什么，行业未来的发展趋势如何，这其中可能有很多创业机会。

2. 在你的老家或者你想创业的地方进行市场调查，收集相关资料，查找可能的创业思路。

3. 从你感兴趣、擅长的产品出发，利用创新的方法探索相关的、可能的创业思路。

4. 在个人经验基础上运用灵感，产生创意。

项目二
识别创业机会

📋 知识目标

1. 了解创业机会的概念、分类与来源。
2. 了解创业环境分析的常见方法。
3. 掌握创业机会的寻找与评估方法。

📋 能力目标

1. 寻找合适的创业机会和项目。
2. 能够对创业项目进行科学评估。

📋 素质目标

1. 养成创新创业的意识和精神。
2. 形成善于捕捉创意的习惯。

项目引入

SHEIN是一家以跨境电商为主营业务的中国公司,它是一家主要受众为年轻女性的跨境自有品牌快时尚电商平台,可以被理解为"线上低配版ZARA"。SHEIN的商业模式是通过数字化实现高效连接,并匹配供给侧与需求侧。它通过"小单快返"极大减轻了库存压力,从而可以在终端给消费者提供令人惊讶的低价产品,同时保证相当的设计水准。SHEIN在生产端形成了由数量极多的小工厂组成的生产网络,在消费端以"自建站+社交媒体"的方式维系与用户的高频互动。其实,不仅仅是SHEIN,跨境电商近些年整体都取得了较大发展,外部大环境的驱动是促使跨境电商爆发的重要因素,其要点有三:第一,中国制造,中国制造的快速响应能力为电商出海打下了坚实的基础,尤其是广深地区,几乎所有商品都可以在这里找到供应商并实现快速制造；第二，人才红利，中国多年重视教育的成果开始显现，每年有数百万名大学毕业生走出校园，大量优质的高性价比的语言人才、工程师人才，分别在理解语言文化和制作工具触达用户这两个方面做出了突出的贡献；第三，市场广阔，欧美等海外电商市场已经很成熟，各个环节都有相应的服务商，它们拥有快速"造血"能力，能够让商业过程实现正循环，中国跨境电商企业不需要在正常企业经营的生产、营销和交付之外花费太多精力。跨境电商企业近年实现快速增长的周期性原因是中国部分制造业产能结构性溢出，这也是 SHEIN 式柔性供应链的秘密所在。总的来说，未来10年，出海是很大的时代机遇，SHEIN 覆盖的人群以年轻女性为主，而针对其他人群，企业仍有许多机会。

思考：

从 SHEIN 看跨境电商的"微创新"发展，思考如何抓住消费者多样化、个性化、社交化、小众市场等需求，运用好国内人才、生产等优势，助力优质特色产品走出国门。

任务一　外贸新业态新模式

 任务描述

从全球跨境电商行业发展情况看，整体市场规模保持持续增长态势，未来线上购物在全球范围内将越来越普及，中国跨境电商有着"全球货源基地"的制造基础，拥有优质的供应链资源。对现如今发展如此快速的跨境电商行业来说，现在还有机遇可言吗？有些人已经加入行业，有些人正在观望时机，还有一些人正在徘徊犹豫是否加入。那么跨境电商的机遇是否已经错过呢？跨境电商的机遇能否再来一次呢？目前中国作为世界第一的制造业大国，已经拥有了完备的制造生产能力和成规模的制造产业，为我国出口贸易发展提供了强大的产品支持。外贸企业纷纷走出国门，布局海外市场，逐渐建立了"立足中国，面向世界"的跨境电商模式。为扶持跨境电商产业的健康快速发展，国家相继出台了一系列相关政策，为实现"互联网＋外贸"的新模式发展和促进传统外贸产业发展跨境电商业务营造了良好的市场和氛围。此外，国家大力推行"一带一路"倡议，促进"网上丝绸之路"的打造，也有利于跨境电商的发展。

任务目标

1. 了解传统外贸和跨境电商的区别。

2. 了解跨境电商的新机遇。
3. 掌握外贸新业态发展趋势。

一、认识外贸的古往今来

（一）传统外贸的过去

"外贸"一词由来已久，人们并不陌生，特别是中国在2001年加入世界贸易组织（World Trade Organization，WTO）之后，外贸得到了迅猛的发展。浙江制造、江苏制造、东莞制造当时享誉全球。只要你在2001—2011年去过这几个地方，随处可见"全球第一××产品制造工厂"的字样，这并不夸张，这确实是中国制造繁荣的十年。2011年之后，我国出口产业进入跨境出口外贸时代。传统外贸从最初的工厂制造出产品，由国内的出口商（外贸公司、工贸公司）采购，然后这些出口商直接出售给国外的进口商（大型批发商），进口商再把产品适当提高售价，出售给国外当地的各个零售商，零售商对产品进行简单的包装，放在实体店零售，由一个个独立的终端消费者购买。这中间有很多环节，而且每一个环节都需要有一定的利润，所以层层加价，最后到达终端消费者手里的产品价格就非常昂贵。2001—2011年传统外贸占绝对主流，跨境电商的市场份额可以忽略不计。从大环境理解，这样的交易流程意味着2011年以前人们的生活节奏很慢。随着互联网的兴起，不只我国的生活节奏快了，全世界的生活节奏也快了。

互联网颠覆了信息流的传输，传统外贸的中间环节被互联网一刀切断，工厂通过外贸电商平台可以直达海外终端消费者。但是在目前的出口外贸行业中，传统外贸的市场份额依旧是大头，即使现在以深圳为代表的跨境电商越来越火爆，处于井喷期，但是依托互联网技术的出口外贸依旧不是主流模式。很多做传统外贸的人都感受到了来自跨境电商的压力，几乎都在寻找转型的方法，有的人注册跨境电商平台账户开始运营，有的人在各种培训机构学习，但是因为传统外贸订单量较大、金额较大，且现金流非常好（客户一般都是预付50%的定金，然后在发货的时候付余款），所以很多做传统外贸的人感觉转型并不是一件迫在眉睫的事情。另外，深圳聚集着全国80%以上的跨境电商卖家，其中有很多个人卖家、夫妻卖家，但是贸易公司卖家并不多。虽然有些人凭借2013—2015年跨境电商平台的红利，一年可以获利1000万元，但这时候的传统外贸订单量依旧很多、金额较大，而且利润可观。按照市场份额估算，2012—2015年传统外贸依旧在外贸市场中占主流，但跨境电商的份额逐渐上升。之后，人们的生活节奏越来越快，购物消费经常是即时性的，对外贸易的订单逐渐碎片化、小型化。国内的一些传统制造业工厂最先感受到这些变化，以前一个订单有几万件产品，现在最多的订单是几百件，几千件的订单已经算是大单了，这都是终端消费者需求的个性化造成的。

（二）跨境电商的现在

1. 跨境电商发展推动了传统外贸企业"触网上线"

由于新冠肺炎疫情在全球爆发，我国传统外贸受到了严重冲击。但与此同时，跨境电商却释放出了巨大的发展潜力，成为贸易增长的突出亮点。跨境电商发展推动了传统外贸企业"触网上线"，同时也促使国内电商平台开始通过投资并购、自建平台等方式拓展海外市场，显示出其对外贸创新发展的引领作用。2020 年，国务院决定新设 46 个跨境电商综合试验区，加上已经批准的 59 个，全国拥有 105 个跨境电商综合试验区，已经覆盖了 30 个省、自治区、市，从而形成陆海内外联动、东西双向互济的发展格局。

我国形成了较领先的跨境电商平台，这些平台在国际电子商务平台中启动比较早，规模比较大。经过多年发展，跨境电商的营商环境不断完善，便利化、自由化、规范化发展格局已经形成。视频、直播等新业态使跨境电商的创新发展效应持续扩大。尤其是跨境电商服务体系不断完善，带动了中国的物流、支付等数字化基础设施走向世界，带动了中国规则和标准的输出以及中国服务国际化发展。

2. 由"中国制造"走向"中国品牌"

经过 20 多年的高速发展，今天的中国享有"世界工厂"的美誉。据有关数据统计，在工业制成品中，中国已有超过 130 种产品的产量位居世界第一。但实际上，靠廉价劳动力支撑的"中国制造"，付出的代价和成本是很高的，而在价值链上所分配的利益是比较少的。比如说一双高端运动鞋，在国际市场上卖 200 美元，但极有可能其中 90 美元被设计商拿走，100 美元被渠道商拿走，留给中国加工制造者的利益只有 10 美元左右。而且，我国面临国际贸易摩擦增多、能源原料短缺、环境恶化及"民工荒"等诸多方面的压力。过去"中国制造"主要依赖劳动密集型产业，通过劳动力、成本优势实现超越发展，以物美价廉走向世界。斗转星移，"中国品牌""中国创造"站上一个新起点：一方面，由过去的大进大出向优进优出转变，由过去的粗放发展向集约经营转变，由过去的贴牌代工向科研创新转变；另一方面，"一带一路"倡议等为中国企业提供了国际化商机，中国企业不断提升自身竞争力，以过硬的产品、更好的品牌为产品赋能，打破对"中国品牌"的刻板成见。世界需要"中国品牌"，如何推动"中国制造"向"中国品牌"迈进，让"中国制造"打通通江达海的"最后一公里"，需要更多的中国企业注重科技研发，不断进行技术突破，让品牌与国际化接轨。相信在不远的未来，中国的产品不仅仅会贴上"中国制造"的标签，更会贴上"中国品牌"的标签，引领世界制造业新潮流。

3. 由"一站"迈向"多站点"运营

目前跨境电商企业的主流"战场"为欧美市场。美国作为跨境电商的第一市场，是全球最大的零售市场，是跨境电商企业的必争之地。美国人有着超前的消费观念，是成熟的互联网用户。美国是每一个中国企业品牌"出海"的首站地，也是竞争最激烈的市场。在欧洲，英国、德国、法国、意大利、西班牙、波兰、捷克是相对较大一些的电商市场，其中英国拥有和美国几乎相同的成熟互联网用户，德国是近两年增长最快的市场，法国、意大利、西班牙、波兰、捷克这些小语种市场增长也非常强劲。从 2018 年开始，随着各国对跨境电商税务征收法律法规的完善，越来越多的外贸企业也开始把目光聚焦在日本。日本作为全球第三大经济体，拥有 1 亿多人口、较高的收入水平、成熟的零售市场，而且和中国距离很近，是值得开发的市场。同时，也有相当一部分跨境电商企业把目光投向亚非拉美市场。欧美日市场每年跨境电商的市场增长率为个位数，但是亚非拉美市场每年跨境电商的市场增长率为 30%～40%，这是令人激动的市场。

（三）跨境电商的未来

1. 跨境电商新业态

（1）以品牌官网为依托的自建独立站。以品牌官网为依托建设的独立站是跨境电商卖

家在大型外贸电商平台取得一定成功之后,需要做的布局。海外消费者对品牌商的官网更加信赖,更愿意在大型外贸电商平台之外的地方购物。生产商可以通过自建站和线下终端的融合,获得海外消费者的信任。生产商树立自有品牌,讲述品牌独特故事,建立垂直电商销售渠道;同时打造线下体验店,弱化网络购物不宜触摸的缺陷,系统地整合线上线下生态中的营销资源,直接面向消费者销售产品。这样,既直接掌握客户信息,树立品牌形象,还提升客户黏性,最终实现客户忠诚。

(2) 初露端倪的新媒体跨境电商。风靡全球的短视频、直播带货和社交软件,深刻地改变着人们的社交及购物模式。以 Quora 和知乎为典型的问答系、以 TikTok 为典范的直播系、以微信与 WhatsApp 为代表的通讯系等软件,利用社交的口碑效应,吸引着各国同类群体的兴趣并形成了极强的忠诚度。新媒体与跨境电商融合,利用新媒体创造"爆款"来建立品牌优势,这种新的跨境电商销售渠道业态,目前已初露端倪,虽尚处初级阶段,但发展潜力不可忽视。

(3) SaaS 服务平台的出现与发展。所谓 SaaS 是指"Software as a Service",中文意为软件运营服务,外贸行业中指服务商为需求方提供建站所需的全部软、硬件平台,承担建站及维护等工作。它以共享硬件、定制化软件和标准模块搭建的方式,实现了自建站成本的大幅降低。SaaS 依靠软件布局,让用户通过互联网对跨境电商平台进行托管、部署和接入,兼具标准化和定制化的功能、灵活的收费方式都为企业提供了便利。

(4) 以线下实体店或者分销渠道为依托的海外实体跨境电商企业。以线下实体店海外投资形式的跨境电商企业是在传统贸易渠道比较饱和、品牌官网自建的独立站有一定知名度的条件下,做的海外实体投资,需要相当多的资金支持和海外本土化团队运作。

在未来,以上四种形式都需要依托第三方海外仓配合运营。对跨境电商企业来说,无论是平台卖家、自建站,还是海外实体店的形式,既可以单独存在,也可以几种形式同时开展运作,其本质都是为了满足海外消费者快速、个性化、即时性的消费需求。

2. 跨境电商新机遇

2022 年 1 月 1 日,《区域全面经济伙伴关系协定》(简称 RCEP)正式生效,文莱、柬埔寨、老挝、新加坡、泰国、越南等 6 个东盟成员国和中国、日本、新西兰、澳大利亚等 4 个非东盟成员国正式开始实施协定。RCEP 的生效实施,标志着全球人口最多、经贸规模最大、最具发展潜力的自由贸易区正式落地,充分体现了各方共同维护多边主义和自由贸易、促进区域经济一体化的信心和决心,将为区域乃至全球贸易投资增长、经济复苏和繁荣发展做出重要贡献。

跨境电商作为贸易自由化的受益者,必将获得更大的成长空间。无论跨境电商的所处环境、发展模式和技术条件如何变革,都不改变其以客户满意为核心的本质。在 RCEP 为跨境电商带来更多可能的新形势下,跨境电商创业者更应关注如下几个方面。

(1) RCEP 对跨境电商的政策推动。一是 RCEP 协定的签署,推动协定缔约方在区域内建立统一的规则、统一的标准和统一的规范,以此消除贸易、技术和服务壁垒,实现商贸自由和便利。相关政策的协同,为海外仓的运作带来新机会,助力货物的高效进出,强化区域间的联系与协作。二是关税减免,提升商品竞争力。根据 RCEP 协定第二章之约定,协定缔约方将根据所附"关税承诺表"削减或取消对其他缔约方原产商品的关税,预计最终超过 90% 的货物贸易将无须缴纳关税。不仅如此,协定采用原产地区域累积原则,扩大原产地内涵，构建区域共同体意识。关税的削减，让跨境电商货物的流动更加便利，既增强产品的竞争力，又减少企业的资金压力。三是监管优化，助力电商产业升级。RCEP 协定采取了预裁定、抵达前处理、信息共享等方式推动无纸化贸易，鼓励互用电子认证，协调跨境信息传输，这些贸易数字化规则，大大降低了沟通成本，提升了海关及各相关方的效率，为改善跨境电商售后服务质量创造条件。

（2）作为世界上最大的自贸区，RCEP 协定生效后，已核准成员之间 90% 以上的货物贸易将最终实现零关税。跨境电商、互联网金融、在线办公、在线教育、在线问诊、网上交易会等新业态新模式将迎来更大发展机遇，也将为本地区人民生活带来更多实惠和便利。在服务贸易方面，RCEP 成员国总体上均承诺开放超过 100 个服务贸易部门，涵盖金融、电信、交通、旅游、研发等，并承诺于协定生效后 6 年内全面转化为负面清单，进一步提高开放水平。素有"纸黄金"之称的原产地证书是 RCEP 成员国企业享受关税减免等优惠待遇的重要凭证。

（3）促进区域内产业链和供应链更加畅通。在原产地规则、经核准的出口商制度等一系列政策红利驱动下，中方将全面充分地履行 RCEP 义务，高质量实施协定，扩大对外贸易和双向投资，不断稳固和强化产业链、供应链，持续改善营商环境。引导地方、产业和企业利用好协定的承诺和规则，更好地把握 RCEP 带来的市场开放机遇，更好地利用国内国际两个市场、两种资源，促进域内产业链和供应链更加畅通。

（4）跨境电商的全球化是不可阻挡的趋势，既有巨大的市场机遇，又有海外投资的诸多"陷阱"。例如，海外国家的文化不同导致消费者需求同国内市场相差巨大，还有海外增值税和关税的合规、知识产权产品的规避和提前布局、本土化团队如何落地等问题。

二、外贸新业态新模式发展现状

2020 年 11 月 4 日，习近平总书记在第三届中国国际进口博览会开幕式的主旨演讲中提出："中国将推动跨境电商等新业态新模式加快发展，培育外贸新动能。"外贸新业态新模式是在新一轮科技革命和产业变革背景下国际贸易发展的新机遇和新趋势。近年来，外贸新业态、新模式逐渐成为推动我国外贸高质量发展的重要动能，尤其是面对新冠肺炎疫情影响冲击下的复杂外部环境，外贸新业态新模式发展速度高于同期外贸增长速度，对外贸增长的拉动效果明显。

（一）跨境电商发挥带动与引领作用

跨境电商是基于网络通信技术，适应电子商务模式要求发展而来的。与传统贸易方式相比，跨境电商的流通环节较短，供应链效率更高，具有较强的带动与引领作用。我国跨境电商发展经历了从代购、海淘、企业规模化参与到产业链和生产链构建不断完善的过程。从规模来看，2021 年我国跨境电商进出口额达到 1.98 万亿元人民币，同比增长 15%。其中，出口额为 1.44 万亿元，增长 24.5%。自 2016 年以来，我国跨境电商进出口总额呈现出逐年快速增长的态势，按可比口径计算，五年内增长了近十倍。

（二）海外仓成为新型外贸基础设施

海外仓是跨境电商重要的境外节点，具有提高货物出入境效率、缩短配送时间、提升周转速度、缩短服务周期、大幅降低成本等优势和特点。作为新型外贸基础设施，海外仓

对跨境电商发展和国际市场拓展起到重要的支撑作用。目前，海外仓建设尚处于快速发展阶段，相关法规及标准建设多处于地方层面。如广东省的《跨境电子商务海外仓服务管理规范》、各省市公共海外仓认定管理办法等。在全国层面，《跨境电子商务海外仓运营管理要求》国家标准于 2021 年 12 月召开启动会，其可以填补国家标准的空白，能够对规范行业运营管理、进一步推广海外仓发展经验起到积极促进作用。

（三）市场采购贸易

以内贸做外贸市场采购贸易方式是起源于中国本土的贸易模式创新，是指在特定的市场集聚区内采购，相关出口商品通关手续在采购地办理的贸易方式，它支持企业用内贸的方式做外贸。目前，我国已在实践中探索出一套协调性强、创新度高的完整的市场采购贸易运营管理体系，内容涉及组货、检测检疫、海关、税务、外汇核算等全链条流程，为在更大范围内推广试点奠定了良好的政策基础。

（四）外贸综合服务企业成为"稳外贸"的有生力量

外贸综合服务企业是基于信息技术和标准化的服务平台，可以将进出口业务中的融资、通关、物流、保险及退税等各环节进行整合，以代理身份与外贸企业形成对接，从而发挥规模化优势，降低中小微企业成本，提升业务流程办理效率。因此，外贸综合服务企业是"稳外贸"的重要有生力量。

（五）保税维修为提升外贸质量注入动能

保税维修是指将附加值较高的产品通过保税的方式从境外运入境内进行检测、维修后，复运返回来源地的新型外贸模式。发展保税维修业务能够帮助企业提升产品竞争力，延伸产业链长度，充分参与国际分工，提高市场占有率。同时，对经济发展来说，保税维修能够促进货物服务出口，吸引优质外资，推动形成产业集聚效应。自试点开展以来，保税维修业务范围不断扩大，已涵盖航天、船舶、轨道交通、工程机械、数控机床、通信设备、精密电子等产品，为我国提升外贸质量注入强劲动能。

（六）离岸贸易提升贸易竞争力

离岸贸易是由转口贸易业务演变而来的新型贸易模式，具有订单、货物和资金"三流分离"的特征。借助离岸贸易，市场主体可以在便利化政策环境及低税收负担下，以第三方身份参与买卖交易过程，能在降低交易成本的同时提升贸易竞争力。

在经济步入高质量发展阶段，培育跨境电商、市场采购贸易方式、外贸综合服务企业等新业态新模式，成为外贸发展的新动能和新亮点，成为促进外贸供给侧结构性增长、培育竞争新优势、建设贸易强国的重要动力，成为推动大众创业、万众创新的重要平台，成为深入推进合作、提升开放型经济水平的重要渠道。

三、外贸创新创业的关键要素

创新型人才将主导社会经济发展的方向。不论是新产品的研发、新行业的崛起还是新的管理理念的产生，这一切都离不开人的创造力。从人才战略的角度来看，21 世纪的竞争将更加集中于创新型人才的竞争。RCEP 协定的签署对推动东亚地区商贸自由与便利，助力区域繁荣的作用显而易见。这对外贸创业来说，带来了很大的机遇，但同时也带来了众多挑战。外贸创业者需要不断学习，敏锐地感知市场变化，合理地构建业务体系，积极地开拓新业态，促进企业的不断发展与壮大。

中国科学界泰斗钱学森先生在他生命的最后阶段，曾提出过一个问题："为什么我们的学校总是培养不出杰出的人才？"钱老的问题表明，中国还没有完全发展起来，主要原因是缺乏创新型人才。大学生创造力的高低，从某种意义上讲，是决定我国能否从"中国制造"走向"中国创造"的重要因素。谁拥有创新型人才，谁就掌控了创新的主动权，谁就能站在全球化产业链的顶点。在创新的世界里，探索的兴趣、创造的勇气、开拓的力量，几乎都是青年智慧的特色，因此大学生创新创业显得尤为重要。

跨境电商助推"一带一路"合作上台阶

外贸企业创业属于知识密集型创业，其创业者是典型的多方面复合型人才。它需要创业团队具有国际贸易专业知识、产品相关的理工科知识，以及外语、管理、财务、法律等方面的知识。除此之外，还需有强烈的创业激情和欲望、持续的执着和毅力、国际化视野。对在校大学生来说，可以在学好国际贸易相关专业知识外，通过英语四级考试，并选择学习第二外语，尽早确定外贸的具体产品，逐步掌握一些相关专业知识，积极选修品牌策划、企业管理、财务管理、人力资源管理和国际商法等课程。

 **实训任务**

在"逛大街"中寻找商机

商机无处不在，可到哪里去找呢？其实办法有很多：看报纸、电视，参加展销会，听创业讲座等。但这些都是别人给你商机，而对于多数人来说，机会应该自己去寻找，然后经过思考，才能找到适合自己的商机。

1. 逛大街，找商机

这里说的"逛大街"，不是陪同爱人和朋友购物，而是独自一个人，或骑车，或漫步，用心去看，深入去想，无拘无束，你就会发现以前没有看到的东西——商机。

2. 记录你所发现的商机

你可以先到服装市场逛一逛，会发现甲摊位和乙摊位的同一款衣服卖价不一样，大商场的卖价和地摊也不一样，甲市场和乙市场的卖价也不一样；再到副食市场，同去服装市场一样，反复比较，到用餐时间，你可以选一家路边摊或小吃店坐下来，要一份食物细嚼慢咽，留心观察来往的客人，算一下店主的营业额，推测一下店主的费用，没准能发现店主经营的秘密，不起眼的小店的收入可能是你单位工资的几倍。

看透了市场就成了半个商人。吃穿是常人容易起步的行当，如果你从中发现了机会，就着手去做。如果没发现，也不急，可以继续逛街。同时，留心街上的信息栏和中介公司，看看有没有好单位在招聘，为自己将来的实习或就业做好准

备。另外，重点看哪一类行业在招工，持续招工的行业，一定是效益好的行业，盯住它们，也许就能找到机会。再一次逛街，你要留神身边的建设，看看哪里在盖楼，哪里在修路，上前问问盖楼做什么用，还缺不缺什么材料，楼是不是全卖了，卖给了谁；再去修路那里，问问路修到哪里，路两边要不要盖营业房等，也许就能找到一个突破口。夜晚逛街，你可以盯住街上的霓虹灯，哪家不亮，你一定要记下来。第二天，去问一下他们要不要修理；没有灯的，要不要安装。

3. 分析和识别商机

结合电视、报纸及网络等媒体上的信息，进行深入分析，写一份"逛大街"找商机的心得与体会。

_____

_____

_____

_____

任务二　创业机会识别

 任务描述

创业需要机会，而机会无时不在，无处不在，关键是要寻找和发现。习近平总书记在党的十九大报告中明确提出，新时代我国社会主要矛盾是人民日益增长的美好生活需要和不平衡不充分的发展之间的矛盾。那么能在某个方面一定程度上解决或缓解这个矛盾的创业机会，就是好机会。创业者在日常生活中需要有意识地加强实践，学会快速捕捉创意，善于发现和识别真正优质的创业机会，选择合适的创业项目，并进行科学合理的评估，这些都是极其重要的技能。对于初次创业者而言，好的创业机会应该是适合小团队、轻资产启动。寻找创业机会的一个重要途径是善于发现和体会自己和他人在需求方面的问题或生活中的难处，能够用创新的方法解决现实问题或更好地满足需求，且能够在未来的情境下，持续满足人民生活与工作需求，这就是商机。当发现创业机会以后，我们还需要对创业机会进行评估，以尽可能地降低创业风险。

 任务目标

1. 产生你的创业想法。
2. 掌握创业机会的识别方法。
3. 学会创业机会的评估。

随着科技的发展，涌现出许多创业机会，对于创业者来说，学会快速捕捉创意，善于发现和识别真正有价值的创业机会，选择合适的创业项目，并进行科学合理的评估，是极其重要的技能。哲学家苏格拉底说过："最有希望的成功者，并不是才华出众的人，而是那些善于利用每一时机去挖掘开拓的人。"

每一个时代环境中都蕴藏着各种各样的机会，善于分析社会环境中的优势和劣势因素，并有效地加以利用和规避，是大学生创业成功的关键。创业机会具有很强的时效性，甚至瞬间即逝，一旦被别人把握住也就不存在了；而机会又总是存在的，一种需求得到满足，另一种需求又会产生，一类机会消失了，另一类机会又会产生。大多数机会都不是显而易见的，需要去发现和挖掘。

一、创业机会的概念

创业机会是指在市场经济条件下，社会的经济活动过程中形成和产生的一种有利于企业经营成果的因素，是一种带有偶然性并能被经营者认识和利用的契机。并不是说有好的想法和点子就是创业机会，创业机会并不是来源于创业者，创业机会来源于市场。一般来说，某一个需求出现或者没有得到很好地满足，创业机会就出现了。创业赢在创意，创意就是开创性的想法。创业难，其实最难的是创业的创意。有价值的创意不是拍拍脑袋就会出现的，商业创意是来源于个人的生活经历、工作经历、个人爱好、偶然发现、有目的的深入调查与研究、他人的建议、教育、亲友从事的行业、家庭企业等。

二、创业机会的分类

根据创业机会的来源分类，创业机会可以分为问题型创业机会、趋势型创业机会和组合型创业机会。

（一）问题型创业机会

问题型创业机会指的是在现实中未被解决的问题产生的一类机会，一般人看到的是问题，创业者看到的是机会。

（二）趋势型创业机会

趋势型创业机会指的是在变化中看到未来的发展方向，预测到将来的潜力而发现的机会，一般出现在经济飞跃、政治变革、人口变化、社会制度变革、文化习俗变革等时期，而且被人们所认可，这种趋势产生的影响将是持久的，带来的利益也是巨大的。

（三）组合型创业机会

组合型创业机会就是将现在的两项技术、产品、服务等因素组合起来，以实现新的用途和价值获得的创业机会。

三、创业机会来源

创业机会的识别是创业开端，也是创业前提，机会是具有商业价值的创意，机会在创业的整个过程中占据十分重要的地位，可以说机会是创业过程的源头。一个新企业创业过程的核心就是发现机会，新企业创立过程是由机会驱动的。经常听到一些想创业的朋友这样抱怨：别人机会好，我运气一直不佳，没有机会，我要是早几年做就好了，现在进入行业已经不行了，等等。这都是误解，其实机会无处不在，就看你能不能识别它，抓住它。

总而言之，生活中创业机会无处不在，无时不在，不怕没机会，就怕没有眼光。大学生发现创业机会可以从大学生创新创业大赛、校园创业社团、创客空间等校外实习实训基地等渠道入手。创业机会本质是变化和创新，科学技术的进步、政策法律的变化、市场需求的变化、社会和人口因素的变化等，都蕴含着机会。但每个人的感受和思维模式不同，能先意识到机会的人，无疑占了先机。

（一）问题产生机会

在现实中，我们常常会听到一些人抱怨生活中的一些问题，这些问题的解决可能就蕴涵着商业机会。这需要你做个有心人，多观察、细聆听，针对旁人的苦恼或者自己发现的问题仔细整理分析，看看有无解决之道。也许，他人的话、自己不经意间的感叹就会产生一个创业机会。

例如，现在城市人工作忙碌，越来越多的人开始选择用金钱来购买方便与舒适，电子商务公司和快递公司应运而生。跑腿、帮助客户代买代办，从买一顿快餐，到帮公司送几千元的支票，从代购两本书，到买几张飞机票，只要你有想办而不愿意出门办的事，他们都乐意帮办。

（二）变化造就机会

创业的机会大都产生于不断变化的市场环境，环境变化了，市场需求、市场结构必然发生变化。著名管理学大师彼得·德鲁克将创业者定义为那些能"寻找变化，并积极反应，把它当作机会充分利用起来的人"。这种变化可以包括产业结构的变动、消费结构升级、城市化加速、价值观与生活形态的变化、政府政策的变化、人口结构的变化、居民收入水平提高、全球化趋势等诸方面。比如居民收入水平提高，私人轿车的拥有量将不断增加，这就会派生出汽车销售、修理、配件、清洁、装潢、二手车交易、代驾等诸多创业机会。另一个常见的例子，随着人们生活水平的提高和物质的丰富，人们的饮食结构发生了重大的变化，不仅要多样化，更要品质化，讲求绿色纯天然，于是，绿色无公害蔬菜、食品生产基地产生了。

（三）创造发明带来机会

创造发明为人们提供了新产品、新服务，同时也带来了创业机会。一项新的创造发明如果合理地利用，必将产生一个良好的商机。比如随着计算机的诞生，计算机维修、软件开发、计算机操作培训、图文制作、信息服务、网上开店等创业机会随之而来。即使不发明新的东西，能成为销售和推广新产品的人，也能从中发现商机。另外，产品或技术创新也会带来机会。高新技术是推动产业革命的动力，也是人类社会进入20世纪下半叶之后经济的主要增长点。每一次的高新技术革命都会创造出一个新的市场。现在，高新技术不仅用在军事方面，而且已经普遍地用于百姓日常所用到的物品之中，而且应用的速度很快。科学技术是第一生产力，已不再是一句口号。创业者要想源源不断地获取财富，就必须从科技创新中挖掘商机。

（四）用政策嗅觉觅得机会

历史上有名望的商人总是热情而主动地参加政府和主管部门组织的有关活动，仔细听取政府和主管部门对商界各项工作的意见和建议。如果政治嗅觉灵敏，就能从中抓到难得的商机。因此，在经济发展中，创业者应始终关注国家的有关政策，把握国家宏观经济的脉搏，这样，可能觅得更多的创业机会。

（五）从顾客差异中发现机会

机会不能从全部顾客身上去找，因为共同需要容易认识，基本上已很难再找到突破口。而实际上，每个人的需求都是有差异的，我们如果时常关注某些人的日常生活和工作，就会从中发现机会。因此，在寻找机会时，应习惯把顾客分类，认真研究各类人员的需求特点，那么机会自然就会显现。

女性是天生的财源，从个人的化妆品、服饰到家庭的生活用品，基本上都是女性添置的。很多产品对女性来说都具有相当程度的吸引力。现代女性所追求的高品质的生活方式和消费方式，更为商家们提供了充满诱惑的商机。因此，学会分析顾客的差异和特点，就会从中发现新的商机。

在外贸领域，因为涉及不同国家，创业机会还可能来源于价值链或销售渠道的重组和不同地区产品需求的差异。例如，跨境电商这种外贸新形态就是着力缩短产品进出口的环节和流程。同时，世界范围内各国社会、文化、经济、宗教等情况各不相同，各地需求差异很大，需求差异就意味着国际贸易的空间。准备在外贸领域创业的同学平时应该多看

牛仔裤的来源

国际新闻、资料，如果有出国旅游、学生交换、读书和工作机会则要好好把握，多看多想多实践，很可能会发现很好的创业机会。

四、外贸创业机会的识别和评估

（一）外贸企业创业特征

外贸企业是指从事外贸（即进出口）的企业，在国家法律允许的范围，对企业工商注册领域的产品有进出口经营权。外贸企业类型主要分为纯流通型和生产型。改革开放之后，全国外贸进出口排名第一的企业主体经过了一个由国有企业过渡到外企企业再到民营企业的过程。

外贸企业创业是指创立一个主营国际贸易的企业，这个企业具有独立从事进出口业务经营活动的权力，拥有为直接从事进出口商品交换活动所必需的人员、资金和必要的物质，实行独立核算、自负盈亏。外贸创业形式主要有注册成立公司、个人外贸、个体工商户、代理和挂靠。外贸创业和普通创业的共同特点是资源整合、自主创新、创造价值、高风险高收益；外贸创业和普通创业的不同点是专业性强、投入少、社会关系相对简单。

（二）识别外贸创业机会的一般过程

创业开始于创业者对创业机会的识别，创业者对这一机会持续开发的结果就是企业的诞生。在这一过程中，机会的潜在预期以及创业者的自身能力得到反复的检验，创业者对创业机会的战略定位也就越来越清晰明确，这就是机会识别的过程。

1. 产生创意——创业机会识别的源头

有人说，一个有吸引力并确实可行的点子所形成的创业机会就是所有创业企业成功的

基石，但创意不是随时都可以拥有的，有时创意摆在眼前，我们也会擦肩而过。创意的是人们在认识客观世界的过程中，所听到、看到、收集的信息与个人拥有的知识储备、先前经验等信息进行交互作用，形成商业性构想的过程。因此，我们需要结合自身素质和自己的外部资源，在生活中发现创意，从细节处挖掘财富，随时随地把好的想法记录下来，有了好的创意，创业才能真正开始。

2. 调研收集信息——创业机会识别的核心

创业初期，创业者在做任何决策前都应该进行科学的市场调查，充分了解自己将涉足的行业的发展规律。如果创业者不深入进行市场调研，只凭经验和感觉或者人云亦云地盲目跟风，这种不经过市场调查做出的决策，往往很容易导致创业的失败。可以说没有足够的信息，可能无法产生好的创意；没有足够的信息，你的创意不可能实现。信息搜索渠道有以下几种。

（1）直接法：问卷调查、电话访问、面谈、观察等。

（2）间接法：互联网、行业情报、统计资料、会议资料等。

3. 选择适合自己的商机——创业机会识别的关键

有了创业机会，有了一定的信息量，我们需要做的就是找到最适合自己的创业发展方向。现在市场竞争越来越激烈，就业形势也越来越严峻，有很多人选择自主创业，要想创业成功，挑选一个好的项目是必不可少的首要任务。创业需要扬长避短，一定要仔细斟酌自身的优势所在，切忌看到某个机会最赚钱就头脑发热地扎进自己不擅长的领域。

4. 市场监测与创业机会评价

当你找到适合自己的创业机会，准备启动创业时，一定需要进行有效的市场分析，看看自己的产品能不能满足顾客的需求。进行市场分析通常采用市场测试法，即将部分产品或者服务拿到真实市场中进行检测，看消费者实际是否购买。创业者在对创业机会识别的过程中就在有意无意地进行评估，创业识别和开发的过程，实际就是创业的整个过程。

（三）外贸创业机会识别技巧

识别创业机会是创业领域的关键问题之一，它是创业的起点，创业过程就是围绕机会进行识别、开发、利用的过程。如何正确地识别创业机会是创业者应当具备的重要技能。创业机会会以不同形式出现。许多好的商业机会并不是突然出现，而是对"一个有准备的头脑的一种回报"，创业者不仅要善于发现机会，而且需要正确把握机会并果断采取行动，将机会变成现实的结果。

1. 着眼于问题把握机会

许多成功的企业都是从解决问题起步的，所有问题都是市场还没有解决的需求，也就是客户的痛点。创业者要善于找出客户的特殊需求，盯住客户个性化的需求并认真研究其需求特征，克服从众心理和创业习惯思维的束缚，寻找市场空白点或市场缝隙，从行业或市场在矛盾发展中形成的空白地带入手，这样就能够发现和把握商机。

2. 捕捉政策热点把握机会

环境变化带来政策变化、产业结构调整、消费结构升级，中国市场受政策影响很大，新政策出台往往催生新的商机。如果创业者善于研究和利用政策，能够透过这些变化抓住市场的需求，就能抓住商机站在潮头。

3. 从热销产品产业链上寻找机会

当然，从政策中寻找商机不仅仅停留在政策条文所罗列的文字表面，随着社会分工不断细化和专业化，政策变化所提供的商机还可以延伸。创业者可以从产业链的上下游的延伸中寻找商机，发现新的机会。

4. 跟踪技术创新把握机会

任何产品的市场都会有生命周期，产品会不断趋于饱和，市场会成熟直到衰退，而技术创新加快产品的迭代速度，这样也就带来前所未有的创业机会。创业者如果能够跟踪产业发展和产品迭代的步伐，追踪、分析和评价竞争对手的产品和服务，找出现有产品存在的缺陷和不足，有针对性地提出改进方法，形成创意，并开发具有潜力的新产品或新功能，就能够出其不意，成功创业。

（四）评估外贸创业机会

所有的创业行为都来自创业者认为绝佳的创业机会、创业团队及投资者对创业前景寄予极高的期望，但几乎九成以上创业梦想最后都落空。创业本身是一种"做中学"的具有风险的行为，如果创业者能先以比较客观的方式对自己的项目进行评估，那么许多创业失败就不会一再发生。下面从商业价值、竞争对手，创业者资源和能力匹配度、创业风险四个方面来评估创业机会。

（1）商业价值：测算创业机会的市场空间，判断市场的成长性和持续性，并测算收益。

（2）竞争对手：分析新创企业会在哪些地方具有优势。

（3）创业者资源和能力匹配度：不同创业机会对创业者的能力和资源的要求不同。

（4）创业风险：创业期的风险与后期企业存续性风险有所不同，主要风险是企业初创期，比如创业机会和市场是否会发生改变？各项资源能否顺利进行整合？具体风险有预期资金没有到位，市场出现同类新的竞争产品，目标市场并没有接受原先认为可以成功的产品。这里需要特别强调外贸创业必须注意：国际贸易中，几乎所有贸易的基础是建立在买卖双方之间的信任之上的，而这个信任需要时间的积累。新创业外贸企业通常是从零起步，面对客户和供应商，可能需要垫、押资金，企业资金压力大。

知识链接

评价创业机会需要采取科学的方法。一方面，可以从收益-成本框架出发评价创业机会的价值创造潜力，判断值不值得追求所发现的创业机会；另一方面，可以从个体-创业机会框架出发评价创业机会价值实现的可能性，判断个体能不能真正把握并实现创业机会的价值。美国巴布森学院蒂蒙斯教授提出的创业机会评价框架是比较完善的创业机会评价指标体系。蒂蒙斯教授认为，创业者应该从行业和市场、经济因素、收获条件、竞争优势、管理团队、致命缺陷问题、个人标准、理想与现实的战略差异八个方面评价创业机会的价值潜力，并围绕这八个方面形成了五十三项指标，如表1-1所示。

表 1-1　蒂蒙斯创业机会评价基本框架

评估框架	评估因素	评估结果
行业和市场	1. 市场容易识别，可以带来持续收入 2. 顾客可以接受产品或服务，愿意为此付费 3. 产品的附加价值高 4. 产品对市场的影响力大 5. 将要开发的产品生命长久 6. 项目所在的行业是新兴行业，竞争强度不大 7. 市场规模大，销售潜力达到 1000 万到 10 亿元 8. 市场成长率在 30%～50%甚至更高 9. 现有厂商的生产能力几乎完全饱和 10. 在 5 年内能占据市场的领导地位，达到 20%以上 11. 拥有低成本的供货商，具有成本优势	
经济因素	1. 达到盈亏平衡点所需要的时间在 2 年以下 2. 盈亏平衡点不会逐渐提高 3. 投资回报率在 25%以上 4. 项目对资金的要求不是很大，能够获得融资 5. 销售额的年增长率高于 15% 6. 有良好的现金流量，能占到销售额的 20%～30%甚至以上 7. 能获得持久的毛利，毛利率要达到 40%以上 8. 能获得持久的税后利润，税后利润率要超过 10% 9. 资产集中程度低 10. 运营资金不多，需求量是逐渐增加的 11. 研究开发工作对资金的要求不高	
收获条件	1. 项目带来的附加价值具有较高的战略意义 2. 存在现有的或可预料的退出方式 3. 资本市场环境有利，可以实现资本的流动	
竞争优势	1. 固定成本和可变成本低 2. 对成本、价格和销售的控制力较高 3. 已经获得或可以获得对专利所有权的保护 4. 竞争对手尚未觉醒，竞争较弱 5. 拥有专利或具有某种独占性 6. 拥有发展良好的网络关系，容易获得合同 7. 拥有杰出的关键人员和管理团队	

续表

评估框架	评估因素	评估结果
管理团队	1. 创业者团队是一个优秀管理者的组合 2. 管理团队的正直廉洁程度能达到最高水准 3. 行业和技术经验达到了本行业内的最高水平 4. 管理团队知道自己缺乏哪些方面的知识	
致命缺陷问题	不存在任何致命缺陷问题	
个人标准	1. 个人目标与创业活动相符合 2. 创业者可以做到在有限的风险下实现成功 3. 创业者能接受薪水减少等损失 4. 创业者渴望进行创业生活方式 5. 创业者可以承受适当的风险 6. 创业者在压力下状态依然良好	
理想与现实的战略差异	1. 理想与现实情况相吻合 2. 管理团队已经是最好的 3. 在客户服务管理方面有很好的服务理念 4. 所创办的事业顺应时代潮流 5. 所采取的技术具有突破性 6. 具备灵活的适应能力,能快速地进行取舍 7. 始终在寻找新的机会 8. 定价与市场领先者几乎持平 9. 能够获得销售渠道,或已经拥有现成的网络 10. 能够允许失败	
评估结果		

这里必须指出的是,在现实创业活动中,创业者不太可能完全按着框架中的指标对创业机会一一做出评价,而仅会选择其中某些要素来判断创业机会的价值,从而使得创业者的机会评价表现为主观感受而非客观分析的过程。

综上所述，创业过程总是表现为一个机会识别、机会评价、决定开始并以资源获取结束的连续过程。创业机会评价是创业机会利用的前提和基础，可以通过评价确定优先级别从而形成商业模式，迈开继续创业的步伐。

（五）外贸创业认识方面常见误区

1. 误区一：外贸卖的是产品

正确理解：产品有了品牌，产品的价值才会提升。另外，外贸是服务业，附加的高质量服务也是外贸公司利润的重要来源，如寻找符合客户需求的产品、稳定的质量和交货期、快速的回复和处理等。高质量服务的前提和基础是熟悉并正确应用对方的商务文化，这一部分最容易被忽略，也是最难学的。

2. 误区二：外贸竞争太激烈，不适合创业

正确理解：从目前的情况来分析，外贸领域正是创业风口，一是从业人员良莠不齐，二是国内外市场每年都在变化，不断有新企业新产品面市，三是现在几乎所有的行业都是竞争性行业，竞争无处不在，而外贸做得好而精的却不多。

3. 误区三：中国人口红利不再，外贸行业前景不乐观

正确理解：中国沿海地区的初级劳动力价值，相对于东南亚、非洲等地区已处于劣势，服装、鞋子等劳动密集型行业，跨国公司有不少已经外迁，本土企业也开始规模化对外投资。国内很多企业用机器换人，减少用工人数，质量和产量却大幅提升，正逐步实现从劳动密集型向技术和资金密集型的转变。也就是说，中国在简单的劳动密集型产品中逐步丧失成本优势，但在技术和资本密集型产品中逐步扩大了优势。历史上每一个行业的发展都是有起有落，国际贸易从古到今，越来越繁荣，分工越来越细，社会需求越来越多样化，国际贸易的需求越来越多元化。另外，扩大进口已经上升为我国国家政策。

4. 误区四：国外客户直接把订单交给工厂，外贸公司空间越来越小

正确理解：需求产品品种单一而需求量大的采购商，的确可以直接对接工厂，但需要的品种多且每个品种需求量不多，或者是非专业采购商，还是会需要外贸公司的。外贸公司通过自建仓库，进行产品检验、贴牌、重新包装等，能够契合客户多样化需求。

5. 误区五：外贸公司和工厂是竞争关系

正确理解：外贸公司如何把握与客户、工厂的关系，是衡量外贸公司水平的关键标准之一。如果把工厂定义为竞争对手，那么工厂很可能会把客户抢跑；如果和工厂密切合作，可以帮助工厂不断进步，逐步成为行业顶尖客户的供应商。

6. 误区六：个性内向、没有家庭背景，外贸创业就没有优势

正确理解：外贸创业和国内贸易最大的区别之一就是不太需要你的口才和家庭背景，因为外贸沟通大多是通过电子邮件和互联网平台，外贸流程长且复杂，每一个环节都需要认真仔细，因此特别需要做事认真严谨的人。这个行业竞争的是专业经验和耐心的态度。

7. 误区七：手上有大客户的业务员，自己创业肯定能成功

成功的业务员可以说是管好了自己，但外贸创业等于新建一个企业，侧重管人，管自己和管别人，其工作内容和方式方法与自己做业务员完全不同。

8. 误区八：外贸企业不需要品牌

正确理解：我国出口产品中，确实大多是无牌出口或者贴牌出口，但即使是流通型外贸企业，品牌也很重要，品牌打造对后期的出口推广、企业发展非常有帮助。

9. 误解九：现在进入跨境电商领域为时已晚

正确理解：起步做跨境电商，要么有熟悉的产品，有可以把控的供应商资源；要么懂运营，熟悉电商运作的基本逻辑。两者至少需要具备其一，才能发展得更快。

（六）行业创业前景

当下跨境电商是值得年轻人创业的行业，分析其原因有以下三点。

第一，外贸出口依然是国家三驾马车之一，中国依然是制造业大国，具有广泛坚实的供应链基础，外贸产业并不会突然转移。

第二，相比于国内电商行业，跨境电商行业的毛利润比较高，行业竞争还没达到白热化的程度，资本还是愿意投资相关企业的，也有不少成功案例。

第三，外贸出口行业合法合规，不仅可以享受国家退税补贴，还是目前国家政策大力支持的行业。

 实训任务

做好创业环境分析

活动参与形式：以 8~10 人为一组

活动道具：挂纸

活动目的：学会利用 SWOT 工具分析自己所处地区的创业环境，能够有效利用优势因素。

活动步骤：

一、SWOT 分析

1. 优势（S）分析

根据自身的实际情况，列举你的各项优势。

▲ 身体方面：

▲ 性格方面：

▲ 知识方面：

▲ 能力方面：

▲ 家庭方面：

▲ 资源方面：

▲ 实践经验方面：

2. 劣势（W）分析

根据自身的实际情况，列举你的不足。

▲ 身体方面：

▲ 性格方面：

▲ 知识方面：

▲ 能力方面：

▲ 家庭方面：

▲ 资源方面：

▲ 实践经验方面：

3. 机会（O）分析

收集国家、地区政府以及学校对于创业的支持政策，列举可利用的各种创业机会。

▲ 国家颁布的创业扶持政策：

▲ 地区政府颁布的创业扶持政策：

▲ 你所在学校的创业扶持举措：

▲ 你所选择的创业行业优势：

4. 威胁（T）分析

分析创业中存在的威胁因素。

▲ 经济环境：

▲ 创业环境：

▲ 市场风险：

▲ 行业竞争情况：

将你经过分析后的各种情况进行整合，制定出与之对应的战略决策，填在表相应位置。

外部环境 内部环境	优势（S）	劣势（W）
	1. 2. 3.	1. 2. 3.
机会（O）	SO 利用这些	WO 改进这些
1. 2. 3.		
威胁（T）	ST 监视这些	WT 消除这些
1. 2. 3.		

二、活动交流与讨论

在完成 SWOT 矩阵构造后，制定出创业行动计划。制定计划的基本思路：发挥优势因素，克服劣势因素，利用机会因素，化解威胁因素；考虑过去，立足当前，着眼未来；运用综合分析法，将考虑的各种环境因素相互匹配加以组合，得出一系列个人未来创业发展的可选择对策。

任务三　创业资源管理

 任务描述

我们心中都有一个疑惑：没有任何资源，就不能创业了吗？在现实生活中，有些人有很好的创意，但整合不到实现创意所需的资源；有些人虽然自己没有资源，但凭借自己的专业、信息和技术优势，凭借个人信誉和人脉关系，总能一次次幸运地找到资源，实现自己的企业梦想，成就自己的财富人生。"机会总是眷顾有准备的人"，创业资源整合不只是一个技术问题，还是一个社会问题。创业者在企业成长的各个阶段，都会努力争取用尽量少的资源来推动企业的发展，他们需要的不是拥有资源，而是要控制这些资源。许多创业者早期所能获取与利用的资源都比较紧缺，想要发展企业，资源整合是必要的技能。在创业前或资源整合前做好"建立个人信用"和"积累人脉资源"这两个工作。在开始创业过程中，明确自己的需求和目标，善于利用自己手中掌握的、可支配的资源，和他人进行资源置换，通过满足对方的需求同时获取自己想要的资源，是资源整合的关键和重要法则。

 任务目标

1. 了解创业资源的内涵。
2. 掌握资源获取技巧。
3. 掌握资源整合的方法。

一、创业资源内涵

资源是企业在向社会提供产品或者服务的过程中，所拥有或者能够支配的，用以实现自己目标的各种要素以及要素组合。换句话说，资源就是投入到企业创业过程中，为了实现企业创业目标的有形资源和无形资源的综合。企业就是一组异质性资源的组合，创业资源也就是支撑企业创业活动的各种生产要素及条件。这些资源包括看得见的固定资产，如机器、厂房、设备，也包括组织本身蕴涵的无形资源，如企业能力、品牌、企业声誉、专利权。只要是对创业有所帮助的要素，都可以归入创业资源范畴。

头脑风暴

你能在 2 个小时内用 50 元创造多少利润？

和你的团队讨论并设计出行动计划，注意：这 50 元钱是你们拥有的唯一一种子资金，你们不能从事非法活动（包括赌博），不能参与抽奖活动（包括买彩票）；在这 2 小时之前和之后，你们都不能筹集资金；在这 2 小时后，你们就不能再做任何事情了。团队的行动计划要尽可能详细、具体，并预估你们可能赚取的利润。展示团队的计划，并描述你的团队是如何产生"创意"的，50 元发挥了什么作用，评选出利润最高的团队和最具创造力的团队。行动起来，试试你的计划，2 小时后再来看看哪个团队赚的利润最多。

思考：通过这个活动，你有哪些意外收获？是否顺利实施计划？成功或失败的因素有哪些？

二、创业资源的分类

（一）按照资源要素分类

按照资源要素对企业战略规划过程的参与程度，把资源可分为直接资源和间接资源。财务资源、经营管理资源、市场资源、人力资源等直接参与企业战略规划的资源要素，我们把他们定义为直接资源；政策资源、信息资源、科技资源这三类资源要素对于创业成长的影响更多的是提供便利与支持，而非直接参与创业战略的制定和执行，因此，对创业战略的规划是一种间接作用，可以把他们定义为间接资源。

（1）财务资源：是否有足够的启动资金？是否有资金支持创业最初几个月的亏损？

（2）经营管理资源：如何找到客户？如何确保企业能正常运转起来？

（3）人力资源：是否有合适的人来完成企业运行过程中的任务？

（4）市场资源：市场和客户在哪里？盈利模式是什么？销售的渠道有哪些？

（5）政策资源：是否有"孵化器"推进创业？具体扶持政策和优惠政策有哪些？

（6）信息资源：从哪里获得创业资源信息？

（7）科技资源：提供产品或服务的核心技术是什么？

资源对企业来说很重要，不同类型的创业需要不同资源的组合。但不是所有资源对企业都同等重要，创业者重点要关注财务资源、科技资源、人才资源等对企业起到关键作用的资源。对于新创企业来说，存在各种资源匮乏的先天不足，即便新创企业依靠创业者的初始资源获得初步发展，但是不继续获取或积累新的资源，企业也不会得到进一步发展，这就要求新创企业在确定资源需求以后利用自身已具备的资源不断摄取新资源。

资源获取的途径主要有两种。一是市场途径：在市场上通过购买和并购等方式获取所需要的一些设备、技术，聘请有经验的人员，等等。非市场途径：市场上花钱买不到的人脉等。

(二)外贸创业企业最重要的资源

外贸创业企业最重要的资源包括人力资源、供应商资源、客户资源、社会资源、财务资源、政策和信息资源。

1. 人力资源

最重要的人力资源就是创业者和其创业团队,一般跨境电商创业公司都是从 3 个人慢慢发展到 20 多人再到百人。一个人单独创业,可以全面掌握一个公司,但是一个人的能力和资源是有限的;创业团队正好相反,几个人如果能够形成合力,在各项资源能力方面可以形成互补,但是团队内部的管理和合作比较复杂。在跨境电商领域,团队创业比例相对比较高。这里建议创业团队内部成员之间最好能够互补,主要是知识技能和经验方面互补,一般的企业大多是在营销、管理和技术方面互补;外贸企业可以在业务方面互补,也可以在跨境平台运营技术、工厂和客户资源方面互补。此外,就是要有特别有能力的业务员、财务人员和管理人员。一般通过市场化途径招聘有经验的业务员,优点是不用花费培训成本,缺点是流动性高;招聘应届生做业务员的优点是忠诚度高、认可企业文化,缺点是需要花时间花精力加以培养。

2. 供应商资源

表面看起来客户和供应商与外贸企业之间都是简单的买卖关系,通过市场化的途径完成交易即可,其实不然。现在很多外贸企业和供应商深度合作,通过参股供应商,与供应商相互持股,形成利益共同体,或者与供应商签订独家经销代理合同,或者将业务员派到供应商处上班,全权代表供应商出口等。实践中方法多样,可以根据供应商和外贸公司的业务关系来进行不同深度的合作。

3. 客户资源

为了减少同样的产品在市场上的竞争,外贸企业要建设客户关系管理系统:维护好大客户,开发新客户,促进中小客户成长。

4. 社会资源

社会资源是多维度的,只要是人际关系和社会关系形成的关系网络和资源,都属于社会资源。出口创业,对国内社会资源需求不大,进口创业,国内社会资源的数量和质量对企业的影响很大。

5. 财务资源

传统外贸企业大多数依靠自有资金积累,采购和销售合同在首付款时间上衔接好,就能获得资金积累。另外,可以做一些资金的融通,业务模式上的创新,可吸引风险投资进入;或者通过国有外贸代理,解决资金问题。

6. 政策和信息资源

国内各类鼓励政策较多,对企业创立和后期营运可以产生较大的帮助;信息资源涵盖各个方面,有些对企业意味着机会,有些可能是灾难。

三、创业资源获取的技巧

创业资源获取的主要原则是灵活用好、用足企业现有资源,四两拨千斤,以有限的内部资源,撬动最大化的外部资源。创业资源获取的途径有三种:购买、联盟、并购和网络。新创企业通过网络获取创业资源是一种相对低成本、高效率的方式。创业资源获取的方式主要有以下几种。

（一）技术资源获得方式

（1）创业者应随时关注各高校实验室老师和学生研发成果，定期去国家专利局查阅各种专利，养成及时关注科技信息、浏览科技报道、留意科技成果等习惯，从中有可能发现具有巨大商机的技术成果。

（2）吸引技术持有者加入创业团队，通过完善开发达到商业化要求。

（二）人力资源获取方式

这里的人力资源不是指新创企业成立后需要招募的员工，而是指创业者及其团队拥有的知识、技能、经验、人际关系和商务网络。创业前可以在学校做一些产品的校园或者区域代理，这个过程既可以赚钱，增长市场知识，还可以锻炼组织能力；也可以利用实习的机会到一个企业工作，通过打工经历，学习行业知识，熟悉客户资源渠道，积累企业运作的经验，学习开拓市场的方法，了解盈利模式。为了创业而到一个公司工作，最好选择一个什么样的公司？可以借用加里·威尔逊·沃特的观点：在一个小公司起步，可以很快在管理层任职，可以给你一个广阔的视野，并向你提供更具挑战的锻炼的机会。

（三）财务资源获取方式

（1）依靠亲朋好友筹集资金。
（2）银行抵押贷款或者企业贷款。
（3）争取政府某个计划的资金支持。
（4）拟定一个详尽可行的创业计划，吸引一些大学生创业基金甚至风险投资基金。

（四）市场及政策信息资源的获取方式

一般而言，获取市场及政策信息资源主要通过创业俱乐部、孵化器、创客空间、图书馆、新闻媒体、创业竞赛、会议及互联网等，创业者可以根据自己的实际情况与各种途径的特点，选择一种或几种，尽可能获取有效信息。

四、创业资源整合方法

许多创业者早期所能获取与利用的资源都相当匮乏，而优秀的创业者在创业过程中所体现出的卓越创业技能之一就是创造性地整合和运营资源，尤其是那种能够创造竞争优势，并带来持续竞争优势的创业资源。因此，对于创业者而言，一方面要借助自身的创造性，用有限的资源创造尽可能大的价值，另一方面更是要设法获取和整合各类创业资源。

（一）步步为营地运用自身资源

重视节俭，设法降低资源的使用量，降低管理成本，譬如利用外包，将企业经营过程中的一部分工作外包给专业团队完成，创业者则更有精力专注于企业特长业务。不过，在降低成本的同时一定不能影响到产品和服务质量。

（二）善于资源整合

很多创业者都是"拼凑高手"，通过增加一些新元素，与已有元素重新组合，形成资源利用方面的创新,进而可能带来意想不到的惊喜。创业者通常利用身边能够找到的一切资源进行创业活动,有些资源对他人来说也许是无用的、废弃的,但创业者可以通过自己独有的经验和技巧,加以整合创造。整合已有的资源,快速应对新情况,是创业者的利器之一,这要求创业者善于用发现的眼光,将身边各类资源创造性地整合起来,这种整合很多时候甚至不是事前仔细计划好的,而往往是摸着石头过河的产物。

(三)发挥资源的杠杆效应

成功的创业者善于利用关键资源的杠杆效应,利用他人或者其他企业的资源达到自己创业的目的。他们更擅长互换,进行资源结构更新和调整,积累创业者需要学习的经验。对创业者来讲,容易产生杠杆效应的资源主要包括人力资源等非物质资源。调查显示,特殊人力资源会直接作用于资源获取,与有产业相关经验和先前创业经验的创业者合作能够更快地整合资源,更快实现市场交易。

(四)设置合理的利益机制

资源通常和利益相关,创业者之所以能够从其他人那里获取支持与帮助,是因为大家之间不仅是利益相关者,更是利益整体。既然资源和利益相关,在整合资源时,就一定要设计好有助于利益整合的利益机制,借助利益机制把潜在的和非直接的资源提供者整合起来,借力发展。整合资源需要关注与创业者有利益关系的组织和个人,要尽可能找到利益相关者,同时,分析清楚这些组织、个体和创业者以及创业者想做的事情有何利益关系。利益关系越强,越直接,整合到资源的可能性就越大,这就是资源整合的基本前提。

然而,有了共同利益或者利益共同点,并不意味着就可以顺利实现资源整合。资源整合是多方合作,切实的合作需要有各方面利益都能够实现的预期加以保证,这就要求寻找和设计出多方共赢的机制。对于在长期合作中获益,彼此已建立起信任关系的合作,共赢的机制已经形成,进一步合作并不难。但对于首次合作的对象,建立共赢机制时,要让对方看到潜在利益,为了获取收益而愿意投入资源。因此,创业者在设计共赢机制时,既要帮助对方扩大收益,也要帮助对方降低风险,降

蒙牛牛根生:一个企业90%的资源都是靠整合

低风险本身也是扩大收益。在此基础上,还要考虑如何建立稳定的信任关系,并加以维护。

可以说创业成功并不需要拥有所有资源,整合资源的能力远胜于拥有所有创业资源。很多企业家本人并不完全具备创业所需的一切资源,但是他能够通过自身的能力,将一些适用的资源(人力、物力)整合在一起并合理运营,形成一个强有力的多资源团队。

知识链接

合伙创业法则

哈佛大学教授理查德·弗里曼从20世纪90年代开始就一直在做分享经济的研究。他发现,在收入分配方面,分享制比工资制更好,因为分享制企业,每提高一个标准差,制造业就可提高8%~9%的生产率,非制造业可提高10%~

11%的生产率,并且,员工流失率也会大大降低。任何变革都会带来一定的伤痛,合伙人制度也不例外。但是鉴于合伙制的优势众多,大多数企业,尤其是互联网企业都采取了这种模式。当然,合伙制的优势再多,也需要规则制约。如何让企业跟着你的节奏走,需要制定管理规则。值得一提的是,导入合伙人制度的同时,也需要导入法治化的管理体系,只有这样,才能让员工守规则,这也是合伙人制度的一个基本前提。在传统雇佣制的公司中,员工很反感管理制度。但是当员工或者高层转化为合伙人时,他们就会自愿遵守甚至主张建立管理规则。

实际上无论什么样的合伙制,首先必须要有严谨的企业章程,约定好企业重要事项的管理方法。合伙企业一般都有两个及以上合伙人,这就需要在事前通过企业章程约定好各自的权限和利益的分配等。另外,还要按照一般使用的企业管理规章制度来进行约束和管理,当然,更为关键是要把管理规则落到实处。

 实训活动

盘点你的创业资源

1. 活动参与人数:8~10人,以小组为单位。
2. 活动场地和道具:室内教室、A4便签纸若干。
3. 活动组织:以小组为单位进行讨论,全面了解自己的创业资源有哪些,建立自己的创业资源库;了解从外部可以获得哪些资源,如何去整合这些资源,为创业做好准备。
4. 活动步骤:小组内每个成员盘点自己的内外部创业资源有哪些,并记录下来。

资源种类	具体分类	具体描述
内部资源	资金(现金、银行存款及现金等价物)	
	房产	
	技术专长	
	个人能力	
	信用资源	
	经验	

续表

资源种类	具体分类	具体描述
外部资源	社会资源（人脉、家族资源）	
	政策资源	
	技术资源	
	信息资源	
外部资源	人力资源	
	资产资源	

5. 活动交流与讨论：组长对于大家集思广益的结果进行汇总，形成小组创业资源库，各组展开分享。教师结合学生实训项目进行评价。

项目三
探索创业之路

知识目标

1. 了解跨境电商含义、分类和流程。
2. 熟悉主流跨境电商平台基本情况。
3. 了解跨境电商领域中的知识产权侵权风险。

能力目标

1. 掌握选品及定价策略。
2. 掌握跨境电商平台运营的底层逻辑。
3. 掌握软文写作技巧,通过品牌文化故事塑造产品。

素质目标

1. 理解创业环境,选定创业平台。
2. 明确主营类目,创造性开发拟创业产品。
3. 通过选品增强对我国产业的自豪感,提升创业自信。

项目引入

随着时代发展,电商已经走入千家万户。除了传统电商平台、搜索引擎、社交媒体等,电商产业还逐步发展出多种贸易模式和交易方式。当今想要在跨境电商行业做出一番成绩,运营工作显得尤为重要。谈到跨境电商运营,要学的东西很多,上传商品、图片优化、基础信息优化这些是远远不够的。跨境电商运营的日常工作主要为推广产品、优化排名、策划编写内容、分析数据、增加店铺和产品的曝光率从而提高成交率。听起来好像不难,但是实际做起来却不容易。跨境电商运营负责人平时需要做的基本工作有五个方面。一是看销量和销售金额，透过现象看本质，分析何种因素导致销量增长，进而判断这种因素所带来的增长是否具有可持续性。如果销量下降，那又是什么原因造成的，要及时根据这些数据反馈来制定相应解决措施。二是客服工作，通过回复邮件、处理纠纷、联系差评客户、跟进等客服工作为顾客带来优质购物体验，进而提升业绩。三是选品。四是 Listing 优化。五是运营推广，不仅研究点击量和转化率，还要思考数据背后的原因和逻辑。专业化、系统化、规范化运营是各大电商平台现在与未来发展的必然趋势。另外，各大电商平台虽然基本运营逻辑相同，但具体的定位、平台逻辑、规则等都不尽相同，因此卖家必须从产品、发展定位、资源等因素入手分析，寻找适合自己发展的平台市场。

思考：
1. 请总结出跨境电商平台运营的底层逻辑是什么。
2. 如何挖掘产品卖点？
3. 如何设计电商品牌文案？

任务一　跨境电商基础认知

任务描述

自 2015 年在杭州设立首个跨境电商综试区以来，截至 2022 年底，国务院已先后分 7 批设立了 165 个综试区，覆盖 31 个省区市。跨境电商的试验田规模不断扩大，形成了陆海内外联动、东西双向互济的发展格局。那么，什么是跨境电商？它和电子商务有什么区别？面向众多跨境电商平台，你了解它们的优劣势吗？如果你选择创业项目，你会考虑跨境电商项目吗？

任务目标

1. 了解跨境电商概念、分类和流程。
2. 了解全球跨境电商代表性平台特征。
3. 学会识别跨境电商创业机会。

一、跨境电商概述

（一）跨境电商定义

跨境电商即"跨境贸易电子商务"，国际上流行的说法叫 Cross-border eCommerce，是指分属不同关境的交易主体，通过电子商务平台达成交易、进行支付结算，并通过跨境物流送达商品、完成交易的一种国际商业活动。实际上，跨境电商就相当于是国外的淘宝，通过互联网，从商品展示到买家下单、付款，卖家发货都可以完成。一些中国出口商借助电子邮件和即时聊天工具与海外买家交流，企业和个人卖家通过网络与海外买家进行小额贸易。跨境电商可分为进口、出口两个模式，也就是把国内的东西卖出去，也可以把国外的东西买进来，其大致流程如图1-4所示。

跨境电商不仅冲破了国家间的障碍，使国际贸易走向无国界贸易，同时它也正在引起世界经济贸易的巨大变革。对企业来说，跨境电商构建的开放、多维、立体的多边经贸合作模式，极大地拓宽了进入国际市场的路径，大大促进了多边资源的优化配置与企业间的互利共赢；对于消费者来说，跨境电商使他们获取其他国家的信息并买到物美价廉的商品变得非常便利。

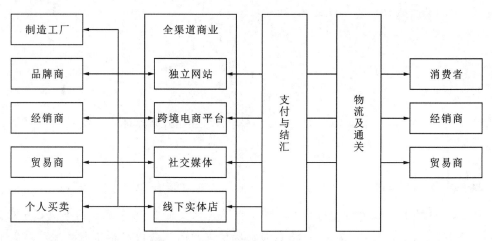

图1-4　跨境电商流程图

1. 全球性

网络是一个没有边界的媒介，具有全球性和非中心化的特征。依附于网络发生的跨境电商也因此具有了全球性和非中心化的特性。电子商务与传统的交易方式相比，一个重要特点在于电子商务是一种无边界交易，丧失了传统交易所具有的地理因素。互联网用户不需要考虑跨越国界就可以把产品尤其是高附加值的产品和服务提交到市场。网络的全球性特征带来的积极影响是信息的最大程度的共享，消极影响是用户必须面临因文化、政治和法律的不同而产生的风险。

2. 无形性

网络的发展使数字化产品和服务的传输盛行。而数字化传输是通过不同类型的媒介，例如数据、声音和图像在全球化网络环境中集中进行的，这些媒介在网络中是以计算机数据代码的形式出现的，因而是无形的。

3. 匿名性

由于跨境电商的非中心化和全球性的特性，因此很难识别电子商务用户的身份和其所处的地理位置。在线交易的消费者往往不显示自己的真实身份和自己的地理位置，重要的是这丝毫不影响交易的进行，网络的匿名性也允许消费者这样做。在虚拟社会里，隐匿身份的便利容易导致自由与责任的不对称。

4. 即时性

对于网络而言，传输的速度和地理距离无关。传统交易模式，信息交流方式如信函、电报、传真等，在信息的发送与接收间，存在着长短不同的时间差。而电子商务中的信息交流，无论实际时空距离远近，一方发送信息与另一方接收信息几乎是同时的，就如同生活中面对面交谈。

5. 无纸化

电子商务主要采取无纸化操作的方式，这是以电子商务形式进行交易的主要特征。在电子商务中，电子计算机通讯记录取代了一系列的纸面交易文件，用户发送或接收电子信息。由于电子信息以比特的形式存在和传送，整个信息发送和接收过程实现了无纸化。

6. 快速演进

互联网是一个新生事物，现阶段它尚处在幼年时期，网络设施和相应的软件协议的未来发展具有很大的不确定性。但税法制定者必须考虑的问题是网络——像其他的新生儿一样——必将以前所未有的速度和无法预知的方式不断演进。

（二）跨境电商的分类

进口跨境电商：天猫国际、苏宁海外购、京东全球购、网易考拉、聚美极速免税店、唯品会全球特卖等。

出口跨境电商：阿里巴巴国际站、亚马逊、eBay、速卖通、lazada、shopee、TikTok等。

（三）跨境电商的基本模式

我国跨境电商主要分为企业对企业（B2B）和企业对消费者（B2C）的贸易模式。B2B模式下，企业运用电子商务以广告和信息发布为主，成交和通关流程基本在线下完成，本质上仍属传统贸易，已纳入海关一般贸易统计。B2C模式下，我国企业直接面对国外消费者，以销售个人消费品为主，物流方面主要采用航空小包、邮寄、快递等方式，其报关主体是邮政或快递公司。

（四）跨境电商的发展趋势

随着行业的发展，跨境电商行业呈现一系列新的特点，例如新兴经济体成为跨境出口的新增长点，跨境零售出口占比日益扩大，提供通关、交易物流、金融等综合服务的平台开始出现汽车配件和大件家居产品等。

1. 新兴市场成必争之地

随着新兴市场的网络普及率逐步提升，跨境电商政策逐步完善，消费者购买力提升，这些市场成为我国出口跨境电商的潜在订单增长点。欧美主流市场依然是行业发展主力，但新兴市场发展速度远远快于欧美市场。印度市场比较封闭，但拥有十几亿人口，未来市场容量很大。俄罗斯市场较为成熟，全球速卖通布局较早，牢牢占据了老大地位。目前我国出口跨境电商企业的目标市场集中在欧美等发达地区，拉美地区是近年来跨境电商发展最快的地区，紧随其后的是亚太、中东和非洲等地区。

2. 品牌化进程加快

从出口跨境电商发展现状来看，在整体经济形势、传统贸易形势下滑的大背景下，跨境电商的发展势头却十分强劲，从一级市场迈入二级市场是未来的趋势，不少头部企业Pre-IPO（上市前融资）已经结束。"中国制造"已处在转型边缘，中国亟待从制造业价值链底层向上层发展，跨境电商行业正逢逐步淘汰低质企业品牌的绝佳机遇。

3. 数据驱动明显

未来跨境电商将以数据为依托，提高电商企业的效率，提高运营的精确程度，"数据＋生态"双轮驱动是跨境电商发展的趋势。以数据及生态为底层基础的跨境电商将是实现传统外贸转型升级的强大驱动力，未来基于数据和生态建立的新型外贸将为出口企业带来真正的竞争力。精细化运营时代也是在"互联网＋"的大势下对跨境消费者体验深耕细作的时代，数据是互联网的根本，网络也就是数据。

4. 本地化服务大势所趋

随着亚马逊、eBay等大公司逐步进入各地市场，当地的电商经营者势必面临更多的竞争，本地化是跨境电商成功的一个要素，也是一个发展趋势。出口跨境电商在线上发展速度较快，未来应"沉下来"，做好线下布局，向本地化服务和跨境全渠道经营方向转变。我国政策明确支持企业拓展海外市场，建立海外仓、展示中心，跨境出口业务接下来的机会在于全渠道的部署，产业对接不仅要透过线上，还要深入线下。

5. 提高转化率成为企业发展核心

随着电商达到一定规模后，流量的快速增长最终会停止，而提高流量转化率将成为电商企业保持长期发展的决定性因素。提高流量转化率的主要手段包括：提升 SKU 数量，满足客户更多需求；改善流量结构，增加直接流量；绑定老用户，提升重复购买率。

跨境电商已成为推动中国实现高水平开放的前沿领域

二、全球代表性跨境电商平台

（一）亚马逊平台

亚马逊（Amazon）是全球最大的电商平台。亚马逊成立于1994年，位于美国华盛顿州的西雅图，是网络上最早开始经营电子商务的公司之一。亚马逊一开始只是通过网络经营书籍销售业务，现在已经发展成为全球商品种类最多的电商平台。作为全球最大的B2C电子商务公司之一，聚合了全球近3.04亿的优质客户。通过二十多年的扩张，加上中间开放的各种服务、打造Prime会员体系等，亚马逊最终形成的一整套"飞轮效应"，其指向就是在亚马逊涉及的任何行业，都能达到"多、快、好、省"的"占优策略"。

1. 亚马逊站点介绍

就像淘宝在国内电商行业稳坐第一的宝座，亚马逊在全球扮演着领军者的角色。目前亚马逊在全球的站点涵盖：北美站（美国、加拿大、墨西哥三站通用）、欧洲站（英国、德国、法国、意大利、西班牙、荷兰）、亚洲站（中国、日本、印度、新加坡）、南美站（巴西）、澳洲站（澳大利亚）、中东站（阿联酋、阿拉伯、土耳其）。其中美国站的体量是最大的,也是最为成熟的站点,但相对而言竞争压力也会更大,需要更加专业与精细化的运营。而欧洲站与日本站虽然都比较成熟,但可能会涉及语言问题,相比之下小语种站点更占优势。欧洲站涉及 VAT 税务问题,需要注意,在成本估算时需要提前把这些考虑进去。

2. 亚马逊平台热销品类
亚马逊平台热销品类包括电子商品、家居生活用品、时尚品、企业商采等。

3. 亚马逊平台的特点
1)重产品,轻店铺

在别的跨境电商平台上,可以通过各种营销手法把客户吸引到自己的店铺里,进而促成客户更多的购买。但对于亚马逊平台来说,店铺的概念是不强的,甚至可以说是被平台有意识地降低了。假如顾客想购买 A 产品,在亚马逊首页搜索,在搜索结果中选择合适的产品,添加到购物车,假设顾客不需要其他产品,直接付款,购买过程完成;在购买 A 产品的同时,假设顾客同时想购买 B 产品,亚马逊的顾客的选择往往是,回到首页搜索 B 产品,而不是看看销售 A 产品的卖家是否也正好有 B 产品。亚马逊非常重视优质 Listing 的展示,假如一条 Listing,图片精美,价格合适,订单转化率高,亚马逊会根据短时间内的订单数目,不停地更新 Listing 的排名,排名越靠前,订单越多;订单越多,排名越靠前,也恰是这样的轮回,导致了很多卖家都非常重视爆款的打造。在亚马逊运营中,一定要深刻意识到 Listing 的重要性。很多优秀的亚马逊卖家的经营策略都是"少做产品,做精产品",整个店铺加起来可能只有十几款产品,少数几家甚至在十款以内。仔细分析他们的 Listing 会发现一个月内写好评的人有不少,说明销量确实不错。这种经营策略会让卖家更好地进行库存管理,集中精力做好产品,服务好买家。而在选品上,卖家要注意三个问题,一是要选择自己熟悉的,二是要选择有价格优势的,三是能满足市场需求的。

2)重客户,轻卖家

在亚马逊,平台有两套评价体系,一个是"商品评论",另一个是"卖家反馈",前者针对的是卖家提供的产品,后者针对的是卖家提供的服务质量,这表明亚马逊非常鼓励客户表达真实的感受。让顾客对购物体验进行评论,真实地表达自己的看法。Feedback 和 Review,可以说是卖家都异常重视的两个地方,更高的评价星级,就意味着更多的曝光、流量和订单,较差的评价星级,则意味着没有订单的同时,账号安全也岌岌可危。只要客户对产品和服务有任何的不满意,亚马逊接受无条件退款以及 30 天无理由退货。亚马逊对买家的高容忍也意味着对卖家的高要求,但这样的高要求也让顾客更加信任亚马逊,更加依靠亚马逊,亚马逊有更多的忠实客户,为卖家带来了更多的订单。在任何一场交易纠纷中,亚马逊永远都是更重视客户的。

3)重展示,轻客服

与其他电商平台不同的是,亚马逊没有即时在线客服。所以如果买家在购买产品前有疑问,只能通过邮件这种形式来咨询卖家,一来一回的时间成本很高,等到卖家回复时,买家可能已经离开了。所以这就促使卖家必须在产品页将所有的信息表达得尽量丰富、全面和完整,同时不断地对 Listing 进行优化,标题、图片、五行描述、长描述等方面都要精心打磨,将买家想要了解的内容进行充分的展示。这种邮件系统是亚马逊的特色,其目的是为了鼓励买家自助购物,尽可能地简化整个交易流程,想买就下单等收货,不想买就

换个 Listing 继续了解，省心、省力、省时。卖家在进入亚马逊之初，都会非常专心地把自己的店铺信息尽可能填写完整，期待着客户来咨询和购买，同时也做好了随时向客户解答疑难的准备，结果往往没有几封询问的邮件，但并没有由于没人询问就不产生订单。亚马逊在平台设计上，更注意产品的展示，而把联系卖家的页面放置到最后面，因此对于绝大部分的买家来说，购买行为就是通过对产品页面的浏览和判断，对于感觉符合要求的，直接下单购买。通过产品展示而促成订单，通过后置客服联系方式降低买卖双方的沟通成本，减少了卖家在客服方面的支出。看图购物和自主购物，正是亚马逊着力打造的交易方式。

4）重推荐，轻广告

在整个亚马逊的搜索引擎排序系统中，购物一直是最核心的功能。亚马逊基于交易和订单转化，对页面做了非常详尽的排列。当你搜索某一个产品时，亚马逊会给你推荐非常多的相同或相关产品来供你参考，这些推荐要达成的目的就是让消费者有更多的选择，进而通过这些选择刺激消费者的购买行为。对买家来说，只要你在亚马逊平台上搜索过一个产品，下次再打开亚马逊页面时，曾经查阅的产品就会展示在你的面前，提醒你再次关注它，多次刺激的结果往往就是发生交易。恰是这些反复泛起、相互交叉的精准推荐，大大增加了用户的购买频率和购买数目，这天然是卖家所期望的结果。卖家可以发现这样一个现象，自己在亚马逊平台上能做的站内推广形式很少，基本上除了广告（产品广告和展示广告），就是促销活动了。实际上这些也不是亚马逊的关注点和盈利点，它始终都是以客户体验为导向，而过多的广告会引发客户的反感。客户在登录亚马逊以后，系统会根据他的浏览习惯、搜索习惯、购物习惯、付款习惯等个性化数据，进行关联推荐和排行推荐，以丰富他的选择范围，增加他的访问深度。从结果上来看，这两种推荐方式的转化率不错，有效地触发了客户的购买动作。

4. 亚马逊的优势与劣势分析

优势	劣势
1. 拥有庞大的客户群和显著的流量优势 2. 具有强大的仓储物流系统和服务 3. 面向的客户较优质，属中高收入群体 4. 知名度高，品牌宣传力度广 5. 具有本地化运营服务	1. 对卖家的产品品质要求高 2. 只能绑定一个电脑 IP，易被封号 3. 税务、月租、运营费用偏高 4. 市场比较成熟，竞争激烈

（二）eBay 平台

eBay 于 1995 年 9 月在美国加利福尼亚州正式成立，不但在电子商务平台运营方面积累了丰富经验，在电子支付领域同样拥有较强的领先优势，是全球首屈一指的个人和企业销售商品和提供服务的在线交易市场。eBay 旗下的 PayPal 支付工具能为个人及企业级用户提供方便快捷、安全高效的电子支付服务。eBay 旗下的 eBay Enterprise 可以为全球企业客户提供电子商务平台、订单管理、运营管理、市场推广等多种类型的服务。eBay 旗下的全球电子商务平台拥有上亿用户，其业务范围覆盖了全球 1000 多个城市。eBay 平台不仅为广大消费者提供优质产品，同时也为广大卖家提供跨境电商平台服务，可以为入驻的中国商家提供业务指导、外贸培训、跨境交易物流服务解决方案等多种服务，使中国卖家可以将自己的产品销往世界各地，让来自中国的卖家在全球范围内开展电商交易。

1. eBay 站点介绍

eBay 的全球站点有：阿根廷、丹麦、爱尔兰、菲律宾、中国台湾、澳大利亚、芬兰、意大利、波兰、泰国、奥地利、法国、韩国、葡萄牙、土耳其、比利时、德国、马来西亚、俄罗斯、英国、巴西、希腊、墨西哥、新加坡、越南、加拿大、中国香港、荷兰、西班牙、中国大陆、匈牙利、新西兰、瑞典、捷克、印度、挪威、瑞士。eBay 运营站点虽说有很多，但是最具特色的是以下四个站点。

（1）eBay 美国站点：美国站点是 eBay 最大的一个站点，拥有的活跃买家也是最多的，最需要引起注意的一点就是，美国站的竞争也是最激烈的，因此美国站被称为是 eBay 运营的首选站点。美国站点的热门品类：电子产品和服饰。

（2）eBay 英国站点：英国站是卖家入驻欧洲市场的首选，因为有调查显示，针对所有的年龄阶段，英国的网购使用率已经达到了 90%。英国站点的热门品类：体育用品和服饰。卖家需要特别注意的一点是，在英国站销售产品必须按时缴纳和申报 VAT。

（3）eBay 澳大利亚站点：澳大利亚站点在各大电商平台的销售额占比很高，但是 eBay 算得上是澳大利亚电商站点的第一。澳大利亚站点的热门品类：时尚产品。但需要注意的一点是澳大利亚地广人稀，物流的费用也相对较高，卖家在进行选品时，一定要考虑到这方面的问题。

（4）eBay 德国站点：德国站点的消费能力比英国站点还要高，德国站点也是 eBay 平台上入驻卖家速度最快的，部分卖家最担心的应该还是语言不通的问题。

2. eBay 平台的热销品类

eBay 平台热销品类包括汽配、数码产品、鞋服及配饰、家居园艺、健康美容、收藏品品类等。

3. eBay 平台的特点

eBay 作为全球商务和支付行业的领导者，为卖家提供了便捷、实惠、安全的消费平台。eBay 卖家可通过两种方式在该网站上销售产品，一种是拍卖，另一种是一口价。其中拍卖模式是这个平台最大的特色。一般卖家通过设定产品的起拍价及在线时间，对产品进行拍卖，产品下线时竞拍出价金额最高者将获得拍卖物品。eBay 平台不仅为卖家提供从售前到售后的指导，还提供交易过程的物流、仓储、融资和翻译服务，同时还设有"外贸大学"为卖家解决跨境贸易中遇到的问题。

4. eBay 平台的优势与劣势

优势	劣势
1. 有专业客服 2. 开店的门槛较低 3. 定价方式多样 4. 排名相对公平	1. 后台是英文显示，增加了操作难度 2. 产品数量庞大 3. 付款方式单一 4. 对卖家要求严格 5. 收费项目较多

（三）速卖通平台

全球速卖通（以下简称"速卖通"，英文名：AliExpress）是阿里巴巴旗下的面向国际市场打造的跨境电商平台，被广大卖家称为"国际版淘宝"。速卖通于2010年正式创立，是中国最大的跨境零售电商平台，面向海外买家客户，通过支付宝国际账户进行担保交易，并使用国际物流渠道运输发货，是全球第三大英文在线购物网站。

1. 速卖通站点介绍

速卖通目前已经开通了18个语种的站点，覆盖全球200多个国家和地区，主力交易国家：俄罗斯、美国、西班牙、巴西、法国。

2. 速卖通平台的热销品类

速卖通平台热销品类包括服装服饰、手机通讯、鞋包、美容健康、珠宝手表、消费电子、电脑网络、家居、汽车摩托车配件、灯具等。

3. 速卖通平台的特点

速卖通平台对卖家的组织形式和资本没有限制，准入门槛很低。公司、组织和个人都可以在平台上发布产品。发布10款产品后，卖家可以在平台上建立自己的店铺，然后直接向全球200多个国家的消费者或小企业发布和推广产品。订单反应迅速，交易活跃，极大地满足了中国小供应商快速开展出口业务的愿望，也激发了双方交易的积极性。速卖通的交易过程非常简单，出口报关和进口报关全部由速卖通物流完成，买卖双方的订单生成、交付、收款和付款都在网上完成。

4. 速卖通平台的优势与劣势

优势	劣势
1. 进入门槛低 2. 交易流程手续简便 3. 品种多，价格低廉 4. 短期内无国际贸易摩擦问题	1. 价格竞争激烈 2. 性价比不高 3. 受国际物流问题制约明显

（四）Shopee平台

Shopee是东南亚及中国台湾地区的电商平台。自2015年在新加坡成立以来，业务范围辐射新加坡、马来西亚、菲律宾、泰国、越南、巴西等10余个市场。Shopee社群媒体粉丝数量超3000万，拥有700万活跃卖家，员工超8000人，遍布东南亚及中国。目前Shopee是东南亚发展最快的电商平台，是国货出海东南亚首选平台。Shopee自成立起，一直保持成长，是2021年全球下载量最高的购物应用，下载量达2.03亿，在购物类应用中排名第一。Shopee为中国跨境卖家打造一站式跨境解决方案，提供流量、物流、孵化、语言、支付和ERP支持。

1. Shopee站点介绍

Shopee目前开放了8个站点，但是平台是有侧重点的。就目前来说，中国台湾站点和印尼站点是8个站点中规模最大的，Shopee平台也会继续对这两个市场进行投入和优化。Shopee新加坡、马来西亚以及菲律宾站点都属于英文市场，对于之前做过欧美市场的卖家来说，使用起来有很大的优势。Shopee 泰国和越南站点都属于小语种市场，但是这两个国家人口密度较大，对此 Shopee 平台会给我们国内卖家提供新的思路，并且把服务做好，让跨境卖家更容易进入东南亚市场。

2. Shopee 平台的热销品类

Shopee 平台热销品类包括服饰、婴童用品、手机配件、家居生活、美容及个人护理用品、宠物用品等。

3. Shopee 平台的特点

Shopee 是覆盖东南亚六国（越南、泰国、新加坡、菲律宾、马来西亚和印度尼西亚）和中国台湾地区的一个 C2C 平台，它的模式跟淘宝一模一样。其中，中国台湾、马来西亚和印尼这三个地区的销量最好，流量最大。Shopee 有独立的网站和独立的 APP，因为文化和语言的差异，对不同的国家有不同的网站和 APP，所以对卖家来说就有七个不同的后台，Shopee 官方也帮助卖家解决了语言沟通问题。一个平台从成立到发展再到发展稳定期是需要很长时间的，就像国内的淘宝，从 2003 年成立到现在，发展了 20 年的时间。Shopee 成立的基础条件比当时好，但是东南亚的互联网没有国内发达，所以 Shopee 还有很大的发展空间。

4. Shopee 平台的优势与劣势

优势	劣势
1. 面向东南亚蓝海市场，具有快速增长的潜力 2. 平台有优惠政策扶持，不用缴纳保证金、入驻费，并且前三个月免佣金，三个月之后收取 5% 的佣金	1. 东南亚人均 GDP 低，居民消费水平低 2. Shopee 选品难 3. Shopee 平台规则很多

（五）TikTok 平台

TikTok 是字节跳动旗下短视频社交平台，于 2017 年 5 月上线。TikTok 也叫国际版抖音，截至 2022 年 10 月，TikTok 全球日活跃用户数突破 10 亿，其用户数量惊人，在许多国家都达到了千万级别的使用人次。TikTok 短视频已经成为中国产品在海外获得成功的又一杰出代表，被视为中国移动产品出海的新模式。

1. TikTok 站点介绍

TikTok Shop 已于 2022 年 4 月 25 日正式上线泰国、越南、马来西亚、菲律宾的跨境电商业务，加上之前上线的新加坡站，以及最早开通的印尼站和英国站，TikTok Shop 的电商业务登陆了 7 个国家。

2. TikTok 平台热销品类

TikTok 平台热销品类包括家居生活用品、美妆个护、户外、女装、3C 产品等。

3. TikTok 平台的特点

卖家可以通过创建内容推广产品，比如借助直播和短视频展示产品，并在内容中嵌入"产品锚"，当用户查看内容时，他们可以通过单击"产品锚"重新定向到相应的产品详情

页。官方强调，鼓励卖家通过创意和有效的内容展示产品，产品展示得越好，就越有可能吸引观众购买。在 TikTok 上投放广告，可以使得广告主通过声音和用户建立联系，加大了广告的互动性。TikTok 广告是原生覆盖，广告隐匿在平台本身的视频信息流中，比较容易让用户接受。TikTok 广告可以实现精准定向投放，并且 TikTok 还有 AI 推荐引擎，可以帮助广告主进行更加精准的广告投放，投放转化效果更佳。

4. TikTok 平台的优势与劣势

优势	劣势
1. 丰富的流量入口 2. 直播购物功能 3. 多种网红营销玩法	1. 依赖主播带货能力 2. 产品加速迭代 3. 广告成本高 4. 退货率相对高

知识链接

作为推动数字贸易的重要推手，跨境电商连续 9 次被写入政府工作报告——自 2014 年"跨境电子商务"一词首次出现在政府工作报告中，我国跨境电商规模实现了快速增长，5 年增长近 10 倍。海关总署公布数据显示，2021 年我国跨境电商进出口额达 1.98 万亿元，增长 15%。在"一带一路"的大背景下，跨境电商也逐渐成为新的"网上丝绸之路"。相比国内电商，跨境电商供应链链条更长，还需解决海外物流运输、货币支付、海关报关等难题。2022 年 1 月 1 日，RCEP 的正式实施将大幅提升区域内贸易活动，港口航运、跨境电商这类提供平台工具的企业将直接受益。近年来，为了促进跨境电商的发展，国家在政策层面不断发力支持。2014 年起，政府工作报告每年都会提出促进跨境电商发展的内容，从扩大试点、设立跨境电商综合试验区，到降低关税、支持海外仓建设等。在此基础上，政府支持跨境电商发展的各项具体政策不断出台。进入 2022 年，国家在政策层面进一步加大了对跨境电商发展的支持。2022 年年初，国务院批准了新设 27 个跨境电商综试区，这是跨境电商综合试验区在 7 年时间里的第六次扩围。截至 2022 年 3 月，我国跨境电商综试区已达到 132 家，覆盖全国 31 省份，超四成在粤苏浙。商务部新闻发言人高峰此前表示，跨境电商综合试验区从布局上看，已基本覆盖全国，实现广东、江苏、浙江等外贸大省和北京、天津、上海、重庆等直辖市全覆盖，发展梯度丰富，既有沿边沿海城市，又有内陆枢纽城市；既有外贸优势明显的城市，也有产业特色突出的城市，综试区对于推动地区高水平对外开放将发挥更加积极的作用。

三、跨境电商创业的概念及特征

（一）跨境电商创业的概念

一般而言，创业是创业者对自己拥有的资源或通过努力能够拥有的资源进行优化整合，从而创造出更大经济或社会价值的过程。根据这个定义，积极主动、富有创新性、乐于承担风险并且能够创造价值才是创业活动的本质特征。因此，创业不仅仅适用于商业领域，也同样适用于政治和社会决策等领域。特别需要提出的是，创业不仅仅指创造一个新的企业，还包括企业家在组织内部进行的创新整合，即"内部创业"。因为独立新企业的企业家需要承担较大的风险，必须具备独有的"企业家特质"或者"企业家精神"，对其成功经验的总结并不具备一定的普适性，也并不能完全适用于指导大众化的创新创业活动。2005年《全球创业观察中国报告》数据显示，我国内部创业率显著高于其他国家和地区，这被认为是推动我国企业不断创新及提升其国际竞争力的重要因素之一。内部创业活动会让参与的员工从企业整体高度来考虑企业综合运营情况，尤其是参与企业目标、战略及规划制定过程能够激发员工的责任感和使命感，激发其更多的主动性和创造性行为，从而让各类计划更容易得到赞同和实施。

跨境电商创业即在跨境电商相关领域进行的创业活动，同样包括外部跨境电商创业及内部跨境电商创业两种形式。从跨境电商创业角度来学习和提升跨境电商技能，能有效弥补仅仅接受技能锻炼而整体性运营能力不足的缺陷，在一定程度上将同学们从电子商务行业过于细致的分工思维提升至整合思维。甚至可以说，不对整体创业活动进行思考，我们将陷入对各个零散的跨境电商技能的提升中而忽略了对企业本身盈利目标的追求，这就可能会导致我们的行为和目标相冲突而陷入困顿。

（二）跨境电商创业的特征

与一般创业活动相比较而言，跨境电商创业是基于跨境电商具体领域及流程的内外部创业行为，具备一定的特殊性，体现如下。

1. 创业内容具体，方向明确

跨境电商创业活动有很明确的领域，主要有但不仅限于如下几个方面：第一，基于跨境电商流程优化的内外部创业，例如，使用网络整体营销手段提升运营效率、进行搜索引擎优化的技术处理等，适用于在竞争性产品领域的跨境电商创业；第二，从销售产品、贸易方向及交易平台等领域进行新方向拓展，例如，婚纱一度在跨境电商平台上热销，通过电商平台实现了中俄贸易的迅猛增长等；第三，在物流等辅助环节实现创新突破甚至创造新业态，例如，大数据技术和海外仓极大降低了物流成本，从而实现大件产品的跨境零售。

2. 创业环境变化较快，威胁和机遇并存

跨境电商创业面临较为复杂多变的市场环境，无论是跨境电商的政策和制度环境，还是交易平台、结算手段等市场环境都面临较大的不确定性，还处在不断的变革之中。政策环境方面，随着各国税收制度的不断完善，一方面，进口电商的创业空间有被压缩的趋势；另一方面，优质的进口电商平台将得到更公平的竞争机会从而实现飞跃式发展。另外，随着信息及数据分析技术的不断进步，跨境电商交易平台及结算手段等方面也处在调

整和完善过程中。目前，我国主要跨境电商平台中兰亭集势等开始衰落，而敦煌网在与速卖通的竞争中不断巩固了自身优势，逐步挤占了国际大型平台的市场空间，未来是否会出现跟境内电商平台一样的高度集聚态势还有待观察。国际支付宝的持续发展、中央监管结算仓的出现等事实表明跨境电商结算手段还在试验探索和逐步发展的过程中，同时也预示着跨境支付在电子化、便利化和标准化等方面取得了重大进步。交易平台和结算手段的变化势必极大地影响跨境电商实际业务的开展，属于跨境电商创业活动中必须关注的重点因素，因此也导致该领域创业者需要不断学习和创新以把握市场成长期的良好发展机会，否则极易由于营业方向有悖于市场发展趋势而遭遇重大挫折。

需要特别提醒的是，即便跨境电商创业具备上述特殊性，但仍不能过于武断地把跨境电商创业与一般创业行为完全割裂开来，例如创业成功的关键因素仍然是领导人才能及意志、团队整体能力、产品及服务的创新性及竞争力、财务支撑状况、营销及运营计划的周密性等。基础创业理论对跨境电商创业仍具有普遍意义上的指导性。

（三）跨境电商创业的路径与形式

根据创业的实际路径和形式来看，跨境电商创业可以分为直接运营型和间接服务型两类。直接运营型跨境电商创业是指直接运营自身跨境电商项目以达到盈利的目的，包括借助第三方平台开店、建设自营性平台，甚至开发新的第三方平台（以下称平台型创业）等。间接服务型跨境电商创业是通过为他人提供服务收取佣金来实现盈利，例如，提供搜索引擎优化、数据分析、美工、小语种翻译等技术支持，通过海外仓建设提供物流服务，以及提供协助报关退税等服务。一般来说，相对于直接运营型跨境电商创业，间接服务型跨境电商创业需要更为专业和细致的技术支撑，但风险相对较小，更适合具有电子商务技术的专业人士开展；直接运营型跨境电商创业风险相对较大，但如果经营得当，获利空间相对较大，成长较快，特别适合那些具有积极开拓精神的企业家创业。另外，由于前文提及的内部跨境电商创业内容与外部创业有较大的相似性，在关于实际创业技巧的阐述中将不再区分这两种形式，在学习过程中可以将这些电商创业及运营技巧运用到公司内部创业，这更有利于自身在跨境电商领域的职业规划及升迁。

直接运营型跨境电商创业的三种路径中，由于大平台已经纷纷站稳市场，竞争已经白热化，所以平台型创业的风险最高，成功率相对是最低的。但鉴于跨境电商平台在未来经济领域的重要性，平台型跨境电商创业在初期阶段即有可能吸引大批风险投资，从而快速实现个人商业的成功。平台型跨境电商创业可以集中在小语种平台、针对特定人群的专业型平台及跨境团购平台等方面，从市场竞争相对较小的领域入手会有效提升创业成功率。自营性平台创业主要是通过独立网站等形式来构建自己公司独立的电商平台以实现跨境电商创业，目前成功率较低，往往是国际（地区间）贸易公司的一个线上补充，因此，形成跨境O2O（online to offline，线上到线下）模式可能是未来自营性平台跨境电商创业的发展趋势，但这势必需要一定的境外资源支持才能拓展相关业务。借助第三方平台开店来进行跨境电商创业，是目前最主要的直接运营型跨境电商创业选择，亚马逊、速卖通、Wish、eBay及敦煌网都各有特色，也是我们在接下来的内容中将会讲述的重点，同时多平台甚至全平台运营也成为当前较多的跨境电商的创业选择，因为它能够有效降低创业风险。特别要注意的是，在进行第三方平台跨境电商创业时，应该注意规避知识产权问题，逐步树立品牌意识，并且有效实施本土化战略。

间接服务型跨境电商创业相对风险较小，对于受过专门跨境电商训练的创业者尤为合适，创业者可以在精通多个跨境电商操作技巧的基础上（例如搜索引擎、大数据分析、图像处理等）逐步过渡到全店代运营等业务。另外，跨境电商创业者还可以从间接服务型跨境电商创业过渡到直接运营型跨境电商创业，这或许是一条更为稳健的道路。

四、跨境电商创业流程

跨境电商创业的流程应该包括跨境电商创业设想、相关资料搜集、环境可行性研究、可达成目标设定及组建团队并实施几个部分。

特别需要注意的是，一般而言，跨境电商创业活动应该根据科学可靠的计划书来逐步实施。虽然社会上有不少人反对这种观点，因为他们认为"创业是做出来的，而并非想出来的"，但事实上，创业者既是行动者，也是思考者，甚至可以说创业活动必须依赖于行动和思考的良性互动和统一。没有经过详细调研和论证的项目难以形成正确的战略方向，缺乏资金来源和资金使用规划，甚至都无法确立自身的竞争优势。同样的，过于细致和烦琐地纠结于前期计划和设想，而不能积极投身于创新创业活动的实际，也会导致项目久拖不决，难以实施。跨境电商创业计划书是相关创业活动的指导和宣传手册，主要由执行总结、公司介绍、项目及产品分析、调研及市场分析、营销计划、公司架构、财务分析、风险与防范措施等部分构成，根据不同的创业内容来突出其关键的部分。

五、大学生开展跨境电商创业的优势

（一）跨境电商启动资金少，利于新人创业

从事跨境电商目前仅需要注册一个有限公司即可，注册公司费用、财务费用一年也不过3000元左右，加上注册商标的费用（国内商标1000元左右，美国商标4000元左右），总费用也不算多。另外，入驻跨境电商平台基本上没有前期费用，因为跨境电商平台大多采用成交后扣除佣金模式（速卖通需要预交10000元技术服务费）。

关于进货费用，新手可以采用分销模式和先接订单后进货的方式（后文会详细介绍），这样可以大幅度减少备货资金。因此，跨境电商相较于其他行业，创业所需启动资金可以说是最少的，对于新人来说是最好的项目。

（二）跨境电商市场空间巨大

中国有海量的适合跨境电商销售的产品有待开发。近些年虽然人力成本提高了，但"中国制造"的商品的品质也在提高。从事跨境电商的人都有感触，世界上非常多的国家极其依赖"中国制造"的产品，且很多产品只有中国才能生产制造。因此，有更多"中国制造"的产品等着我们去销售到世界各地。

1. 海外大量的市场有待开发

目前电子商务最发达的是中国和美国，但电子商务占社会零售总额的比重不大，欧洲地区更少，世界其他国家/地区电子商务占社会零售额的比重则比欧洲更小，此外，还有

非洲这样的电商处女地。根据权威分析机构预测，电子商务占社会总零售额的合理发展比例还能更高。因此，我们可以看到，世界各地的电子商务都还有巨大的发展潜力，跨境电商红利期远未结束。

2. 行业运营效率的提升空间巨大

目前，中国大多数跨境电商企业的运营整体上还比较粗放，远没有达到天猫和京东那样的精细化运营操作，这意味着这个行业目前还处于发展初期。如果有意识地加强对跨境电商运营的学习和实践，那么在这个行业获得成功的概率要大很多。

3. 创业者可以广泛"参与"

在跨境电商平台未出现或者未对中国卖家开放之前，中国海量的高性价比的产品，面对潜力巨大的海外市场，只能望洋兴叹。在跨境电商出现之前，从事外贸行业的主要是有实力且具备出口资质的制造企业、熟悉外贸进出口规则的外贸公司和一些具备非常多进出口经验的外贸SOHO（Small Office Home Office，家居办公）人。普通人由于经验不足、技能缺乏和不熟悉政策规则等限制是很难参与其中的。而现在不一样了，你只要有一个公司，懂一些跨境平台的运营规则，掌握一些选品的技能，你就能加入跨境电商这个潜力巨大的行业。

六、跨境电商新手最担心的问题

总结起来，跨境电商新手最担心的问题集中在语言、物流和货源这三个方面。

（一）语言

跨境电商主要是和外国人做贸易，因此，用的语言和文字主要是英文，有很多英文不好的朋友把语言看成是一道无法逾越的门槛。但实际上，跨境电商创业的团队中英文不好的也一样做得很好。原因主要有以下几点：在跨境电商的贸易往来中用到的英文词汇比较固定，经过一时间的学习和熟悉，普通人都能掌握；大多数跨境电商平台操作界面都有中文版，如亚马逊、速卖通和虾皮等；国外消费者都习惯于用邮件沟通，很少使用即时通信工具（如中国淘宝上用的阿里旺旺等），因此有充足的时间去翻译和回复；可以学会利用翻译工具，例如谷歌翻译等。

> **知识链接**
>
> 谷歌浏览器自带强大的网页翻译功能，是跨境电商人士必备的工具。通过谷歌浏览器打开英文网站，在地址栏最右边会出现一个翻译按钮，点击"翻译"按钮，即可完成整个网页的翻译。点击"选项"按钮，可以选择网页语言、翻译语言。如果你点击了"一律翻译"，之后你打开的所有英语网站都会被自动翻译，而不需要你再去手动操作。通过以上几步，基本可以让一个英文基础很薄弱的人无障碍从事跨境电商。当然，在经营过程中要有意识地加强英文学习，英文水平越好对跨境电商的帮助也会越大。

（二）物流

新手从事跨境电商运营第二个关心的问题就是物流，也就是如何把销售的产品运输到国外。这个问题在 2015 年以前确实比较棘手，但近年来物流的发展速度非常快，目前国际物流已经非常便捷。下面主要介绍两种方式。一是中国邮政旗下的国际物流产品，主要有邮政国际小包，如国际 E 邮宝、国际 E 特快和国际 EMS 等。其中，E 邮宝的收费属于中等偏低，而速度属于中等偏高，是我们使用的主流产品。目前 E 邮宝支持送达的国家数量一直在持续增加，二三线城市的中国邮政基本上都具备发送国际物流的条件。使用过程中需要注意的事项是：利用 E 邮宝发货的产品总重量低于 2 公斤。E 邮宝的邮费比较便宜，一个 300 克的包裹通过 E 邮宝发往美国的费用大概在 30 元人民币左右。二是货运代理公司（以下简称货代公司），这些专业做国际物流发货的公司可以帮助创业者把产品发往世界各地，而且如果发货量大的话，他们的价格可能比中国邮政更便宜。货代公司主要位于北上广深等大城市，创业者需要把货物发送到他们的所在地，然后由他们来发送。货代公司由于发货量大，一般都有运费折扣，比自己发货要便宜。

> **知识链接**
>
> 目前国内比较大的几家货代公司主要有燕文物流（http：//www.yw56.com.cn/）、递四方速递（http：//www.express.4px.com/）、出口易（http：//www.chukou1.com/）。首先选择出发地，可以根据创业者所在地来选择距离最近的货代发货地；其次选择目的地，即买家所在的国家或地区；然后选择不同类型的快递方式；最后需要测算产品含包装的总重量，以克为计量单位，这直接决定了运费，通过对比各个货代的运费我们可以选择最实惠的方式，联系客服，在货代网站上建立账户，将货物发到他们的库房，由他们进行国际物流发货。

（三）货源

对于很多从未从事过商业贸易和电子商务的创业者来说，做跨境电商，选择什么产品卖到海外，是一个巨大的难题。而找到可靠的、适合跨境电商销售的产品非常重要。甚至可以说，找到好产品，跨境电商创业就成功了一多半。

实训任务

寻找网红小商品

以小组为单位通过国内电商平台寻找性价比最优的网红生活日用品（不含零食/护肤品），再遴选 2～3 个跨境平台收集同款产品的相关信息。

类型	国内平台	跨境平台1	跨境平台2	跨境平台3
产品展示平台				
产品名称				
产品图片				
产品价格				
产品卖点				
产品详情页				

任务二　选品与定价策略

📔 任务描述

小张已经选好在亚马逊平台上尝试开店，接下来面临一个现实问题：卖什么？若选市场上销售好的商品，竞争肯定很激烈，往往会陷入价格战；若选择市场上冷门商品，虽然竞争对手少，但顾客不买单，卖不出去怎么办？请你帮小张做决策。

📔 任务目标

1. 掌握选品思路与方法。
2. 掌握爆款产品开发与营销方法。
3. 掌握商品的价格构成及定价策略。

📈 一、跨境电商选品概述

（一）跨境电商选品含义

海外消费者对"中国制造"商品的青睐让许多中小卖家和个人看到跨境电商选品的商机并投入到跨境电商产业。常言道"七分靠选品，三分在运营"，选品是开展跨境电商业务的一个非常重要的环节。好的产品意味着成功了一半,如果产品选不好,会浪费大量的人力和物质资源,不仅运营效果不好,还很容易打击卖家的积极性。跨境电商选品是指从供应链中选择适合目标市场需求的产品进行销售,涉及目标客户群、销售渠道、竞争对手、运营成本、盈利能力及最终收获等内容。选品实际上既要解决卖什么,又要解决怎么卖的问题。

(二)跨境电商选品思路

随着竞争对手越来越多,跨境电商选品也越来越复杂。一方面,线上热门商品的利润被压得很低,另一方面,产品同质化现象变得越发严重。甚至有些跨境电商卖家会纠结是单品类销售还是多品类销售的问题。其实,卖家可以遵循以下选品思路:首先确定平台网站定位,其次分析行业动态,再次进行区域用户需求分析,最后使用数据分析工具完成产品开发与信息加工。

1. 平台导向

卖家需要先了解跨境电商平台的规则再进行选品,重点关注平台的可销售品类、禁售商品、知识产权等规则。其实,卖家可从品类大类目中进行选择,如服饰、家居、电子等。同时,还要考虑品类的宽度和深度。品类宽度是指子类目能够全面满足用户对该类别产品的不同需求,一般来讲产品品类要有一定的宽度以便于销售,同时也要考虑关联销售的产品;品类深度是指每个子类目的产品要有数量规模,在颜色、规格、配方等方面要有维度,在价格、质量、技术等方面要有梯度。目前来看,卖家在小众的或新兴的跨境电商平台上销售时,更需要关注品类的宽度和深度这两个方面。

2. 行业导向

卖家可以从行业角度了解到出口贸易中某个产品的市场规模和国家(地区)分布,并据此来进行选品。行业信息主要有以下三种获取途径:一是第三方研究机构或贸易平台发布的市场调查报告,这些报告可以带来较系统的行业信息;二是行业展会,可以展示行业中的新产品、新技术、新渠道等最新动态和企业动向;三是出口贸易公司或工厂,它们直接参与所在行业的出口活动,掌握着大量的第一手资料。在掌握相关的行业数据后,可以有针对性地对某个行业或某个国家(地区)进行选品。需要注意的是,跨境电商卖家需要先掌握一定的行业知识。

3. 需求导向

产品本质上是要满足消费者的需求,所以选品要遵循市场需求,比如欧美用户习惯参加个人派对、家庭户外活动、自己动手维修汽车等。另外,卖家还需要借助平台数据测试自己选品的效果,综合参考产品热度、好评度、转化率等一系列绩效指标,在不断调整中优化自己的产品线。

4. 数据导向

从数据来源看,选品所需的数据分为内部数据和外部数据。内部数据是指企业内部经营过程中产生的数据信息以及跨境电商平台后台生成的店铺、行业、平台的各项数据,这些数据可以帮助卖家更好地进行选品分析;而外部数据是指平台以外的其他公司、市场等产生的数据,如 Google Trends、KeywordSpy、Alexa 等网站产生的各项数据。

1)内部数据

内部数据的选品分析一般集中在产品趋势、竞争热度、价格区间、属性权重等方面。

一是产品趋势。卖家通过总额和销量可以看出市场容量、客单价、淡旺季等,同时对比该产品的历史总额和销量,判断产品是属于上升期还是下降期。若属于下降期产品,则不建议开发。

二是竞争热度。卖家通过国内外卖家的数量了解竞争情况,建议选一些国外卖家比重大的品类,因为国内卖家的供应链环境、信息环境相差不大,竞争往往很激烈。同时了解大卖家、大品牌的市场占比,如果超过了50%则形成了垄断优势,再去开发相关产品就会很难。

三是价格区间。卖家分析每个价格区间的数据,比如20美元以下有多少卖家、销量情况、市场份额等,根据分析结果,选择适合自己且竞争不太激烈的价格区间。

四是属性权重。在选品开发时,卖家要知道产品各属性的平台权重。比如iPhone数据线,可以了解颜色方面,白色、黑色哪个销量更多;长度方面,1米、2米的哪个搜索量更多;形状方面,圆形、扁状哪个卖家更多等。只有了解这些方面的信息,卖家才能更容易发现并进入蓝海。

2)外部数据

卖家可以通过Google Trends分析产品的周期性特点,把握产品开发时机;可以借助KeywordSpy、MerchantWords、Scientific Seller等关键词搜索工具,发现搜索热度高的品类关键词;可以借助Alexa选择销售国(地)至少3家竞争对手网站作为对目标市场分析的参考。卖家获取外部数据的工具还有Jungle Scout、AMZ Tracker、紫鸟、米库等。

外部数据的选品分析主要从以下两个方面着手:一是扩大化,卖家分析产品可调整的策略,以扩大客户群体范围和地区,增加心理价格,加大购买频率和印象分等;二是找重叠,卖家结合多个站外工具的数据结论,其重叠处会是用户的刚需点。

(三)跨境电商选品要点

1. 市场大、利润高

卖家应尽可能选择市场大、销量大的产品。市场需求量大的产品,才会有大的销售量,这是产生销售流水的关键。同时,要考虑利润较高的产品。由于跨境电商业务线较长,资金回款期也很长,售后退款等成本较高,因此需要综合考虑利润率的问题。跨境电商零售产品的利润率一般需要达到50%以上,甚至是100%,才能够有盈利。

2. 适合国际物流

国际物流的运输时间较长、流程较复杂、牵涉面较广,且运费按照实际重量或体积重量两者之中较高者进行计算。因此,卖家可以选择体积小、重量轻、不易破碎的产品进行销售,一方面可以降低货物破损概率,另一方面可以降低国际物流成本。

3. 售后服务简单

需要向消费者展示使用指导或安装指导的产品,相对而言有较高的投诉率和客户服务成本。以拼接婴儿床为例,若消费者按照使用手册无法自行拼装,跨境电商卖家将会接到服务咨询、退货退款甚至产品投诉,从而导致运营成本上升。因此,卖家可以选择售后服务简单或不需要售后服务的产品进行销售——除非已经做好相应的准备工作。

4. 附加值较高

由于国际运费较高,如果运费高于产品价格,消费者就会考虑该产品是否值得购买。

因此，附加值较低的产品在吸引跨境消费者购买方面有很大的难度。对于这类产品，卖家可以采用组合销售、成套销售等方式来增加产品附加值，以降低国际物流费用占总订单金额的比例，比如气球 20 个一组或组成气球婚礼套装来进行销售。

5. 具备独特性

产品独特性包括是否有专利、有品牌、有设计创新或有贴心包装等，这些产品在一定程度具有不可模仿性，被同行跟卖的可能性较小。同时，具有独特性与创新性的产品自身具有技术屏障，可以创造较高的利润。

6. 价格要合理

一般来说，产品的线上价格应低于该产品的当地线下价格。若产品的线上价格高于或等于线下销售价格，那么再加上跨境物流的等待时间，则该产品对跨境消费者而言就没有那么大的吸引力。因此，在保证利润的同时，卖家需要进行合理定价。

7. 遵守法律法规

跨境电商卖家需要遵守目的国（地）的法律法规，注意不能销售知识产权侵权产品或违禁品，也不能销售植物种子或者特定动植物制品，这些产品不仅赚不了钱，甚至会付出法律代价。同时，也要注意了解不同宗教信仰、不同风俗习惯对产品的不同要求，以免产生不必要的麻烦。

二、跨境电商选品方法

（一）根据资源定位选品

面对跨境电商领域日益激烈的市场竞争，卖家从自己比较熟悉和了解的行业切入，才更容易上手，能更快地在市场中站稳脚跟。因此，卖家首先要对自己有清晰的定位，及时了解自身资源，选择那些比较了解且在质量和价格方面具有优势的产品进行销售。如此才能和消费者进行产品细节的交流和沟通，与供应商建立稳固的采购关系，并建立起自己店铺在某一类产品上的竞争优势。

（二）根据平台模式选品

每个跨境电商平台都有各自的特点和影响力，比如亚马逊的消费者主要来自欧美国家，速卖通的消费者主要来自俄罗斯、美国、巴西、英国、法国等国家，尤其在俄罗斯、巴西等新兴市场拥有大批忠实买家。卖家如果考虑在亚马逊上进行销售，要求产品质量不错并致力于集中优势做品牌；如果考虑在速卖通上进行销售，产品价格需要极具优势。

（三）根据用户需求选品

从用户需求的角度出发，选品要满足用户对某种效用的需求，比如带来生活便利、满足生活需要、消除痛苦等方面的心理或生理需求。iiMedia Research（艾媒咨询）的《2019 全球跨境电商市场与发展趋势研究报告》显示，跨境电商销售热度前 5 的品类分别是服饰鞋帽、电子设备、玩具爱好、首饰手表、家居美容产品。创业者可以根据统计数据，选择用户需求量较大的产品。根据用户需求选品，卖家还可以借助用户评论对现有热销品进行升级改造。卖家先收集各大跨境电商平台上同一款热销品的差评数据，从中找到消费者不满意的地方,有针对性地改良产品;同时,也要兼顾分析该产品的好评数据,从中寻找消费者对产品的需求点和期望值,高效率地打造爆款产品。

(四)根据竞争对手选品

作为一名合格的跨境电商卖家,每天的工作内容之一就是了解竞争对手的情况,主要关注以下五个方面:第一,竞争对手的产品排名和自己的产品排名对比;第二,竞争对手的产品评论数量和星级是否增长;第三,竞争对手的产品广告所在位置;第四,竞争对手的产品近期是否参加促销活动;第五,竞争对手的店铺是否上架新品。卖家关注竞争对手的情况,一方面能够发现销量大的产品,根据用户的真实需求进行产品开发;另一方面能够发现市场上的新品,结合自身资源判断是否销售同款。

(五)根据数据工具选品

跨境电商平台都有自带的站内数据工具,例如 eBay 的 eBay Plus、亚马逊的四大排行榜、速卖通的生意参谋(原数据纵横)、Wish 的跨境商户数据分析平台以及敦煌网的数据智囊等。以生意参谋为例,根据国家(地区)和行业的组合,卖家可以选择热搜和热销的商品品类;在选择好之后,可以根据竞争度的大小,选择适合的产品,并根据热卖国家(地区)特点发布对应产品;同时,还可以针对选择的热卖品类,查看关联属性的组合,有助于在发布产品时完整填写属性组合,以提高产品的曝光量和转化率。

目前,国内熟知的跨境电商站外数据工具有 Google Trends、Jungle Scout、Big Tracker、otobo、Camel Camel Camel 等。以 Google Trends 为例,它是 Google 推出的一款基于搜索日志分析的应用产品,可以告诉用户某一搜索关键词在 Google 被搜索的频率、相关统计数据和搜索趋势。对于跨境电商卖家而言,Google Trends 是一个很有用的工具,可用于分析品类需求情况和周期性特点。

三、跨境电商产品评估

(一)分析产品的细分市场

市场随时在变化,但大致情况可以通过工具进行调查预测。分析产品细分市场主要从潜在的市场规模、市场竞争环境、市场类型、产品在当地市场的份额这几个方面调研。在分析产品市场时,最开始需要确定有多少卖家在销售这个产品。如果已有一些竞争者,那就证明这个市场是被验证了的,是可以进行销售的。如果市场上已经有很多卖家在销售这个产品,一方面说明此市场已经被验证,另一方面则需要思考这一片红海中如何区分品牌产品和普通产品。

(二)分析产品市场需求

产品选择好了,接下来就是对选择的产品进行市场数据分析。一是通过搜索引擎或者数据工具搜索关键词,查找产品关键词每月的搜索量、竞争激烈程度和相关搜索词。二是通过搜索引擎或者数据工具了解产品关键词的整体趋势,也可以显示出哪些热门国家或城市正在搜索产品的特定关键词。三是利用社交媒体了解市场需求,查看产品的潜在需求,了解潜在客户的想法,更有利于产品推广。

（三）分析产品竞争对手

利用搜索引擎或者数据工具等渠道进行产品搜索，找出竞争对手。要站在客户的角度进行思考，并用客户真正常用的关键词搜索，看看排在搜索前几页的产品的信息，边看边思考他们如何强调产品卖点，定价策略是什么，产品图片和产品描述如何，运输方式和价格如何，等等。

（四）判断产品趋势

在研究分析数据之后，需要验证产品、利润和目标客户，一个最快和最便宜的方法就是创建一个简单的问卷调查。

（五）全面评估产品

1. 产品的目标客户

在最开始的时候并不需要非常精准定位目标客户，但至少要明白用户的类型、年龄阶段、在线购买能力。

2. 利润计算

这点对于任何一个卖家来说都是非常重要的，在真正售卖前必须仔细核算。

3. 产品定价

众所周知，价格低的产品需要销售量来保证利润，而价格高的产品则需要时间让消费者知道这个产品优点在哪里。

4. 产品的尺寸和重量

在网购模式越来越成熟的阶段，很多用户都希望自己购买的产品能够包邮，卖家不得不考虑产品所需的包装成本、运费成本、仓储成本等。

5. 产品的材质和质量

产品的材质是影响产品退换货的一个关键因素。如果产品是玻璃的，那么在运输途中很容易被打碎，而塑料的则很容易损坏，这些类型的产品在包装、退换货等环节上的花费会更多。

6. 产品是否有季节性

季节性产品的销售量在每个阶段会有很大变化，进而会影响现金流，这对一些公司来说是很严重的问题。一个理想的产品要保证稳定的现金流，所以很多卖家在反季节的时候会用各种促销活动提高销量。如果是高季节性产品（比如圣诞树），最好先考虑这个产品是否可用。

7. 产品的实用性

在产品进行售卖之前，卖家们要知道这个产品的实用性，该产品是否能解决客户的某个痛点。一个产品如果能解决人们的真正痛点，那它会很容易被人们接受。

8. 周转库存需要的时间

如果产品是需要经常改变或更新的，这也是一个很大的风险，在开始之前一定要预先了解产品的周转库存。比如手机壳，它是需要与手机同步更新的。手机品牌商往往会提前布局新款手机，让新款手机在真正销售前获取尽可能多的曝光量，所以与之配套的手机壳也可以提前布局并生产，把手机的热度转换到手机壳上来。

9. 产品使用寿命

有的产品使用寿命很长,用户重复购买的概率很低;而易耗品和一次性产品,用户的复购率会比较高。

10. 产品是否易腐烂

食品类目下的产品,它们的保质期都比较短,而且有的对储藏的环境有要求,比如保健品、药物等就需要避光冷藏。

11. 产品有何规定或限制

在选择这个产品之前,上网搜索或给海关等权威机构打电话查询关于产品的规定和限制,进口、出口有无要求,比如一些化工品、食品和化妆品(含有易燃化学成分的指甲油等)。

四、跨境电商爆款产品开发

爆款产品开发背后核心的商业逻辑是产品力、表现力及传播力。产品力是产品的内在根本,表现力是外在视觉,传播力是产品自传播能力。

核心逻辑:产品力+表现力+传播力

1. 产品力:理念+功能+效果+体验感
2. 表现力:科技美学+颜值
3. 传播力:共鸣+话题

(一)爆款产品开发

1. 站在消费者的角度,思考消费逻辑

线上平台的主流消费群体是18~27岁的年轻消费群体,他们生长在国家经济高速发展、信息技术不断成熟的社会,消费观念自然不同,他们是互联网原住民,追求消费带来的幸福感、满足感和仪式感,愿意为爱好消费,但也容易被高性价比的产品打动。而企业的产品营销围绕消费需求展开,不同的成长经历对产品的诉求是不一样的,企业做产品需要确定目标人群,研究主流消费群体,围绕主流消费群体的消费观念、消费偏好、消费习惯去策划产品,这是打造爆款的前提,这样策划的爆款才能吸引消费者。在供大于求的市场环境下,如果线下市场是做消费者需要的产品的话,那线上市场就是做消费者想要的产品。

2. 站在电商平台的角度,思考运营逻辑

电商经历了传统电商到直播电商,分类出传统综合电商平台、社区团购平台、新零售平台、直播电商平台等,而不同平台的营销逻辑是不一样的。做线上电商渠道,企业首先要明确做哪类电商,在哪些平台上做,切忌眉毛胡子一把抓,各平台都想做,最后都没有做成。运营前期,抓住一个平台做精做透,销量增长就会很不错。其次需要知道该电商平台的运营逻辑,以传统电商和直播电商为例,传统电商时代是消费者有了消费需求,且对自己的需求有明确的认知，然后主动去搜索商品，最后实施购买，即"有需求有认知→主动搜索→实施购买"，是搜索消费逻辑。而直播电商时代，消费者可能并没有消费需求，但是在浏览内容时发现了感兴趣的商品，内心的购买欲望就被激发出来了，进而触发了消费需求而实施购买，即"发现商品→激发需求→实施购买"，是激发消费逻辑。如果说传统电商是"人找货"的话，直播电商就是"货找人"。企业只有清楚地知道不同电商平台的消费逻辑，才能根据消费逻辑去打造爆款。

3. 产品要具备"爆款基因"，才能被打造成为"爆款"

一款产品只有具备了"爆品"的天生基因，再通过营销推动，才有可能被打造成为"爆款"。产品是根本，营销只是辅助手段，否则营销策略、营销方案方法再好，也很难被打造成为"爆款"。互联网营销环境下，更利于打造"爆款"，而"爆款"是策划出来的，需要具备以下六点基因。

1）品质好、有特色

优质稳定的好品质，能形成独特记忆的特色，产品才会被消费者记住。

2）独特卖点或新的功能诉求

产品有什么独特的卖点？产品的特征是什么？或有哪些新的功能诉求能解决消费者的需求痛点？产品功能对消费者有什么用？这个功能是否让消费者觉得很重要？消费者为什么会购买你的产品？产品有什么值得消费者重复消费？对于产品自身来说，独特卖点、新的功能诉求是产品自身存在于市场的理由。

3）新的消费场景

新产品上市不是迎合已有的消费场景，而是开辟、引领新的消费场景，不是和竞品竞争，而是和自己竞争。

4）新高颜值

电商产品不是简单地把线下产品搬到线上，而是需要根据线上主流消费群体设计高颜值的年轻化包装。即使是知名品牌，也要让线上消费者感觉到和线下产品不一样的"新高颜值"。产品有颜值，消费者才会为"美"和"爱好"买单。

5）新营销

线上电商产品的推广思路和线下渠道推广的思路完全不一样。线上营销要根据平台的底层运行逻辑策划适合年轻人体验、互动、参与并自动自发引领的营销方案。策划的方案要能勾起消费者的兴趣，以兴趣产生出话题（内容），用话题汇聚出流量，消费者对产品有兴趣、有话题、有流量，销量提升就水到渠成了。

6）高性价比

线上产品不是价格低就吸引消费者，也不是价格高就无人问津，消费者追求的是高性价比。

一款新品具备了这六个基因特点，就具备了成为"爆款"的潜质，企业至少要把80％的精力投入到产品定位、消费者痛点挖掘、性价比、颜值设计、研发生产调试等前段的产品策划及打磨上，剩下20％的精力投入到营销上，产品上市销售时才能快速"爆火"。现实中恰恰相反的是，很多企业在产品策划上投入20％的精力，产品上市后投入80％的精力去做营销，结果适得其反。

（二）打造"爆款"的方法

1. 清晰明确的线上发展目标

品牌进驻电商平台销售，一定要有清晰明确的阶段性发展目标，然后围绕目标去开展不同阶段的营销。概括起来主要是这三个目标：涨粉、提升知名度和影响力、转化变现。

2. 选平台、确定目标人群

计划在哪类平台上突破，先要确定推广的平台，然后根据平台定位目标消费人群，即确定哪类消费者最喜欢我们的产品。不同的电商平台主流消费群体稍有差异，对消费的品类及产品的兴趣点也不一样，平台决定人群，人群决定推广形式。

3. 内容引流

1）常用的做内容方式就是讲故事

讲用户的故事、案例能取得最好的效果，这可以是目标用户对产品的评论、使用效果、分享等。产品的故事则要围绕产品的差异化、独特优势展开，操作关键是要充分挖掘出用户的需求痛点，然后通过产品的卖点或功能诉求去解决用户的痛点，以内容的形式传递给消费者。

2）做内容效果最好的是做视频

以在新媒体平台做直播销售为例，产品需要多维度多方面的宣传展示。如直播预热视频、品牌宣传视频、商品种草视频、主播人设视频等，不同的视频发布的节奏和频率都需要进行合理的规划和排期，并且整体风格都要和品牌产品的调性吻合。其次是企业账号的页面装修和商品橱窗的商品展示内容，要根据目标消费群体的特性进行整体视觉风格设计和定期优化。内容是根基和命脉，线上平台营销，内容是核心竞争力，要通过各种不同的内容占据用户的时间和资源，只有和内容结合起来，才能让产品推广销售在平台上快速俘获消费者，进而实现变现转化。

4. 营销助攻

新产品上市，提升曝光度和知名度最快速的办法就是和头部大V、达人合作，通过他们积累的粉丝，和消费者快速建立联系，快速地扩大影响力，使品牌迅速制造声量、提升销量。操作关键是合作的大V、达人和产品的目标消费者能形成强关联。其次是电商行业各平台各时间段的大促，企业要借助大促开展营销活动，这些大促已经让消费者形成了消费习惯。最后是企业打造自己的线上营销平台，如打造企业自己的主播进行直播销售，培养自己的策划团队开展线上产品推广活动，持久地去做，潜移默化地提升品牌及产品知名度。

5. 产品迭代推广

大部分企业产品都很多，今天推这个产品，明天推那个产品，这个平台推这个产品，换个平台推另一个产品。但要打造线上爆款，必须打造一个，再推广一个，形成产品迭代式推广。

6. 好的服务

产品、物流、服务是决定消费者重复购买的关键，也影响着平台对商家的流量扶持。口碑越好的商家和商品，越容易获得平台的曝光和推荐。好的服务不是某一点好，而是围绕平台展开的全方位服务，发货速度、服务感受、问题处理、收到产品后的落差感等都会影响产品在线上平台的推广效果。

线上电商是一个新的销售场景，面对的是新消费人群，只有策划有"爆款基因"的产品，精准定位消费人群，再辅以大V、达人的精准触达，通过内容吸引、话题引爆、流量助推，才能在线上电商平台快速打造出一个又一个"爆款"。

在新消费时代，企业都将面临线上线下延伸裂变的各种平台，渠道变了，销售场景变了，游戏规则也就发生了变化，企业的营销方式就需要与时俱进地抓住新的渠道新的趋势，结合渠道或平台的运营逻辑探索新的营销手段，才能应对急速变化的市场销售环境。

五、商品定价策略

（一）商品价格构成

跨境电商销售的商品的实际成本一般由下面几部分组成：进货成本（工厂进价＋国内物流成本＋破损成本）＋跨境物流成本＋跨境电商平台成本（推广费＋平台费＋销售佣金）＋售后维护成本（包括退货／换货／破损成本）＋其他综合成本（人工成本＋跨境物流包装成本等）。

1. 进货成本

进货成本指从国内供应商处采购商品的成本，一般包括工厂进价、国内物流成本和破损成本。进货成本取决于供应商的价格基础。在进行跨境商品定价之前首先应该了解商品采购价格处于这个行业价格的什么水平，价格是否具备优势。选择一个优质的供应商是跨境电商经营的重中之重，优质的商品品质、商品研发能力、良好的电商服务意识都是选择供应商要考虑的因素，但最核心的因素是供应商的价格必须具备一定的市场竞争力，这样才可能拥有足够的利润空间去做运营和推广。

2. 跨境物流成本

跨境物流成本是商品实际成本的重要组成部分，根据跨境物流模式的不同而有所不同。在跨境物流费用的报价上，商品标价里通常会写上"包邮"（free shipping），这样的标价方式比较吸引客户。所以，卖家一定要将跨境物流费用计算在商品价格之中。

3. 跨境电商平台成本

跨境电商平台成本是指基于跨境电商平台运营向跨境电商平台支付的相关费用，一般包括推广费、销售佣金、入驻费用、平台年费。其中的核心是推广费用，如阿里巴巴速卖通平台的P4P（pay for performance，按业绩付费）项目推广费用。如果卖家的资金实力不够雄厚，对于商品的推广投入成本更应该谨慎且要有非常详细的预算，一般资金投入建议是：（工厂进价＋国际物流成本）×（10%～35%）。就入驻费用而言，每年在1万元以上。就成交费用而言，阿里巴巴速卖通按每笔成交额的5%收取，而亚马逊则是按成交额的一定比例收取，一般为8%～15%，其他的平台也有相应规定。跨境电商平台成本越高，商品的价格就会越高，就越不具备价格竞争力。

4. 售后维护成本

售后维护成本是很多跨境电商创业新人容易忽视的一个成本。很多中小跨境电商卖家在本国境内发货，节点多周期长，经常会出现一些商品破损、丢件甚至客户退货退款的纠纷。因为跨境电商的特性，成本的投入往往比较高，卖家在核算成本时应把这个成本明确核算进去。

5. 其他综合成本

其他综合成本包括人工成本、办公成本、跨境物流包装成本等。

6. 利润率

利润率也是跨境电商卖家需要考虑的因素，利润率越高，商品的售价也就越高。目前阿里巴巴速卖通等平台的利润率普遍越来越低，一般在15％～20％。

（二）商品定价目标

在对商品定价前，要确定自己的定价目标。定价目标是卖家希望通过制定商品价格达到的目的。这个目的，决定了卖家选择什么样的定价方法。

网上商品的定价目标不是单一的，它是一个多元的结合体。下面是一些常用的定价目标：

（1）以获得理想利润为目标；

（2）以获得适当的投资回报率为目标；

（3）以提高或维持市场占有率为目标；

（4）以稳定价格为目标；

（5）以应付或防止竞争为目标；

（6）以树立形象为目标。

（三）商品定价策略

新卖家在产品定价方面经常面临高价不出单、低价没利润的窘境，因此卖家首先需要认识定价对于店铺运营的影响，即产品定价的重要性。产品价格的高低既直接影响产品销量，也能够反映店铺定位。常用的产品定价策略有：基于产品成本定价、基于竞争对手定价和基于产品价值定价等。

1. 基于产品成本定价

这种定价策略不需要进行大量的市场调研和用户分析，仅需要明确产品的单位成本，即可根据成本直接设定价格，并确保产品的最低回报。该定价策略是零售行业常用的定价方式，即单位成本＋预期利润＝价格。单位成本不仅需要计算产品的变动成本，还需要考虑每月分摊的固定成本，如厂房、设备等。基于产品成本的定价策略的优势是简单直接，但是有时可能会使产品定价过于固定，从而影响销量和利润。

2. 基于竞争对手定价

这种定价策略卖家仅需"监控"直接竞争对手的产品价格，并设置与其相对应的价格即可。如果卖家采用了这种定价策略，就是假设竞争对手的价格是匹配市场期望的。但是这种定价策略容易带来价格竞争，有些人称之为"向下竞争"。例如，卖家A在亚马逊上销售某产品，A在其他网站上销售同样的产品标价为299.99美元，因此A将亚马逊上该产品的价格也设定为299.99美元，希望订单能蜂拥而来。但是随着时间的推移，产品转化率惨淡。经过调研，A发现竞争对手正在以289.99美元的价格出售相同的产品，为了提升产品订单，A将价格降至279.99美元。而竞争对手发现后，也进行相应调价。经过一段时间，A和竞争对手均因为双方不断降价，造成产品利润空间不断压缩。因此，卖家需要谨慎使用基于竞争对手的定价策略。

3. 基于产品价值定价

这种模式下产品价格的高低以消费者的感知价值为基础，也是较为复杂的一种定价策略。应用此策略时，卖家需要进行市场调研和消费者分析，了解产品消费群体的关键特征，考虑消费者的购买原因，分析产品功能的重要性，并且知道价格因素对购买决策的影响力。卖家如果采用了这种定价策略，随着对产品市场和价格理解的加深，则可以不断对价格进行反复、细微的改动。因此，此种定价策略可以为卖家带来更多的利润。例如，某商业街出售雨伞的便利店，在天气好时，人们对雨伞的感知价值较低，卖家可以依靠降价促销来达到薄利多销的目的；而在雨天，雨伞成为人们出行必需品，此时消费者对雨伞的感知价值较高，因此卖家可通过提高价格来获取更多利润。

4. 商品分类定价策略

商品分类定价是指店铺产品在不同时期或者采用不同营销方法时的价格分类。通常跨境电商卖家会将产品分为基础的新款、老款和清仓款，从而进一步细分成引流款、利润款和活动款。

1）引流款

引流款是指店铺用来吸引流量的产品，一般会以成本价进行销售，进而打造出店铺爆款，最终目的就是寻找出消费者喜欢的产品，带动产品的销量，提高产品转化率。

2）利润款

利润款是指店铺正常销售的产品，这类产品的利润会比引流款高一些，采用购买折扣、买一赠一、免运费等促销活动，配合引流款带来的流量，最终实现关联销售。

3）活动款

活动款是指专门为了参加平台活动而选择的产品，这类产品在定价时需要考虑到平台活动后的折扣力度，以免产生不必要的亏损。

5. 商品组合定价策略

商品组合定价策略是把店铺里一组相互关联的商品组合起来一起定价，而组合中的商品都属于同一个商品大类别，如男装就是一个大类别。每一个大类别都有许多品类群，如男装可能有西装、衬衫、领带和袜子等品类群，卖家可以把这些商品品类群组合在一起定价。这些品类群商品的成本差异以及顾客对这些商品的不同评价再加上竞争者的商品价格等一系列因素，决定了这些商品的组合定价。商品组合定价策略可以细分为以下几种。

1）不同等级的同种商品构成的商品组合定价

这类商品组合，可以根据这些不同等级的商品之间的成本差异、顾客对这些商品不同外观的评价以及竞争者的商品价格，来决定各个相关商品之间的价格。

2）连带商品定价

这类商品定价，要有意识地降低连带商品中购买次数少、顾客对价格比较敏感的商品价格，提高连带商品中销量较大、顾客需要重复购买且对价格提高反应不太敏感的商品价格。

3）系列商品定价

对于既可以单个购买又能配套购买的系列商品，可实行成套商品定价的方法。成套销售可以节省流通费用，而减价优惠又可以扩大销售，这样流通速度和资金周转将大大加快，有利于提高店铺的经济效益。

4）等级差别定价

根据质量和外观上的差别，把同种商品分成不同的等级，分别定价。这种定价方法一

般都是选其中一种商品作为标准品,其他分为低、中、高三档,再分别定价。对于低档商品,可以让它的价格逼近商品成本;对于高档商品,可使其价格较大幅度地超过商品成本。

6. 阶段性定价策略

阶段性定价就是根据商品所处市场周期的不同阶段来定价。

1) 新上市商品定价

这个阶段由于商品刚刚投放市场,许多消费者还不熟悉这个商品,因此销量低,也没有竞争者。为了打开新商品的销路,在定价方面,可以根据不同的情况采用高价定价方法、渗透定价方法和中间定价方法。对于一些市场寿命周期短,花色、款式翻新较快的时尚商品,一般可以采用高价定价方法。在网上消费者中,有一些收入较高的白领,他们对新奇商品有特别的偏好,愿意出高价购买新奇的商品。对于一些有较大的市场潜力、能够从多销中获得利润的商品,可以采用渗透定价方法。这种方法是有意把新商品的价格定得很低,必要时甚至可以亏本出售,以多销商品达到渗透市场、迅速扩大市场占有率的目的。对一些经营较稳定的大卖家可以选择中间定价方法。这种方法以价格稳定和预期销售额的稳定增长为目标,力求将价格定在一个适中的水平。

2) 商品成长期定价

商品进入成长期后,店铺生产能力和销售能力不断扩大,表现在销售量迅速增长,利润也随之大大增加。这时候应该选择能够保证店铺实现目标利润或目标回报率的定价策略。

3) 商品成熟期定价

商品进入成熟期后,市场需求已经日趋饱和,销售量也达到顶点,并有开始下降的趋势,表现在市场上就是竞争日趋激烈,仿制品和替代品日益增多,利润达到顶点。在这个阶段,一般采用将商品价格定得低于同类商品的策略,以排斥竞争者,使销售额维持稳定或进一步增大。这时,掌握正确的降价依据和降价幅度是非常重要的,一般应该根据具体情况来慎重考虑。如果商品有明显的特色,有一批忠诚的顾客,就可以维持原价;如果商品没有什么特色,就要用降价来保持竞争力。

4) 商品衰退期定价

在商品衰退期,商品的市场需求和销售量开始大幅度下降,市场发现了新的替代品,利润也日益缩减。这个时期常采用的定价方法有维持价格和驱逐价格两种方法。如果想要处于衰退期的商品继续在顾客心中留下好的印象,或是希望能继续获得利润,就要选择维持价格。维持价格能否成功,关键要看新的替代品的供给状况。如果新的替代品满足不了需求,那么卖家还可以维持一定的市场;如果替代品供应充足,顾客肯定会转向替代品,这样一定会加速老商品退出市场的速度。对于一些非必需的商品,它们虽然已经处于衰退期,但是它的需求弹性大,这时可以把价格降低到无利可图的水平,将其他竞争者驱逐出市场,尽量扩大商品的市场占有率,以保证销量、回收投资。

7. 折扣定价策略

对于一些社会需求量大、货源有保证的商品,适合采用薄利多销的定价方法。这时要有意识地压低单位利润水平,以相对低廉的价格,提高市场占有率,以期能在长时间内实现利润目标。

1) 数量折扣定价

数量折扣是对购买商品数量达到一定数额的顾客给予折扣，购买的数量越大，折扣也就越多。采用数量折扣定价可以降低商品的单位成本，加速资金周转。数量折扣有累积数量折扣和一次性数量折扣两种形式。累积数量折扣是指在一定时期内购买的累计总额达到一定数量时，按总量给予的一定折扣，如常说的会员价格；一次性数量折扣是指按一次购买数量的多少而给予的折扣。要决定最佳的、最合理的折扣率很困难，店铺应根据自身情况来酌情制订。

2) 心理性折扣定价

当某类商品的品牌、性能、寿命不为顾客所了解，商品市场接受程度较低的时候，或者商品库存增加、销路又不太好的时候，可采用心理性折扣定价，一般都会收到较好的效果。因为消费者都有喜欢折扣价、优惠价和处理价的心理，卖家只要采取降价促销手段，这些商品就有可能在众多的商品中脱颖而出，吸引消费者的眼球，大大提高成交的机会。当然，这种心理性折扣必须要制订合理的折扣率，才能达到销售的目的。

8. 投其所好的定价策略

消费者的价格心理主要有：以价格区分商品档次的心理；追求名牌心理；求廉价心理；买涨不买跌心理；追求时尚心理；对价格数字的喜好心理，等等。在商品定价过程中，必须考虑顾客在购买活动中的某种特殊心理，从而激发他们的购买欲望，达到扩大销售的目的。

六、跨境电商新手选品技巧

1. 分销法

分销即利用专业的跨境电商分销网站，便捷、迅速地将分销商品上传到自己的店铺，产生订单以后再付款采购产品并发货。

通过跨境电商分销，新人在起步阶段，可以快速地上传大量产品，快速地获取第一个订单。这个比获取利润更加有意义。在运营跨境电商的起步阶段，有了订单，就意味着实现了从 0 到 1 的突破，这是质的飞跃。哪怕第一单不赚钱甚至赔钱也很有意义。如果没有订单，卖家很难熟悉运营的整个流程。而长时间没有订单，卖家的信心和耐心都会被消耗掉，很容易就放弃。

> **知识链接**
>
> 越域网（www.kjds.com）是目前国内最大的跨境产品一键分销网站，在分销行业处于领先地位，目前支持 eBay 的产品一键上传。创业者可以等有了订单以后再去采购，无须花费大量金钱去备货。这样基本上可以做到产品零库存、零投入。这虽然不是做跨境电商最好的方式，但对于新人起步来说，绝对是非常可靠的方式。跨境物流相对于国内物流要复杂很多，创业者需要了解非常多的物流知识，如要知道去哪个国家发多重的产品、发哪个快递更划算，还要打包产品、去联系物流公司等，而通过跨境分销网站，创业者只需要选择哪个物流更划算，然后付款就行。

分销时，一是要注意知识产权问题。二是要有节奏地上新品，切勿速度太快。这是因为跨境电商平台的搜索引擎都会对店铺的活跃度有考核，而产品"上新"是店铺活跃度的重要考核指标。活跃度高的店铺会被搜索引擎认为比较有运营能力，可能会多分配流量，从而带来更多的订单。如果你"上新"太快，短时间内将产品上传完，后面很久都无法上传新产品，那么虽然在前期上传商品的时候，店铺被搜索引擎判定为活跃度很好，后期也会因为很长时间内活跃度很低，而导致搜索引擎减少分配流量。因此，你要制订好"上新"计划，比如要上传300款产品，在3个月内上完，那么每天上传3～4款产品即可，保持更新，保持活跃度。三是应急处理缺货问题。跨境电商分销网站除了有自己的货源和仓库外，更多的是对接供货工厂。也就是说很多产品不在他们的仓库，而是存放在工厂库房。由于工厂对接客户较多，或者由于库存对接系统库存更新的滞后性，可能会导致创业者出单的产品正好缺货。如果发生突发性缺货事件，切记不退货是基本原则，要采取一些技巧来将缺货的损失降到最低。如果缺货后创业者马上联系客户进行退款，这是一个非常不聪明的办法，因为这样做了以后，会造成一个多输局面，这个交易链条上的各方都没有好处。首先作为商家，创业者损失了一个订单；其次买家尤其是女性买家，在网站上经过千挑万选后下单买了你的产品，她对于产品有很多的期待和好奇，而你随后告知她所选的产品缺货了，买家肯定不开心，也许以后再也不会光顾了，这个才是最大的损失；最后作为平台方，你因为缺货导致买家退款，平台赚不到交易佣金，甚至还有可能会对你的店铺进行处罚。

解决缺货问题可以从三方面着手。一是找同款。因为造成缺货的原因很有可能是产品热销，那么热销的产品不一定是一个厂家在做，通过阿里巴巴或者是淘宝你很有可能找到同款产品，甚至也许你找到的同款产品价格更低。通过找同款基本上可以解决50%左右的缺货问题。二是联系买家换款。如果确实找不到同款产品，也不要着急退款。你可以试着找类似款代替，而找到类似款的可能性很大。找到后你要联系买家，很诚恳地告诉他，他要的产品缺货了，但是你为他找到了类似的、同样非常棒的产品来替代，并且附上产品图片。如果买家同意，那么同样能解决缺货的问题。根据经验，找类似款替代的办法基本可以解决20%～30%的缺货问题。三是在找不到同款，买家也不同意换款的情况下，你必须给买家退款，但退款也是有技巧的。你可以先点击发货（用一个虚拟的单号），然后联系买家退款，并且诚恳地请买家不要以"产品缺货"为理由申请退货，用"不喜欢""款式不合""尺寸不合适"等其他理由。只要你态度诚恳、语言亲切，大部分买家是愿意配合你的。因为对于客户来说，拿到自己的退款就行了，以什么样的理由无所谓。但是，对于商家来说，买家申请退货的理由不同，影响却大不一样。以速卖通为例，如果买家以"缺货"为由申请退款，那么你就会触碰速卖通很严格的一条"成交不卖"的规则，而遭到平台的处罚。如果通过其他理由申请退款，则不会造成这样严重的后果。

2. 淘宝结合阿里巴巴选品法

这个方法的思路是通过找淘宝上的热销款，再利用工具软件找到这个产品的阿里巴巴供货链接，然后采集图片并进行编辑后就可以上传产品。产生订单后可以去阿里巴巴批发网站进行采购。具体操作步骤如下：第一步，搜索某个关键词进行销量排序，或者是看淘宝的广告推广，找到产品的供货链接；第二步，采集图片，阿里巴巴是以批发为主的商城，图片质量普遍不高，很多商家都是用手机拍摄的，所以，你最好通过产品的淘宝页面来采集图片；第三步，通过以上操作，你找到了热销产品和供应商链接，也采集到了产品的图片，经过编辑后就可以上传到你自己的跨境电商店铺，在产生订单（或者之前小量采购验货）后即可采购发货了。

这个方法需要注意的事项同上文所述，首先面对还是知识产权的问题，大品牌的产品尽量不要碰，比如电子类的华为、小米等品牌，大部分都在海外申请了品牌专利和独家销售权，一定不能侵权；在上架一些中小品牌之前，也尽量和供货商及生产商沟通下产品是否有专利权，是否有独家销售权，可以的话可以申请一个产品和品牌授权，这样可以最大限度地保护自己的账号安全。其次避免图物不符的问题出现，一定要保证你找到的阿里巴巴供货商的产品和对应的淘宝网的产品图片一致，要认真审查，多和供货商沟通。切勿发生实物和图片不符的问题而引起退货退款，退货退款都需要你来全额承担。最后选品要谨慎，食品、保健品、化妆品要谨慎选择，服饰、鞋类产品由于尺码标准不同也要慎重选择，此外过重过大的产品也不宜选择。

3. 跨境电商平台热销款选品法

这个方法更直接，它不通过国内的淘宝网来找热销品，而是直接通过跨境电商平台来寻找在国外热销的产品。它的操作方法和之前的方法类似，但也有一些不同。下面以亚马逊这个主流平台为例来介绍如何开发热销款。首先打开官方"Best Seller"（最佳卖家）页面，在这个页面要先看横向标签，分别是"Best Seller"（最热销商品）、"New Releases"（最热销新品）、"Movers&Shakers"（近期上升最快的商品）、"Most Wished For"（亚马逊心愿单，即收藏最多的商品）、"Gift Ideas"（礼品热销榜）。前两项用得最多。这种方法适合对跨境电商有一定了解的朋友，会让你全面了解跨境电商平台，了解外国人尤其是欧美人在电商消费领域的基本情况，也一定会让你开发出更多的好产品。

4. 自主开发产品

自主开发产品，是开发产品的最好阶段，如果能运用好，将会产生巨大的收益。自主开发最好先从自己熟悉的领域、熟悉的产品开始。熟悉才有可能做出更准确的选择，熟悉也更有可能给产品赋予更多的创意。利用前面所讲的分销法和淘宝结合阿里巴巴两种办法开发产品并运营了一段时间以后，在你的店铺中肯定会出现一些比较热销的产品，那么这一类产品就可以作为你们店铺主打的产品去进行纵深挖掘。纵深挖掘包括纵向挖掘和横向挖掘。纵向挖掘，就是深入研究这一类产品，发现它更多的优缺点和特点来加以利用，并且加入自己的一些创意或者是微创新；横向挖掘，即开发产品的广度，这一类产品都有哪些类似款、各有什么优缺点，即将产品本身了解得清清楚楚，然后再去改进，有创意地开发。

 **实训任务**

小李打算在亚马逊平台售卖一款双肩包，请你帮助他分析平台上所有双肩包的定价特色和策略，并根据实际情况及销售成本给这款双肩包设计合理的定价方案。

1. 商品的成本核算：
2. 商品的成本利润率：
3. 商品的最终定价：
4. 商品采用的定价策略：

任务三　店铺整体运营思路

 任务描述

针对新手，尤其是很多还没有开店的初学者来说，做好跨境电商，主要需要做好选品和运营两个方面。选品和运营相辅相成，缺一不可，这两者就像歌手和经纪公司之间的关系。产品就像是一个歌手，有好的基本功和好的外形，加上好的经纪公司的包装（运营），那走红的概率一定很高（成为爆款）。如果歌手能力、长相都一般（产品质量一般），再好的经纪公司也很难将其包装成功；或者歌手素质很高，但遇上了一个不可靠的经纪公司（运营不得当），也很难走红（成为爆款）。本次任务需要创业者掌握跨境电商运营的思维模式，提高数据分析能力。

 任务目标

1. 掌握跨境电商运营思维模式。
2. 提升跨境电商数据分析能力。

跨境电商运营思维模式

跨境电商运营过程中的一个重要组成部分是思维模式。如果卖家没有好的思维模式，毫无疑问，卖家店铺的销售也不能得到提升，因为思维真的决定了高度！在实际的电商运营中，思维方式非常重要。良好的思维方式不仅对实际店铺运营非常有帮助，而且对跨境卖家运营店铺的成长也非常重要。

（一）用户思维

卖家们现在正处于产品过剩的时代，用户对产品有更多的选择。传统制造商已经转变为互联网时代的用户领导者。因此，运营商必须从产品设计、研发、展示、价格、沟通和服务的价值链的各个环节，建立以用户为中心的文化，让用户参与和体验。当卖家找到用户的衡量标准时，任何事情的难度都会大大降低。

（二）流程思维

流程思维就是说在思考问题时，就像认识一棵大树，首先确定树干，然后寻找树枝和树叶。在卖家的实际工作中，很多事情都可以通过流程思维来帮助梳理想法。卖家可以通过用户在产品上的完整使用过程来确定可以在哪些环节上加以改进。卖家可以绘制流程图来列出每个环节应该做什么,应该分配的资源,应该监控的数据,等等,如图1-5所示。做跨境电商,就是卖产品,把产品从国内卖到国外。既然是贸易就离不开商业本质,那么,可以假设一下,如果你要开一家实体店需要做哪些工作。首先要选址;其次还要去了解周围的竞争对手有多少,竞争对手的产品有什么特点,自己的产品有什么优势和劣势;还要知道周边的消费者主要是什么人群,收入水平如何等。我们做跨境电商也要考察这些因素,做一定的市场调查。对于竞争对手和产品的优劣势以及主要的消费者情况一定要有了解。如果你不做任何分析,盲目地去开店、进货、上传产品,获得成功的概率一定不大。

(三)数据思维

既然是做运营,就需要找到衡量运营效果的标准。数据是较好的衡量标准。运营离不开数据。数据不仅可以为运营提供衡量标准,还可以为运营提供决策支持。

1. 跨境电商运营万能公式

跨境电商运营万能公式

销售额=流量(访客数)×转化率×客单价

流量=展现量×点击率

跨境电商运营就是围绕这个万能公式展开的。不管是标题、主图、详情页还是评价都是为了提升上面公式里的数据。

1)展现量

展现量是指产品和店铺每天获得访客访问的总次数。展现量越多,对店铺的销售额越有帮助。想要增加展现,那么上新产品后,首先要做的就是提高产品上架时的基础权重,有权重才会有排名展现。这里的产品权重其实是包含店铺权重和产品本身的权重。

(1)店铺权重影响因素有以下两点。① 核心因素一:Detail Seller Rating(卖家服务评级系统)。根据卖家服务评级系统,快速了解店铺的评分情况。如果评分持续降低,一定要去分析原因,找到问题所在,然后把问题解决掉。② 核心因素二:动销率。动销率对于店铺的权重影响也是非常大的。一次性铺太多货,滞销品太多,就会影响动销率。

(2)产品权重影响因素则较多,主要是关键词权重,也就是通过关键词转化、成交就会带来权重。新品上线时,最好选一些竞争小的长尾词或者二级词、三级词,不要选择行业热词、大词,这样更容易提高关键词排名。

2)点击率

点击率就是用户在看到产品的时候点击进入产品内页的概率。点击进入内页后,就成为你店铺的流量。影响点击率因素主要有三点:其一,主图,主图是否有吸引力,是否展示产品的核心卖点,这会影响消费者是否会点击产品进行了解;其二,价格,产品的价格决定了可以覆盖的人群,也决定了可以看到产品的人群范围;其三,基础销量,销量越高,被用户看到的可能性越大,被点击的可能性也越大。

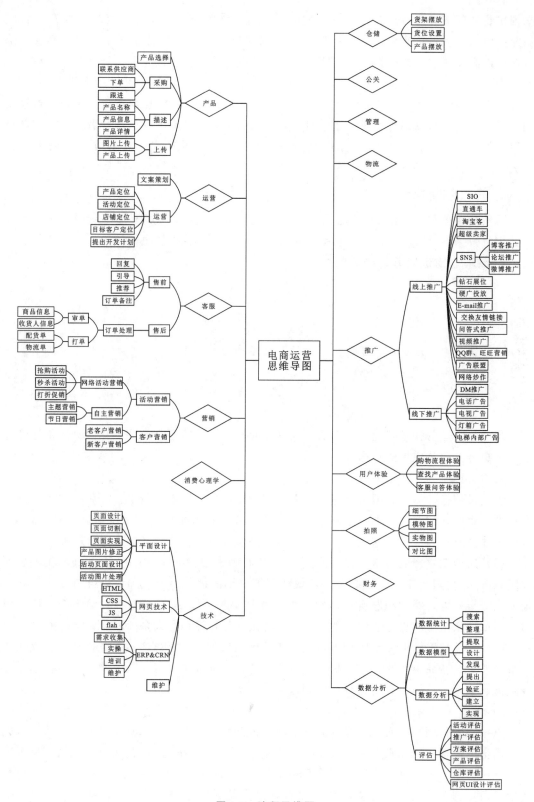

图 1-5 流程思维图

3）转化率

转化率其实就是成长权重。有了流量之后，如果你的转化率足够好，电商平台就会反馈给你更多的流量。影响转化率的因素有店铺信誉、价格、销量、详情页、评价，等等。

（1）店铺信誉。信誉等级越高对产品的转化就越有帮助。一般高客单价的产品受店铺信誉的影响会比其他产品更大一些。

（2）价格和销量。价格是用户非常关注的因素之一，是否在消费者的承受范围内，以及市场的销量等，都会直接影响转化率。

（3）详情页、评价。详情页内容越完善，产品卖点展示得越清楚，越有利于提升转化率。评价内容完善、真实，更有说服力，从而提升用户成交率。

4）客单价

客单价是指所有在店内被下单的产品的平均售价。客单价越高，店铺销售额可能也越高。现在流量获取成本越来越高，因此一定要充分利用好每一个流量，提高客单价。想要提高客单价，主要就是做好关联销售、搭配推荐。

2. 优化跨境电商运营

根据跨境电商运营的万能公式，影响销售额的三个关键指标是流量、转化率、客单价，接下来重点就是如何去优化这三个指标。

（1）提高流量主要可以通过下列四种方式。① 多店铺、多产品。每多一个店铺，每多一个产品就会多一份流量，多一份出单的可能性，所以多平台、多产品操作一直是跨境电商行业最常见和最有效的操作手法，但产品上传数量要适度，要有合适的方法来选品。② 广告推广。目前，跨境电商总体的广告推广成本并不算高，效果也不错。尤其是亚马逊平台的广告推广确实可以起到协助打造爆款的作用。③ 站内搜索优化。站内搜索优化需要我们认真学习每一个平台的搜索规则，并且逐步学会优化关键词等技能。④ 站外引流。站外引流主要是指通过国外比较流行的社交软件，如Facebook和Instagram等将流量引导到店铺上来产生交易。这个方法目前虽然是比较有效的操作方式，但是建议创业者在掌握好站内的搜索优化后再去学习站外引流，这是一个循序渐进的过程。

（2）提高转化率主要可以通过下列三种方式。① 图片质量。电商的本质还是通过图片、视频来引导成交，因此，图片的质量对订单转化率和店铺销量的影响非常巨大。这就要求首先对产品的图片要清晰，修图质量要高，产品展示的角度要全。另外，产品图片也要有创意，和同类产品相比有差异，这样才能在众多的产品中脱颖而出。② 产品价格。价格较低的产品赢得订单的概率更大。但是，一定要注意利润率。做跨境电商利润率是较高的，产品价格无须降低太多。③ 好评。国外的电商买家和国内买家一样对于产品的评价非常在意。产品的好评率对于订单的转化率起到了决定性的作用。而好评的获得和产品质量是密不可分的。这也对我们跨境电商选品提出了要求，一定要找优质的产品来满足欧美高端消费者的需求，这样才能获得更多的利润。

（3）提高客单价主要可以通过下列三种方式。① 有竞争力的产品。有竞争力的产品可以有效地提高客单价，从而提高店铺销售额。② 品牌溢价。下文会重点介绍品牌的作用。③ 合理的定价。产品在不同市场环境中的定价可以适当调整，例如，同样的产品在亚马逊和Shopee上面可以采取不同的定价，因为亚马逊面对的消费群体消费能力较高，而Shopee面对的消费群体消费能力相对弱一些。

为什么深圳
跨境电商
能领跑全国？

任务四　跨境电商品牌建设

 任务描述

小张在社交媒体上给商品做推广活动已经有一段时间了,但销售情况一致不佳。他通过分析发现制作的产品详情页不能触动用户内心,无法引起他们的购买欲望。你认为接下来小张会从哪方面调整思路,让消费者有购买的意愿?

 任务目标

1. 深刻理解国货出海打造品牌的意义。
2. 掌握跨境电商企业品牌建设的方法。

一、品牌内涵

品牌,顾名思义就是品质的牌照。品质不只是指产品的质量,还有服务的质量等。而平常我们说的品牌,简单地讲是指消费者对产品及产品系列的认知程度。此外,还有一种看法认为,品牌是人们对一个企业及其产品、售后服务、文化价值的一种评价和认知,是一种信任。品牌是给拥有者带来溢价、产生增值的一种无形的资产,它的载体是用以和其他竞争者的产品或服务相区分的名称、术语、象征、记号或者设计及其组合。增值的源泉来自消费者心智中形成的关于其载体的印象。

打造知名度高、影响力强的品牌是企业参与国际竞争并确立自身国际市场地位的主要途径。西方发达国家的国际企业有着比较长期的品牌发展历史,在品牌的创建和信誉上积累了丰富的经验,在经济全球化的竞争中占据着先天的优势。中国有着"世界工厂"的称号,为全世界的消费者生产各种各样的消费品,出口贸易额现在已跃居世界第一。然而,我们必须清醒地认识到贸易大国与贸易强国是有很大差别的,我们现在出口的大部分产品是帮欧美国家的企业代工或贴牌生产,众多出口产品中使用自主品牌出口的企业数量是非常少的。有些代工企业缺乏自主知识产权和核心技术,而且也没有注册国际商标,他们缺少品牌国际化的意识,这就导致这些企业在国际竞争中处于劣势地位。有些代工企业已经开始重视品牌国际化,但是由于起步晚、基础薄弱、经验不足,他们的品牌缺乏国际竞争力。因此,我国的品牌国际竞争力必须加强,才能在国际竞争中站稳脚跟。

创建品牌不仅仅是注册一个商标,品牌是跨境企业在长期销售过程中,和消费者建立起来的区别于其他竞争对手的产品或企业标识。它使消费者可区分出我们的产品与其他的产品,使公司和产品具有知名度。建立品牌和消费者的信任关系是品牌战略能否成功的必要因素。

从"让世界爱上中国造"到"让世界爱上中国品牌"

在跨境销售中，国内的卖家要想让店铺获得持续发展，避开同行的价格战，必须创建自主品牌，提高品牌的科技含量或者创新性，实施全球化品牌战略。在全球范围内树立品牌形象，也符合中国经济发展的宏观目标。

二、跨境电商品牌建设要点

在全球零售行业格局重塑的今天，越来越多的出海企业意识到品牌化转型的必要性。当消费者心智走向成熟，"用户导向思维"已经成为跨境电商无法忽视的发展因素。想要走上可持续发展之路，中国跨境电商企业需要在用户、产品和品牌三个维度联动发力，来迎接跨境电商黄金时代中的机遇与挑战（图1-6）。

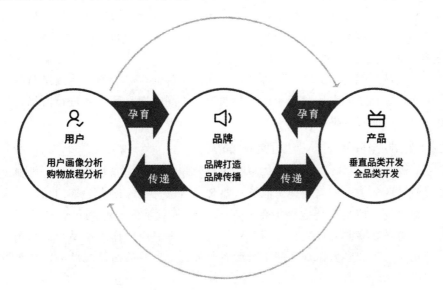

图1-6 用户、产品、品牌三个发展维度

（一）借助用户数据有针对性地开展运营

对于跨境电商来说，如何在直面当地消费者时触及其真正的需求，是一项必须完成的功课。因为消费群体的需求繁多，品牌往往无法满足所有用户的要求，因此，了解用户的消费特性，对各类可触达的用户信息进行收集与分析，了解核心用户是谁及其相关诉求，才能够在跨境电商出海打造品牌时，带来更强的生命力。

如何全面认知消费者画像是打造品牌的重要一环。跨境电商应该去思考如何利用用户数据有效地驱动营销推广。在进行用户画像分析时，主要可以利用内部调研以及外部分析工具来收集用户画像的相关数据，并针对该类核心人群开展有针对性的产品研发以及市场营销，实现品牌的清晰定位。

（二）以用户需求数据反哺产品创新

如果说熟悉海外市场消费者的习惯，对用户画像进行精细化再定义是跨境电商迈向品牌化转型的第一步，那么基于对消费者各方面了解的不断深入，能够主动根据用户反馈及时调整产品设计是打造产品力的第一步。更进阶的目标，是品牌能够主动理解和对接消费者需求，从而更具前瞻性地规划产品结构。一方面对于垂直类品牌来说，通过精准定位用

户的核心痛点，可以针对该痛点打造出具有独特功能的优势单品；另一方面则是对于全品类品牌来说，需求导向和数据洞察能够刺激其产品维度的周期性更新，以更加科学的方式规划产品的上新周期。

（三）讲好品牌文化故事

新媒体时代就是"体验经济"的时代，商品的功能与质量不再是消费者关注的重点，他们更在意商品带来的体验与感受。一个成功的故事，可以让顾客在消费商品时有深度情感体验。由于中国零售市场的产品供应链和制造能力较为出色，通过高质量、价格亲民的产品来讲述品牌故事是中国跨境电商可以利用的优势之一。

1. 打造品牌故事的途径

一种是突出产品的功能性价值来构建品牌故事，主打"实践"的属性；另一种则围绕着产品应用场景和人群来讲故事，让消费者看到"景"，就能联想到品牌的精神内核。

2. 品牌文化故事写作技巧

文案写作人员首先要了解产品关键属性，找准品牌的核心价值，使故事与品牌的核心价值、品牌文化以及企业文化紧密相连；其次根据不同时期品牌内涵进行升级，做到与时俱进地更新自己的品牌故事。

（四）注册国际商标，塑造国际品牌

仅拥有品牌故事还不够，品牌还需要让用户实际地感受到相对抽象的品牌概念，这部分可以通过统一的品牌素材来展现。品牌或品牌的一部分在政府有关部门依法注册后，成为商标。商标是为了使某个特定企业的产品与其竞争对手的产品相区分的标识，包括文字、图形、字母、数字或者包装、标语、图案、符号等。商标作为产品中吸引消费者的工具，能够使消费者更加容易识别产品本身或者服务，更重要的是体现产品的质量和服务的价值。

商标拥有者对商标的所有权通过商标法加以保护。但商标从申请到被公众认同，需要较长的时间和大量的资金投入。商标保护一般都是在目标国家进行有效商标注册后才能实现。受到保护的商标可以有效阻止他人使用该商标。不同国家（地区）的商标注册制度有较大的差异，企业可以在目标国家（地区）进行商标注册，也可以在关税领土内进行商标注册。建议跨境新卖家在申请国际商标的时候可以找专业的商标代理机构操作，这样能更高效地完成商标注册。

知识链接

跨境电商商标侵权行为

商标侵权是指未得到产品品牌正规授权，擅自使用对方的商标或标志的行为。商标侵权的违规行为包括以下几方面。

（1）产品展示背景使用他人品牌包装袋或包装盒，导致消费者混淆的行为。如卖家销售 A 品牌眼镜，但是将眼镜放在印有 B 品牌的眼镜盒上，导致消费者混淆。

（2）其他未经授权就销售或使用他人品牌的行为。如卖家销售的是 A 品牌包，但写着 B 品牌款式或者比 B 品牌好等描述。

（3）在产品中使用他人品牌名称或衍生词的行为。如使用其他品牌 Logo 或相似 Logo，或对品牌 Logo 进行遮挡、涂抹，或明示、暗示他人品牌，或使用外形类似知名产品的工程设计图且文字含有模仿品牌衍生词表述的行为。这些表述包括产品标题、属性、描述、产品组名等产品文本信息或店铺名称、店铺 banner、滚动页等店铺装潢图片等。如未完成 A 品牌商标资质申请及审核流程（A 品牌授权许可材料），却发布了 A 品牌产品；在产品中遮挡、涂抹已经注册的 B 品牌，并作为 C 品牌产品进行发布。

（4）已获他人品牌授权，但销售品牌商未生产过的型号或者系列的行为。如卖家销售 A 品牌移动电源，销售的却是品牌商未生产过的移动电源产品。

（5）实际销售他人品牌产品，或他人品牌未生产过的型号或者系列的行为。如卖家发布的是 A 品牌的鞋子，但实际销售的是 B 品牌的鞋子或者 A 品牌生产商未生产的鞋子款式。

（6）自有品牌的产品设计涉及他人品牌的行为。如卖家自己注册了 A 品牌的鞋子，在鞋标上用的是 A 品牌，但鞋绑的图案用了 B 品牌的。

（7）在自有品牌中，产品标题、属性、描述、产品组名等产品文本信息或店铺名称等店铺信息使用他人品牌名称或衍生词，或明示、暗示他人品牌的行为。如卖家在产品品牌属性上填写的是 A 品牌，但在标题中涉及 B 品牌。

（8）销售他人品牌包装袋、包装盒、标签、证书、图案贴等品牌产品的配件或配套产品的行为。如卖家虽不销售 B 品牌成品，却销售 B 品牌产品的配件。

三、品牌策划五个步骤

品牌策划就是使企业形象和产品品牌在消费者脑海中形成一种个性化的区隔，并使消费者与企业品牌和产品品牌之间形成统一的价值观，从而建立起自己的品牌声浪。通过品牌上与竞争对手的差异、距离来引导目标群体的选择，是在与外部市场对应的内部市场（心理市场）上的竞争。品牌策划更注重的是心理描述，即对消费者的心理市场进行规划、引导和激发。品牌策划本身并非是一个无中生有的过程，而是通过科学手段把人们对品牌的模糊认识清晰化的过程。更直接的表达是：能够做到口口相传的牌子才称得上品牌。

步骤一：做好品牌定位。

不管任何产品的销售，品牌定位都是第一个关键步骤。品牌定位能够让企业找准发展的方向，根据企业自身的情况出发，规避缺点，发掘出企业产品的卖点、亮点。

步骤二：做好消费者的群体定位。

企业的产品肯定是要销售给客户的，所以对市场中的消费者要做一个清晰的定位，对消费者的爱好、性别、经济能力做一个初步的预估，根据调研数据进行品牌定位。

步骤三：给品牌设计富有创意的广告宣传语。

品牌定位和消费群体的定位确定以后，就要为品牌设计广告宣传语，体现出品牌的使命感和核心价值观。企业进行品牌设计的时候，一般首先从 Logo 的形象开始着手设计。

步骤四：选择合适的品牌营销渠道。

每个企业因为发展情况不同，应该选择适合自身发展的品牌营销渠道，根据企业资金情况，规避一些不必要的风险，不要让广告费用太高，造成负债压力，从而造成资金链断裂，给企业带来危机。

步骤五：做好品牌管理。

一个品牌形象打造出来以后，应进行合理的广告宣传，一定要确保说到做到，不要夸大其词而损害自身企业的品牌形象，削弱品牌的价值；一定要把控产品的质量，保护消费者的合法权益。

总而言之，品牌策划关键就在于发掘核心价值，找到表达品牌核心价值的策略，反复传播，最后形成一对一的品牌联想。

知识链接

怎么创建亚马逊 Listing？

Listing 在电商领域中是产品页面的意思，是展示产品所有信息的独立商品页面。亚马逊的产品 Listing 主要包括标题、图片、产品要点、产品描述、产品评论、产品评级六个要素。因为后两个要素与用户反馈有关，下面我们主要介绍前四个要素。

（一）标题

简单地说，就是要让买家能够搜索到我们的产品。如果买家通过标题搜索不到我们的产品，标题也就失去了意义。

一个优秀的标题，对于提高 Listing 流量和转化率有很大的帮助，同时标题也决定着产品的排名。对于客户而言，标题要清晰易懂，一眼就能看出我们卖的是什么。

标题的基本结构公式：品牌名＋关键词＋产品卖点＋属性词。

（二）图片

图片要包括主图、卖点图、细节图、尺寸图、使用场景图等。主图能直接影响消费者的点击，所以我们要清晰、准确地展示出产品的特点，多角度地展示产品。

（三）产品要点

产品要点突出有关商品的重要信息或特殊信息，买家依靠产品要点来了解重要的商品特征。亚马逊最多可以填写五条产品要点，又可称为五点描述。

（1）在写产品要点之前，我们要先了解产品，站在客户的角度思考问题，例如：找出客户的差评点或需求点。

(2) 找出产品卖点优势后，选出一个比较大的卖点着重宣传，从而打动买家。

(3) 对于买家的痛点，我们要进行预解答，提前帮助买家解决问题，自然会提升他们对产品的信任度。

(4) 要把重点放在前面，五点描述中前三点是产品的重点，要记住"字不在多，而在于精"。

(5) 嵌入关键词。借助关键词搜索工具，在亚马逊前台搜索搜索量靠前的、符合自己产品的关键词，对比竞争对手同款产品的关键词，嵌入自己产品的关键词栏。

（四）产品描述

产品描述是对产品更深入的文字说明。它不仅仅是对商品功能更详细的介绍，更是对商品要点的补充。产品描述比产品要点更加具体和详细，更像是写文案详情。通过图片和文字组合提高商品宣传效果作用的产品描述可以更好地体现商品特征、差异点、商品魅力等具体的诉求点，从而起到促进消费者做出购买决定的效果。

在编辑 Listing 时，除了要对自己的产品充分了解，挖掘产品的优势和特色外，还需要多参考平台优秀竞品的 Listing，尤其是标题中关键词的布词顺序。优秀竞品的 QA（产品问答）、Review（产品评论）等内容，能帮助你获得很多有用的信息，如：本土化的描述和表达、同一产品的多种不同名称、买家关注的点（购买前在 QA 部分常问的点，给好评的点和给差评的点）等。

Listing 上传完毕后，并不意味着任务结束，相反，这只是一个开始。在销售过程中，仍然需要根据销售情况和广告报告等实际销售数据，对 Listing 进行持续的完善和优化。对于已经处于上升期和稳定期的产品链接，就要避免频繁的、大幅度的 Listing 变动了，因为每一次变动，都会导致亚马逊重新抓取数据，非常不利于整个 Listing 权重的积累。

实训任务

电商文案就是可以发布在电子商务交易平台上的以宣传广告活动和介绍商品信息内容为主的文案。文案是将产品展示给买家的整体的推广构思，要注意语言简洁明了，便于识别、记忆和传播，突出产品定位，这样能够更好地表达广告主题和广告创意，产生良好的广告效果。

实训内容：请以小组为单位，为前期遴选的产品撰写电商文案。

实训要求：

1. 对本产品进行描述，要求不能超过300字。

2. 描述内容需要包括产品的特点、功能、目标消费群、产品卖点等内容。

3. 中英文版本各一份。

项目四
创业准备

知识目标

1. 了解创业团队组建原则。
2. 理解设计商业模式的意义。
3. 了解创业计划书的格式与内容。

能力目标

1. 掌握组建创业团队的方法。
2. 掌握设计商业模式的思路方法。
3. 掌握创业计划书撰写步骤。

素质目标

1. 强化团队意识,树立集团观念。
2. 逐步形成新时代创业思维模式。

项目引入

电子商务使企业内部资源得以重新整合,为企业带来了降低交易成本、提高效率、缩短生产周期等优势,同时也使企业产生了一种新的价值观,形成了自己独有的企业文化。阿里巴巴从中国杭州最初18名创业者成长为在三大洲20个办事处、拥有超过5000名雇员的公司。他们努力为员工创造能够在积极、灵活和以结果为导向的环境中共同紧密工作的大家庭。无论他们成长为多大的公司,强大的共享价值观使他们拥有共同的公司文化。阿里巴巴的梦想是通过发展新的生意方式创造一个截然不同的世界。阿里巴巴集团有六个核心价值观,它们支配着公司的行为,是公司DNA的重要部分。在有关雇用、培训和绩效评估的公司管理系统中融入了这六个核心价值观。

思考：
1. 阿里有哪六个核心价值观？
2. 创业团队如何组建？
3. 创业计划书如何撰写？
4. 创业前需要做哪些准备？

任务一　组建创业团队

 任务描述

"一只狮子领着一群羊，胜过一只羊领着一群狮子。"这一古老的西方谚语说明了创业领导者的重要性。伟大的创业构想并不难产生，但实现创业构想却需要一位能够塑造愿景、坚持信念，并且具有领导团队的人格魅力的创业者。比如通用电气公司的韦尔奇、海尔集团的张瑞敏、阿里巴巴的马云，都是通过人格魅力迅速地集结兵力，成立无坚不摧的创业团队。中国首家互联网公司创始人张树新说过："对任何一个员工或者合伙人永远的一句话就是，这家公司因为你的加入而不同。我们最大的资产是人，既然如此，每个人能不能把他的最大潜力发挥出来，看你领导的能力，是不是发挥了所有人的潜能。"所以对创业者而言，如何组成、发展、凝聚团队，已成为一项必要的创业管理能力。那么你认为一个优秀的外贸创业团队需要具备什么？

 任务目标

1. 掌握创业团队概念。
2. 掌握创业团队组建原则。
3. 掌握创业团队组建步骤。

一、创业团队的概念

（一）创业团队

创业团队是指在创业初期（包括企业成立前和成立早期），由两个以上具有一定利益关系、愿为共同的目标而奋斗、一起承担创建新企业责任的人组建形成的工作团队。创业团队有广义和狭义的理解：狭义的创业团队是指有着共同目的、共享创业收益、共担创业风险的一群创建新企业的人，广义的创业团队则不仅包括狭义创业团队，还包括与创业过

程有关的各种利益相关者，如风险投资家、专家顾问等。创业团队对一个创业者来说，在其创业的道路上起着至关重要的作用。相对于个人创业，创业团队具有共担责任与目标、能力互补发展、创业资源共享、决策更有效、工作绩效更高、应变能力更快等优势。

（二）创业团队的构成要素

创业团队是为进行创业而形成的集体，它使各成员联合起来，在行为上形成彼此影响的交互作用，在心理上意识到其他成员的存在，具有彼此相互有归属的感受和工作精神。这种集体不同于一般意义上的社会团体，一支优秀的创业团队应当具备五个重要的团队组成要素，称为5P要素。创业团队在进行创业活动过程中需要明确目标，人员合理分工，准确定位，划分权限和制定实施计划，总结为5P要素就是目标、人员、定位、权限、计划。

1. 目标（purpose）

创业团队需要有一个明确的目标，目标引导团队成员的思想和行为。没有目标，团队就没有存在的价值。

2. 人员（people）

人是构成创业团队最核心的力量，三个或者三个以上的人就可以构成团队。目标是通过人员具体实现的，所以人员的选择是创业团队中非常重要的一个部分。在一个团队中可能需要有人出主意，有人定计划，有人实施，有人组织协调，还有人监督团队工作的进展，评价团队最终的贡献，不同的人通过分工来共同完成团队的目标，因此在人员选择方面要考虑到人员的知识、能力和经验如何，技能是否互补等。

3. 定位（place）

创业团队的定位包含两层意思：一是创业团队的定位，如确定团队在企业中处于什么位置，由谁选择和决定团队的成员，团队最终应对谁负责等；二是个体的定位，即对团队成员进行明确分工，确定个体承担的责任。

4. 权限（power）

在创业团队当中，权限主要指两个方面。一是团队领导人的权力。团队领导人的权力大小与创业团队的发展阶段相关。一般来说，在创业团队发展的初期，领导权相对比较集中，团队越成熟，领导者拥有的权力相应越小。二是团队权力。要确定整个团队在组织中拥有哪些决定权，比方说财务决定权、人事决定权等。

5. 计划（plan）

团队目标愿景的实现不可能一蹴而就，必须是有计划、有步骤地逐步推进。按计划进行可以保证团队的进度。只有按计划操作，团队才会有步骤地接近目标，从而最终实现目标。团队成员应该分别做哪些工作，如何做，这就是计划工作。一份好的团队工作计划常常能够回答以下问题：每个团队有多少成员才合适？团队需要什么样的领导？团队领导职位是常设的还是由成员轮流担任？领导者的权限和职责分别是什么？应该赋予其他团队成员特定职责和权限吗？各个团队应定期开会吗？会议期间要完成哪些工作？预期每位团队成员多少时间投入团队工作？如何界定团队任务的完成？如何评价和激励团队成员？

二、创业团队的组建的原则

（一）合伙人原则

一般企业都是招员工，而员工都是在做"工作"。但创业团队需要招的是"合伙人"，因为合伙人做的是"事业"。一个人只有把工作当作事业才有成功的可能，一个企业只有把员工当作"合伙人"才有机会迅速成长。所以，创业团队要先解决价值分配，然后去找自己的"合伙人"。

（二）激情原则

激情是衡量一个人是否能够成功的基础标准。创业团队一定要选择对项目有高度热情的人加入，并且要使所有人在企业初创期就要有每天长时间工作的准备。任何人，不管其专业水平如何，如果对事业的信心不足，将无法适应创业的需求，而这种消极因素对创业团队所有成员产生的负面影响可能是致命的。创业初期，整个团队可能需要长时间不停地工作，并要求在高负荷的压力下仍能保持创业的激情。

（三）团队原则

团队是企业凝聚力的基础，成败是整体而非个人的，成员能够同甘共苦，经营成果能够公开且合理地分享，团队就会形成坚强的凝聚力与一体感。团队中没有个人英雄主义，每一位成员的价值，表现为其对于团队整体价值的贡献。每一位成员都应将团队利益置于个人利益之上，个人利益是建立在团队利益基础上的，因此，成员必须愿意牺牲短期利益来换取长期的成功果实，而不计较短期薪资、福利、津贴等。将利益分享放在成功之后，这样的团队是不可能不成功的。

（四）互补原则

建立优势互补的团队是创业成功的关键。"主内"与"主外"的不同人才，耐心的"总管"和具有战略眼光的"领袖"，技术与市场两方面的人才，都不可偏废。创业者寻找团队成员，首先要弥补当前人力资源能力上的不足，要针对创业目标与当前能力的差距，寻找所需要的配套成员。好的创业团队，成员间的能力通常都能形成良好的互补，而这种能力互补也会有助于强化团队成员间彼此的合作。

三、搭建有效团队的步骤

步骤一：先要有完善的创业计划方案，才能招募合伙人，形成创始合伙人的团队。

一个创业公司至少要有一位创始人，要想吸引别人加入创业公司成为合伙人，甚至要投资入伙，就需要创始人具有完善的创业策划方案。创始人通过创业策划方式向潜在的合伙人展示商业计划，寻求商业认同，达成合伙共识，从而把合伙人纳入创始合伙人团队。这些人是创业公司的核心人物，也是创业公司的基石。

步骤二：以创业策划方案中的企业战略为基础制定人才战略，招募团队核心骨干。

有了创始合伙人团队，可以以创业策划案中的企业战略为基础，制定创业企业的人才战略。基于这个人才战略确定创业公司需要什么人、需要多少人、对这些人使用和培养的方向是什么。考虑到创业公司初期的资金非常宝贵，以核心骨干招募为主，逐步完善团队建制和人员。

步骤三：建立培训体系和管理体系，对团队进行岗位培训和职业培训，让团队运转。

再优秀的人才进入企业，如果不经过岗位培训、职业培训，直接上岗磨合，企业就会一直处在不稳定的状态。创业前期的培训体系以岗位培训、流程培训为主，至少要让新入职的成员知道自己每天都该做哪些工作，和其他人之间如何交接等。

步骤四：逐步建立完善团队的制度、流程、标准、机制、文化等，打造出好团队。

（1）制度：团队管理的总纲，包括分工、岗位、职责、奖惩、加班等制度。

（2）流程：团队运转的总纲，包括计划、审批、采购、生产、服务等流程。

（3）标准：工作考核的总纲，包括原材料采购、产品、技术、服务等标准。

（4）机制：团队优化的总纲，包括培训、成长、晋升、奖惩、淘汰等机制。

（5）文化：团队精神的总纲，包括标杆、结果为王、拼搏创新等文化打造。

步骤五：以结果为王，利用奖惩制度快速打造出高效、有结果力的创业团队。

四、跨境电商企业的组建和管理

电商贸易和传统贸易的人员配置非常不同，线上的团队配置决定着企业在线销售的业绩。初创公司建立团队是一个长期的过程，这个过程又要结合创业公司的实际情况，或许会有波折起伏，人员变动会比较大。创业以结果为王，创业公司建立团队要的是拿到创业的结果。

（一）团队负责人

比如每年的"双十一""黑五""三月新贸节"等大型促销活动中，团队负责人对于企业的销售业绩来说非常关键。一般这类活动的负责人应该有丰富的跨境电商从业经验，非常了解在线操作的办法，负责团队的协调和统筹，类似于春节联欢晚会导演的角色。

（二）在线客户服务团队

跨境电商企业的在线客户服务团队的外贸专业能力应该非常好，有扎实的产品知识，持续保持在线，并且善于引导客户下单，把客户对于产品的评价及时传达给工厂和管理层，促进销售业绩提升，服务客户。

（三）产品开发和选品经理

产品永远是第一位的，好的选品是企业成功的第一步。好的产品经理，具备非常强大的供应链能力，对市场敏感，品质控制能力也非常强。

（四）文案策划编辑

这个岗位的人员要懂得海报设计、文案策划，有独立的推广能力，善于通过社交媒体引流。

（五）订单处理及物流人员

订单处理及物流人员要管理产品库存数据、发货、包装、仓库，负责出货事宜、物流运输、客户收货退货，同时，还要跨部门协作。

初创公司建立团队不难，但团队要磨合到位，形成凝聚力、战斗力，就需要不断提升学习能力。

> **知识链接**
>
> ### 找好三种人，搭建你的第一支创业团队
>
> **一、评估好你的合伙人**
>
> 第一个极其困难的步骤就是评估你的合伙人。在这个阶段，人员的素质将决定公司后续发展的DNA。坚决执行这个步骤至关重要。哪怕只有一个人的表现不合格，都有可能破坏整个团队。如果组建的团队里有一两名比较平庸的成员，很快你就会知道自己组建的团队只是一个平庸的组织而已。扪心自问：这些人是不是能与之一起共事的最佳人选？如果答案是肯定的，这说明该是分派角色、划分职责的时候了。
>
> 搞清公司股权结构，这个也非常重要。它将有助于避免公司未来发展道路上可能会遇到的法律问题，而解决这些问题的成本是昂贵的。
>
> **二、五种类型的顾问必不可少**
>
> 对于任何一家初创公司，五种类型的顾问必不可少：营销专家、行业内人脉广泛的人、行业内的名人、相关权威和技术专家。随着业务的增长，如果发现因为时间不够用或者缺乏专业知识，造成完不成任务的后果，这就是这些顾问发挥作用的时候了。确定你及你的合伙人缺少的技能，然后寻找兼职顾问及承包商，由他们来填补空白。
>
> **三、招聘第一个全职员工**
>
> 什么时候应该聘请你的第一个全职雇员呢？通常情况下，要看你的财务状况。一般你获得资金的时候，不管是天使投资，还是银行贷款，就该增加人手了。招聘员工时，要想想他们是否具备在初创公司获得成功的气质。在全新的公司里，业务流程和角色往往不是一成不变的，随机应变是员工必须具备的能力。对于那些在大公司工作时间太久的人，并不一定适合初创公司。最后，你必须要找到那些在尽力做好自己本分工作之余，还能为实现公司更大利益而努力工作的人员。那些拥有明显优势的人，身上也存在着一些显而易见的弱点，但作为一支团队，他们以特有的方式运作，大部分创始人还是希望和他们能够和谐相处。但也要注意，过于和谐的团队，有可能没办法创造出卓越的绩效。

 实训任务

组建最佳创业团队

实训目标:组建一个创业团队,掌握团队建设技能。

实训步骤:

1. 学生分成若干组,每一组构思一个创业项目。
2. 通过讨论,根据构思的创业项目组建创业团队,填写下表。

构成要素	具体内容
目标	
人员	
定位	
权限	
计划	

3. 团队展示。

团队名称	
设计图标	
团队口号	
团队愿景	
创业项目	
企业经营理念	
团队领导者	
团队成员及分	

4. 团队做风采展示，拍摄一张照片，发到班级群。

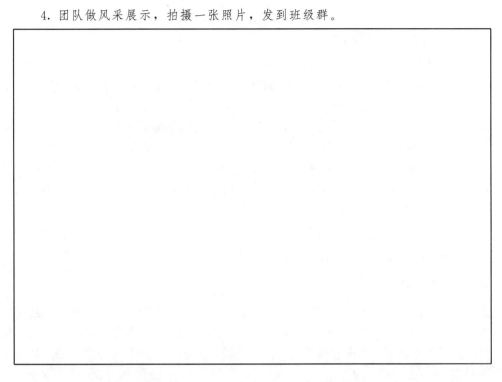

5. 各组分别进行团队建设展示（各 3 分钟），全班投票，选出大家最看好的项目团队。

任务二 设计商业模式

任务描述

2022 年 9 月，某高职院校 2021 级电子商务专业三名同学成功入驻大学生创新创业实践基地。他们经过整整一年半的努力付出，期初拥有同样的创业启动资金，结果却收获不理想的利润额。他们联系创业导师，请导师帮忙诊断问题出在哪里。碰巧导师出差在外，一时半会回不来，就请他们先填写一张表格发到他的邮箱，一周后再约时间面对面辅导他们。你知道创业导师让他们填写的是什么表吗？你认为企业的竞争，是不是仅停留在产品和服务？影响企业经营发展还有哪些重要因素？

任务目标

1. 熟练掌握商业模式画布九大模块内容。
2. 会应用商业模式画布工具。

一、商业模式的概念

商业模式无处不在,不管公司规模大小,只要公司是一个商业组织,都会有自己的商业模式。商业模式最核心的三个组成部分就是创造价值、传递价值、获取价值,这三个部分环环相扣,形成闭环,三者缺一不可,少了任何一个,都不能形成完整的商业模式。其中,创造价值是基于客户需求,提供解决方案;传递价值是通过资源配置、活动安排来交付价值;获取价值是通过一定的盈利模式来持续获取利润。所以说商业模式就是实现客户价值最大化,把能使企业运行的内外各要素整合起来,形成一个完整的、高效率的、具有独特核心竞争力的运行系统,并通过最优实现形式满足客户需求,实现客户价值,达到持续盈利目标的整体解决方案。

二、跨境电商的商业模式

(一)铺货模式

这是中国跨境电商卖家最早接触的一种模式,主要是通过多店铺、批量采集/上新、自发货、海量 SKU(Stock Keeping Unit,最小存货单位)等运营手段,打造一个大型产品矩阵,让产品得到更多的流量与曝光。通过这套模式,许多行业先锋完成了以亿为单位的资本积累。

近些年来,这种模式由于不囤货、成本低等优势,被称之为"无货源模式",比较适合初入行的新手,能够通过"ERP 系统采集+国内下单发货"就完成跨境电商初级阶段的运营学习。当然,这种模式也有很明显的弊端,即如果没有一定的运营能力,产品数量少,那平台曝光的流量就很低,就算你铺了很多货,也很难成交出单。就算出单了,也很有可能因为诸多的不可控因素导致亏本。

因此,这个模式仅仅是新手入行的一条必经之路。随着卖家逐渐成熟,大部分卖家都会从铺货模式转变为"精铺"模式或者"精品型卖家",不再单纯以量取胜。

(二)精品模式

这种模式以亚马逊 FBA(Fulfillment by Amazon,亚马逊物流)运营模式为主,即卖家在国内将货物批量发向亚马逊 FBA 海外仓,由亚马逊帮忙进行货物仓储,可以让消费者在短时间内就收到货物,对消费者的体验有质的提升。这种模式容易实现品牌化,一旦实现品牌化,那带来的溢价空间将会很大,卖家的竞争优势也将水涨船高。其弊端则在于,卖家需要囤货,投入成本较高,对卖家资金实力有一定要求,一不小心运营不当就可能"跌入悬崖"。尤其是近年来,各大平台的规则趋于完善,产品之间竞争加剧,物流等成本大幅增加,这导致许多精品卖家的利润空间被挤压得所剩无几。不过即便如此,仍有许多卖家愿意去尝试精品模式,毕竟只要不断提升消费者体验,卖家的发展空间就会十分广阔,为此承担一定的风险,也可以看作是必然的了。

(三)代发货模式

如果说"铺货模式"是在第三方平台的无货源"打法",是直来直往的单独"打法",那么这种模式就是在自建站的无货源组合拳"打法",即卖家不用囤货,只要将供应商的产品上架到自己的店铺，当客户下单后，再付款给供应商，让供应商发给买家。目前这种模式主要是以 TikTok＋Shopify 两大平台融合而成。简单来说就是在 TikTok 上投放广告引流，在 Shopify 上建站运营。这种模式对于卖家建站、推广、运营的能力是一个很大的考验，但好处则是可以摆脱第三方平台，打造一个自己的私人流量池，不再为封号潮担惊受怕，其成长空间同样非常巨大。

三、设计商业模式的思路方法

商业模式是企业的立命之本。一方面，任何一个企业或商业项目在创立之初，最需要费工夫琢磨和研究的就是商业模式。一个优秀的商业模式既不是一蹴而就的，在实践中也不是一成不变的，随着实践中企业的发展变化，商业模式要不断地修正、完善。另一方面，企业一定要有属于自己的独特模式。这种模式不是永恒不变的，企业应当不断地思考自己客户的真实需求、真实困惑，不断适应商业环境的演变，才可能不断地更新商业模式，持续地进行商业模式的创新。这样的企业会比那些不知道商业模式也不知道商业模式需不需要持续更新的企业，有更多的优势。

在这里需要强调创业者最容易犯的错误，就是在商业模式上盲目模仿大公司。一个被描述得再漂亮、再完美的模式，如果只是从其他地方简单拷贝过来，在实际运营的时候会遇到很多本地化的挑战。而且，如果这个模式不是创业者的原创，那么创业者就对其缺乏深入的了解，怎么可能把它运作成功呢？

总的来说，商业模式设计的思路应该遵循下列五个方面的核心要求。

（1）以价值创新为灵魂。企业经营的核心是市场价值的实现，企业必须借助商业模式进行价值创造、价值营销和价值提供，从而实现企业价值最大化。因此，商业模式应该回答一系列问题：向什么顾客提供价值？向顾客提供什么样的价值？怎样为顾客提供价值？

（2）以客户为中心。商业模式设计必须以客户为中心，由企业本位转向客户本位，为客户创造价值。企业应从消费者的角度出发，认真考虑顾客所期望获得的利益。只有把竞争的视角深入到为用户创造价值的层面，才能进入到游刃有余的竞争空间。具体要做到：精心研究客户需求，实施大客户管理，实施客户互动管理，创造新的文化附加值、服务附加值、附件附加值等。

（3）以经济联盟为载体。当今世界科技高速发展，产品日益复杂化，无论企业实力多么雄厚，其单独控制所有产品和所有技术的时代已一去不复返。而传统的价值链中可挖掘的潜力已越来越少，向组织内部寻找有效地提高生产力的来源也越来越难。因此，企业应以经济联盟为载体，发挥资源整合效应。具体要做到：强化供应链管理，打造企业核心竞争力，外包非核心业务等。

（4）以应变能力为关键。如果说商业模式决定了企业的成败，应变能力则是商业模式成败的关键。应变能力是企业面对复杂多变市场的适应能力和应变策略，是竞争力的基础。因此，商业模式设计的理念有时间是第一成本、随需而变、个性化定制等。

（5）以信息网络为平台。随着互联网的迅速崛起，全球经济网络化、数字化已成为时代主旋律，网络经济正以经济全球化为背景，以现代信息技术为手段，深刻地影响着人类的经济和社会的发展。新的商业模式必须重视信息网络的力量，脱离信息网络平台，企业将无竞争力可言。

四、商业模式设计工具

（一）商业模式画布的定义

一个好的商业模式不是一开始就成型的，更多的是通过科学的工具和正确的方法进行分析梳理，并进行多次整合优化后才得出的结果。商业模式画布就是我们分析商业模式的一种工具，也是设计商业模式常用的工具之一。所谓商业模式画布，就是一个视觉化商业模式分析工具，用来帮助企业进行发展预测分析、商业模式创新，以及确定战略规划，也能够帮助创业者催生创意、降低风险、确定目标用户、合理解决问题等。商业模式画布将商业模式中的元素标准化，并强调元素间的相互作用，其具体是以九宫格形式呈现的，如图 1-7 所示。

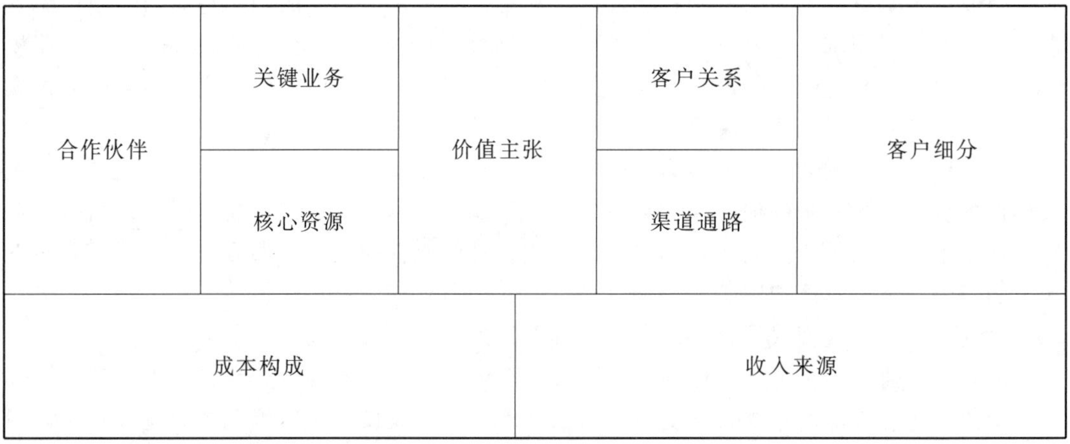

合作伙伴	关键业务	价值主张	客户关系	客户细分
	核心资源		渠道通路	
成本构成			收入来源	

图 1-7 商业模式画布示意图

商业模式画布是一张能够帮助创业者理清思路的导航图，一是能帮助创业者找到真正的目标用户群体，降低项目风险，进而合理配置资源，解决问题；二是能够帮助团队催生创意，使得商业模式可视化，方便创业团队讨论商业领域；三是不仅能够提供更加灵活多变的计划，而且可以提升用户体验。

（二）商业模式画布的九大模块

创业者运用商业模式画布工具，在理解每个模块的含义以及相互关系后，就可以按照以下流程来设计商业模式。

首先，商业模式画布以价值主张为中心进行左右两侧划分，左半侧是讨论效率，右半侧是讨论价值。

其次，商业模式画布分析从客户细分开始，确定目标客户后，企业需要明确价值主张，以及价值主张通过何种渠道通路传递给客户，并与客户建立怎样的关系，最终确定与客户建立的关系能带来什么形态的收入来源。

最后，企业描绘商业画布的时候，还需要明确企业的核心资源是什么，这些资源能为客户提供什么样的关键业务，以及关键业务需要哪些合作伙伴，最终确定完成这些关键业务有哪些成本。

知识链接

　　一个企业如果要创新商业模式，可以在画布的所有格子或者几个格子，甚至一个格子里创新。任何新的商业模式，都可以由这九个模块按不同逻辑重新排列组合得出。由于每个人的视野、关注点和基础不一样，向各个模块添加的内容当然也不相同，于是就有了不同的商业模式。

1. 价值主张

价值主张 为用户和客户提供什么产品、服务和价值，帮助用户解决什么根本性问题？	我们该向客户传递什么样的价值？ 我们正在帮助客户解决哪一类难题？ 我们正在满足哪些客户需求？ 我们正在给客户细分群体提供哪些产品、服务和价值？
价值主张是客户由一个公司转向另一个公司的原因。	价值主张通过满足客户细分群体需求的独特组合来创造价值。价值可以是定量的（价格、服务速度等），也可以是定性的（设计、客户体验等）。 · 性能；　　　　· 价格； · 定制化；　　　· 成本削减； · 把事情做好；　· 风险抑制； · 可达性；　　　· 设计； · 便利性/可用性。

2. 客户细分

客户细分 目标用户群体是谁？	我们正在为谁创造价值？ 谁是我们最重要的客户？
如果满足以下任意一条，即该客户群体体现为独立的客户细分群体： · 需要提供明显不同的产品满足客户需求； · 客户群体需要通过不同的分销渠道来接触； · 客户群体需要不同类型的关系； · 客户群体里的盈利能力有明显的区别； · 客户群体愿意为产品的不同方面付费。	客户细分群体的不同市场类型： · 大众市场； · 利基市场（指向那些被市场中的统治者/有绝对优势的企业忽略的某些细分市场）； · 区隔化市场； · 多元化市场； · 多边平台或多边市场。

3. 核心资源

核心资源 核心资源指拥有什么核心资源可以保证所有商业行为的执行和落实。	我们的价值主张需要什么样的核心资源？ 我们的渠道需要什么样的核心资源？ 我们的客户关系呢？收入来源呢？
每个商业模式都需要核心资源，这些资源使企业或组织能够创造和提供价值主张、接触市场、与客户细分群体建立关系并获得收入。	核心资源可以分为以下几大类： • 实体资产； • 知识资产； • 人力资产； • 金融资产。

4. 关键业务

关键业务 关键业务即需要做哪些关键性的事情才能使得产品和服务能够正常运行。	我们的价值主张需要哪些关键？ 我们的渠道通路需要哪些业务？ 我们的客户关系呢？收入来源呢？
正如核心资源一样，关键业务也是创造和提供价值主张、接触市场、维系客户关系并获得收入的基础。	关键业务可以分为以下几类： • 制造产品； • 问题解决； • 平台网络。

5. 渠道通路

渠道通路 渠道通路即通过什么方式和途径将产品和服务触达用户，并使得用户能够为之买单。	我们的渠道通路需要什么样的核心资源？ 我们的价值主张需要什么样的核心资源？ 我们的客户关系呢？收入来源呢？
我们可以区分直销和非直销渠道，也可以区分自有渠道和合作渠道。 • 自有渠道；• 合作伙伴渠道。 • 直接渠道；• 非直营渠道。 • 销售队伍；• 自有店铺/合租伙伴店铺。 • 在线销售；• 批发商。	渠道通路分为五个不同阶段： 认知：我们如何在客户中提升对公司产品和服务的认可？ 认知：我们如何帮助客户评估公司的价值主张？ 购买：我们如何协助客户购买特定的产品和服务？ 传递：我们如何把价值主张传递给客户？ 售后：我们如何提供售后支持？

6. 客户关系

客户关系 客户关系即通过什么方式或者机制可以保证客户与产品服务建立长期的利益关系。	每个客户细分群体希望我们与之建立和保持何种关系？ 哪些关系我们已经建立了？这些关系成本如何？ 如何把它们与商业模式的其余部分进行整合？
企业应该弄清楚希望和每个客户细分群体建立的关系类型。客户关系可以被以下几个动机所驱动： • 客户获取； • 客户维系； • 提升销售额（追加销售）。	客户关系有以下几种不同类型： • 客户的个人助理； • 客户的专用个人助理； • 自助服务； • 自动化服务； • 社区共享； • 共同创作。

7. 合作伙伴

合作伙伴 需要与哪些上下游重要企业进行深度合作。	谁是我们的重要伙伴？谁是我们的重要供应商？ 我们正在从伙伴那里获得哪些核心资源？ 合作伙伴都执行哪些关键业务？
合作关系分为以下四种： • 非竞争关系的战略联盟关系； • 在竞争者之间的战略合作关系； • 为开发新业务而构建的合作关系； • 为确保可靠的购买力而形成的供应商关系。	以下因素有助于创建合作关系： • 商业模式的优化和规模经济的运用； • 风险和不确定性的降低； • 特定资源和业务的获取。

8. 成本构成	
成本构成 在所有的商业运作过程中都包含的成本消耗。	什么是我们商业模式中最重要的固有成本？ 哪些核心资源花费最多？ 哪些关键业务花费最多？
成本在确定核心资源、关键业务与合作伙伴后可以相对容易地计算出来。	·价值驱动：增值性价值主张和高度个性化服务。 ·成本驱动：侧重于在每个地方尽可能降低成本。 ·固定成本； ·可变成本； ·规模经济； ·范围经济。

9. 收入来源	
收入来源 我们主要的收入来源是什么？	什么样的价值能让客户愿意付费？ 他们现在在付费买什么？ 他们是如何支付费用的？ 他们更愿意如何支付费用？ 每个收入来源占总收入的比例是多少？
如果说客户是商业模式的心脏，收入来源就是动脉。 收入来源主要分为两种： ·通过客户一次性支付获得的交易收入； ·来自客户为获得价值主张与售后服务而持续性支付的费用。	可以获取收入的方式： ·资产销售； ·使用收费； ·订阅收费； ·租赁收费； ·授权收费； ·经纪收费； ·广告收费。

 **实训任务**

<u>商业模式画布游戏</u>

实训内容：教师需要创建几沓"商业模式模块卡片",给每个小组一沓卡片,其中包括九个索引卡片,每个卡片分别是九个商业模式模块中的一个。每个小组在每张卡片上写出每个模块的内容。10分钟后,每个小组用胶带遮盖住每个模块,把卡片按照顺序贴到墙上或者板子上,再依次揭开胶带,这样每个小组都能看到不同组之间的排列差异。

实训提示：本实训可放在正式讲解商业模式画布工具前,目的是让学生以自己的方式思考每个模块,而不是仅仅告诉他们每个模块是什么。预计学生们会在商业模式画布的设计应该始于顾客细分模块还是价值主张模块上产生激烈争论,这也一直是一个很热门的谈论话题。

任务三　撰写创业计划书

 任务描述

当创业者、创业机会、创业资源这三个创业关键要素具备之后,就可以进入新创企业的筹办阶段了。"预则立,不预则废",没有事前周密的计划,就不会取得最后的成功。"不打无准备之仗"是初次创业者开始创业行动前必须知道的原则。因此,在新企业创立之前,撰写创业计划书是创业成功与否的关键步骤。

 任务目标

1. 了解创业计划书的作用。
2. 了解创业计划书的主要内容。
3. 掌握创业计划书的撰写技巧。

一、创业计划书的概念

创业计划书,又称商业计划书,是对与创业项目有关的所有事项进行总体安排的文件,是创建新企业的行动方案和执行指南,它全方位描述了与创建新企业有关的条件和要素,包括商业前景展望、人员、资金、物质等各种资源的整合,以及经营思想、战略规划等,是创业的行动导向和路线图。

计划是在做某件事情之前考虑和谋划如何去做这件事情，要做计划，必须先做预测。预测是通过分析确定未来可能会发生的事情。制订商业计划书时，要先对市场状况、经营环境、消费者需求进行预测，然后考虑企业未来的销售、成本、利润和现金流量的状况。商业计划书需要阐明企业在未来要达成的目标，以及如何达成这些目标。

二、创业计划书的特征

（一）客观性

创业计划书撰写的依据来源于客观的事实、数据和资料，采用各种市场调研数据予以支撑。撰写创业计划书应使用中性的语言，避免过于夸大。例如，重要的财务预测、营销预测，都有充分的财务数据、市场调研数据作为依据，实事求是。

（二）条理性

创业计划书每部分都应具有条理性，创业者需要严密清晰的逻辑思维和条理得当的论证来陈述创业的内容。前后内容需要思路清晰、文笔流畅，才有利于提高创业计划书的说服力。

（三）实践性

实践性指创业计划书的规划设计具有可操作性，设计的计划或方案在实践中能够全部实现或部分实现。

（四）创新性

创业计划书作为描绘创业活动的文本，应集中反映创业活动的创新性，突出其商业价值，从而争取投资人投资。

三、创业计划书的作用

撰写创业计划书的目的有两个：一是系统思考创业活动，提供未来战略规划和创业行动蓝图，使创业者审视创业的动态活动和核心要素；二是准确介绍创业机会，以便获取创业资源，赢得多方支持。一般来说，商业计划书有以下三个方面的作用。

（一）厘清创业思路

创业者在创业之初，应明确自己的创业理想，规划自己的创业蓝图，明晰自己的创业目标。作为一个酝酿中的项目，一开始往往很模糊，创业者应该以认真的态度提出一个初步的行动计划，详尽地分析自己所拥有的资源、市场存在的机会与威胁、初步的竞争策略等，做到心中有数，然后再逐条推敲，制订一份完整的创业计划书。

（二）增强内部凝聚力

一份清晰的创业计划书能对企业的愿景和未来做出详细的陈述，使管理层和员工对企业及个人的未来充满信心，从而了解个人角色，明确个人任务并确认自己是否能够胜任。这不仅可以使企业迅速壮大，也可以使创业者在创业实践中有章可循，更容易管理企业，增强创业者的自信心。

（三）有助于潜在投资者投入相关资源

资金是企业的血液，是创业的要素，也是企业能够快速发展的前提。创业计划书是外部利益相关者进行投资决策的重要参考，创业者通过向风险投资商、银行、客户和供应商提供创业计划书，宣传拟建企业及其经营方式，包括企业的产品、营销、市场及人员、制度、管理等各个方面，获得风险投资支持。

四、创业计划书的写作思路

一份详尽的创业计划书对创业者而言是一个重要的资源。不少创业者觉得编写创业计划书是一份异常艰难的工作。一个重要的问题是，创业计划书到底有些什么价值。编写创业计划书主要是为了能够帮助创业者和他的创业团队设计一份走向成功的蓝图，编写时重点主要有两大方面：一是为什么该企业是个绝佳的投资机会；二是在建立企业时，应该采取哪些措施才能抓住这个机会。当创业者从创业计划书的第1页写到几十页时，创业团队也在不断地厘清自己的战略，发现创业团队中需要弥补的不足，并对所需资本和人力资源有一个更好的了解。

如果没有在编写创业计划书时分析的过程，创业者很难应付经验丰富的投资者对其企业所提出的有关问题。投资者不愿意听到"这个问题我也不是很清楚。我得下次再告诉你有关答案"这样的答复。编写企业创业计划书的过程还可以提高创业者在与投资者见面时的信心，展示你的信心也是给投资者留下良好印象的重要一环。

除此之外，企业计划也是影响企业将来是否成功的关键。如果你成功地筹集到资金的话，你会发现创业计划书只是你的第一次。将来你还要编写很多年度计划书、季度更新计划以及各种财务预测。

每年的大学生创业计划大赛尽管都会涌现出一些值得投资的计划，但是也暴露出不少问题：许多创业者无法把自己的创意准确而清晰地表达出来，缺少个性化的信息传递，一些计划书甚至是不知所云；相当数量的创业计划书对目标市场和竞争对手情况缺乏了解，分析时采用的数据经不起推敲，没有说服力，缺乏操作性等。这些都说明创业者缺乏对创业所需各种资源的准确理解，也反映出大学生在创业方面知识的缺乏。

创业计划书应编写清楚、扼要，能对所涉及的关键的假设做具体解释。具体而言，一个创业计划书必须回答清楚以下几个基本问题。

(1) 你要做什么？清楚简洁地描述你的产品或服务的名称、特点、核心优势。

(2) 你的市场在哪里？论证你的产品或服务面向的顾客群及其特点、规模；同类或者相似产品或服务的市场状况以及竞争对手状况，你所拥有的差异性以及优势。

(3) 你准备和谁一起做？阐释你的团队构成、团队技能组成以及拥有的基础资源、核心资源。

(4) 你准备怎么做？说明你将采用什么生产产品或者提供服务的技术、使用什么市场方法寻找你的顾客以及销售你的产品。

(5) 创业第一年可能的经营状况怎么样？需要预先编制第一年的现金流量表、损益表，估计第一年可能会遇到的各种困难和风险。

第(5)项内容尤其重要，但经常被创业者们所忽略。大部分创业者往往大篇幅地描绘未来美好的蓝图，却对创业后马上可能遭遇的风险缺乏认识，这样不可能获得投资商的青睐。任何投资商都知道，没有百分之百无风险的项目。不能认识、不敢正视风险的创业者，当然不会知道如何处理风险、避免风险。

创业计划书代表的是你和你的创业团队的思想和行动方案。很多创业者很难做到先读完一两本有关如何编写创业计划书的书籍再坐下来写一篇完整的计划书。对他们而言，可以读几份其他企业的创业计划书，对计划书内容的组织及其逻辑先有所了解，然后尽量多地把个人的想法写在纸上，再寻找别人的指导与帮助，完成一份完整的计划书。

五、创业计划书的主要内容

要撰写一份高质量的创业计划书，需要创业团队仔细研讨创业构想形成统一意见后，将创业构想细化为创业计划，按照创业计划书的内容要点，分为企业描述、产品或服务、创业团队、市场分析、财务分析、风险分析等方面将创业构想变成文字方案。一般来说，一份完整的创业计划书应该包括以下十二个方面的内容。

（一）封面

封面的设计要有审美性和艺术性，一个有美感的封面会使投资者产生最初的好感，形成良好的第一印象。封面含有以下内容：公司或团队名称，联系方式（电话、电子邮箱），法人代表或项目负责人，是否有保密原则等。

（二）计划摘要

计划摘要涵盖了计划书的要点，一目了然，以便投资者能在最短的时间内评判计划并做出判断。计划摘要一般包括以下内容：公司介绍、管理者及其组织、主要产品和业务范围、市场概貌、营销策略、销售计划、生产管理计划、财务计划、资金需求状况等。要尽量简明、生动，特别要说明本企业的不同之处以及企业获取成功的市场因素。例如，计划摘要重点部分可这样描述：在_____背景或_____趋势下，我们通过对_____的创新，向_____提供了_____产品/服务，解决了_____的_____问题/更好地满足了_____的需求，优化了_____客户体验，我们已经完成了_____，我们的_____得到了市场的验证，我们已经与_____建立了合作关系，我们下一步打算_____，我们将以_____为核心竞争力，争取实现_____发展目标。

（三）企业介绍

企业介绍的目的不是描述整个计划，也不是提供另外一个摘要，而是对自己的公司做一下介绍，因而介绍的重点是公司的理念和公司的战略目标，也就是企业愿景和企业宗旨。企业愿景是指企业成员普遍接受和认同的企业长远目标，是组织的理想与愿景，它是最高管理者对企业未来的设想，是对"我们代表什么""我们希望成为怎样的企业"的持久性回答和承诺。企业宗旨是关于企业存在的目的和对社会发展的某一方面应做出的贡献的陈述，有时也称为企业使命，是企业责任和义务。

（四）行业分析

在行业分析中，应该正确评价所选行业的基本特点、竞争状况以及未来的发展趋势等。关于行业分析的典型问题如下。

（1）该行业发展程度如何？现在的发展动态如何？

（2）创新和技术进步在该行业扮演着一个怎样的角色？

（3）该行业的总销售额有多少？总收入多少？发展趋势怎样？

（4）价格趋势如何？

（5）经济发展对该行业的影响程度如何？政府是如何影响该行业的？

（6）是什么因素决定着行业的发展？

（7）竞争的本质是什么？你将采取什么样的战略？

（8）进入该行业的障碍是什么？你将如何克服？该行业典型的回报率有多少？

（五）产品（服务）介绍

投资者的关注焦点是企业提供什么产品及服务。产品介绍应包括以下内容：产品的概念、性能及特性，主要产品介绍，产品的市场竞争力，产品的研究和开发过程，发展新产品的计划和成本分析，产品的市场前景预测，产品的品牌和专利等。具体可以分为以下六个方面。

（1）顾客希望企业的产品能解决什么问题？顾客能从企业的产品中获得什么好处？

（2）企业的产品与竞争对手的产品相比有哪些优缺点？顾客为什么会选择本企业的产品？

（3）企业为自己的产品采取了哪些保护措施？企业拥有哪些专利？

（4）企业采取何种方式去改进产品的质量和性能？

（5）企业对开发新产品有哪些规划？

（6）该产品如何拥有稳定的顾客群？顾客群一旦缺失，企业该如何应对？

在产品（服务）介绍部分，创业者要对产品（服务）做出详细的说明。说明要准确，也要通俗易懂，使不是专业人士的投资者也能明白。一般地，产品介绍都要附上产品原型、照片或其他介绍。

（六）市场分析

市场分析是创业计划书正文的重要部分，创业项目在市场上的竞争力是投资者最看重的部分。在进行市场分析时，需要进行三个层次的分析。

1. 目标市场分析

在进行目标市场分析时，要从企业目标、产品、企业优势和劣势、机会和威胁、竞争者战略等因素分析目标市场的合理性和可行性。市场细分不是越细越好，目标市场不是越小越好，要考虑市场容量足够大，发展空间足够大，企业的价值增长能持续稳定。

2. 行业市场分析

行业市场分析的目的是使投资者了解该行业的发展状况、新创企业的发展潜力、企业成长性的预期。这需要对可能影响市场需求的购买行为进行分析，对行业市场发展状况、存在问题、未来发展等方面进行详细分析论证。行业市场分析可以从以下几个方面考虑。

（1）该行业生命周期处于哪个阶段，是初创期、发展期，还是衰退期？该行业未来发展趋势如何？

（2）该行业销售额及利润率处在何等水平？市场容量有多大？

（3）决定该行业发展的宏观环境，包括国家的政策导向、社会文化变化、技术发展等因素如何？

（4）企业在行业内部是否拥有包括与上下游企业、同行业经营者、客户群体、行业协会等利益相关者的良好的网络关系？

（5）该行业竞争者、供应商、顾客群等方面的情况怎样？

（6）进入该行业的障碍是什么？有什么困难？要如何解决？可能进入的跟随者有多少？会构成多大的威胁？

进行行业市场分析一定要用数据论证，在运用第一手调查统计资料的基础上，进行论证分析。可将调查统计分析数据及论证结果附在创业计划书后面。

3. 竞争对手分析

竞争对手是指在市场上和你的企业提供相同或类似的产品或服务，并且在配置和使用市场资源的过程中与你的企业具有一定的竞争性的其他企业或组织。

竞争对手分析是市场分析中的重要环节，只有知己知彼才能百战百胜。如何击败竞争对手，是每个企业家都要考虑的问题。信息收集是进行竞争对手分析的前提。公司内部信息库、传统媒体、互联网、商业数据库、咨询机构、服务机构、人际关系网络等，都是收集竞争对手信息的重要途径。创业者要对竞争对手进行详细分析，并用调查来的数据进行论证。竞争对手分析可以从以下几个方面考虑。

（1）竞争对手有哪些？最大的竞争对手是谁？未来的竞争对手会有谁？

（2）竞争对手的优势有什么？有什么新的发展动向？

（3）创业者的竞争优势和劣势是什么？如何发扬优势，消解劣势？

（4）创业者如何应对竞争对手的竞争，能在多大程度上承受竞争对手所带来的压力？

（七）人员及组织机构

所有创业资源中，人是最宝贵的资源。创业者和创业团队素质是否很高，组织结构是否合理，能力是否强大，是决定创业成功与否的重要保证。社会发展到今天，人才已经成为最宝贵的资源，企业要管理好这种资源，更是要遵循科学的原则和方法。在创业计划书中，必须对管理层核心人员加以阐明，介绍他们所具有的能力、他们在本企业中的职务和责任、他们过去的详细经历及背景。此外，在这部分，还应对组织结构做简要叙述，包括公司组织机构图、各部门功能和职责、各部门的负责人及主要成员、公司的薪酬体系、公司的股东名单（包括认股权、比例和特权）、公司的董事会成员及其背景资料。

（八）营销策略

在创业计划书中，营销策略应包括以下内容。

1. 总体营销策略

（1）总体营销策略概述。

（2）营销队伍和管理。

（3）企业定位策略和差异化点。

（4）市场开拓计划。

（5）广告策略及销售预测。

（6）市场营销中处理应急情况的对策。

2. 定价策略

定价策略可以使用成本定价法、竞争定价法、心理定价法。

3. 销售渠道

（1）分销渠道构成及方案。

（2）人员配置、激励机制及约束机制。

（3）销售渠道建设方向及各阶段目标。

（4）销售渠道建设中可能遇到的问题及解决方案。

4. 促销策略

（1）企业采取何种方式让顾客群知道将要推出的产品？企业将采取哪种类型的广告？

（2）企业是否参加国内外产品展销会，或是独立开办产品的展销会？

（3）企业用于推广产品的费用是多少？如何控制费用支出？

（4）企业参加或独立开办产品产销会，或进行广告宣传的具体措施是什么？

（5）预测推广产品的效果，如效果不佳，应采取哪些应对措施？

（九）产品制造计划

产品制造计划应包括以下四个方面。

（1）产品制造和技术设备现状。

（2）新产品投产计划。

（3）技术提升和设备更新的要求。

（4）质量控制和质量改进计划。

（十）财务规划

财务规划是对投资项目所做的经济上的可行性分析，一般包括现金流量表、资产负债表以及损益表等。流动资金是企业的生命线，因此企业在初创或扩张时，对流动资金需要预先有周详的计划，并在进行过程中严格控制；损益表反映的是企业的盈利状况，它是企业在运作一段时间后的经营结果；资产负债表则反映在某一时刻的企业状况，投资者可以用资产负债表中的数据得到的比率指标来衡量企业的经营状况以及可能的投资回报率。

（十一）风险与防范措施

风险与防范措施通常包括以下五个方面。

（1）创业公司在市场上、竞争技术方面都有哪些基本风险？

（2）怎样应付这些风险？

（3）公司还有一些什么样的附加机会？

（4）在原资本基础上如何进行扩展？

（5）在最好和最坏的情形下，公司五年计划表现如何？

（十二）附件

附件通常包括合同文本、分析数据表格、相关法规、供应商、顾客评价。

六、创业计划书撰写技巧

(一)创业计划书撰写"七要"

(1) 要力求表述简洁。
(2) 要关注市场,用事实和数据说话。
(3) 要解释潜在顾客为什么会买你的产品或服务。
(4) 要站在顾客的角度考虑问题,提出引导他们进入你的体系的策略。
(5) 要在头脑中形成一个相对比较成熟的退出策略。
(6) 要充分说明为什么你和你的团队最适合做这件事。
(7) 要声明公司的目标。

(二)创业计划书撰写"七不要"

(1) 不要对产品或服务的前景过分乐观,这容易令人产生不信任感。
(2) 不要使用没有说服力的数据,如一些与产业标准相去甚远的数据。
(3) 不要将导向归向市场,而应是产品或服务。
(4) 不要轻视竞争、忽视威胁。
(5) 不要进入一个拥塞的市场,企图后来居上。
(6) 不要使用含糊不清或缺失根据的陈述或结算表。
(7) 不要随便选择投资者,滥发材料。

创业计划书的撰写要遵循简明扼要、层次清晰、客观公正和资料翔实的原则。学会运用创业计划书的撰写技巧,能够使创业计划书更具有吸引力和可信度。

七、项目路演

(一)项目路演的概念

项目路演就是企业或创业代表在讲台上向投资方讲解项目属性、发展计划和融资计划,一般分为线上路演和线下路演,以线下路演为主。线上项目路演主要是通过QQ群、微信群或者在线视频等互联网方式对项目进行讲解;线下项目路演主要通过活动专场向投资人进行面对面的展示。项目路演是创业项目与投资人零距离直面对话的机会,通过平等交流、专业切磋,促进创业者与投资人的充分沟通,最终推动项目融资进程。

(二)项目路演前的准备

路演的目的是取得投资人的认可并融资成功,因此,做好路演前的准备工作非常重要。

1. 准备一份简洁清晰的路演PPT

一份简洁清晰的PPT,不仅能够使演讲者的思路更清晰,而且能使在场的投资人更清楚项目的重点。路演PPT在内容上一定要简洁,同时又要抓住项目的重点。重点的内容一定要醒目,少一些不必要的描述。在排版上要多图少文,字体的使用以及颜色的搭配一般不宜超过三种。

2. 准备一份完整的创业计划书

如果说路演 PPT 是一本书的目录,那创业计划书就是这本书的内容。当路演 PPT 成功引起投资人注意的时候,完整的创业计划书能够使投资人更详细地了解创业项目。创业计划书的内容尽可能详尽、完整,让投资人全方位地了解这个项目。

3. 准备好有条理的演讲稿

比起一个项目的项目介绍、市场分析、竞争对手分析等,更重要的是要让投资人在最短的时间里清晰地知道这个项目到底是做什么的,所以可以在一开场先用讲故事的形式讲一下产品的使用场景,也可以直接使用产品进行讲解。在整个演讲的过程中每个问题的衔接之处可以设置好一些互动问题,与在场的投资人进行互动,尽可能地吸引他们的注意力。

(三)项目路演的技巧

创业者在进行项目路演时需要演讲技能,因为路演本身是最有效率的交流方式之一,优秀的企业家往往都具备出色的演讲能力。有创业者表示,创业什么困难都不怕,最怕去做项目路演。但创业者又很担心没机会在投资机构面前展示自己的潜力。可以说,创业路演是让企业融资发展的一个充分非必要条件。一般来说,创业路演要注意三大核心问题。

1. 彰显团队软实力

创业成败的核心因素是人,一个什么样的人带出一群什么样的人。必须在短短几分钟内向投资人证明,将优秀创意落地的你是靠谱的,这是一切后续的起点。

2. 用数据证实逻辑

你的商业梦想,凭什么让人充满希望,是自以为是的头脑发热还是客观立体的分析预测,答案要一目了然且直观。

3. 以价值驱动利益聚集核心竞争力

解决市场痛点,完备的系统化实施策略,用团队、产品、运营多维度证实项目的市场价值,能说清楚这些就能向投资机构确保投资利益持续发展。

优秀的项目路演能力,是优秀创业者必备的能力基础;多总结,多练习,多进行头脑风暴,越尖锐的挑战,就是越有价值的历练。

 **实训任务**

撰写创业计划书

实训内容:

一、撰写一份不少于 3000 字的计划书。

二、由创业团队小组成员对创业计划书进行项目路演(时间不超过 8 分钟),对项目市场分析、项目经营模式、项目盈利点进行详细而全面的路演。

(一)路演文案

1. 一句话概括你的产品(通过什么为谁提供或解决了什么)

2. 目标市场

(1) 切入的是什么行业（市场空间、行业趋势）?
___
___

(2) 行业现状。
___
___

(3) 你的想象空间（通过什么方式，用多长时间，做到什么程度、什么规模）。
___
___

3. 用户痛点

(1) 目标用户的定义。
___
___

(2) 用户痛点。
___
___

(3) 你的用户有哪些?
___
___

4. 产品与服务

(1) 业务逻辑（业务流程、解决方案）。
___
___

(2) 价值主张（痛点如何解决，使用意义等）。
___
___

(3) 产品形态。
___
___

(4) 商业模式。
___
___

5. 核心竞争力

(1) 门槛（技术壁垒、高新技术、专利等）。
___
___

（2）资源优势（已有用户、渠道）。

（3）团队优势。

6. 核心团队
（1）团队现状。

（2）关键点。

（3）种子或天使投资人，顾问。

7. 结束
（1）融资（融资金额，出让股比）。

（2）联系方式。

（3）结语。

（二）制作路演PPT
根据文案内容设计PPT展示页面。
（三）路演评估

内容	提示点	评分				
创意	是什么，如何起作用？（是否清晰易懂地描述产品和服务）	1	2	3	4	5

评论：

续表

内容	提示点	评分				
顾客	为谁提供？（是否明确描述目标市场及其规模）	1	2	3	4	5

评论：

内容	提示点	评分				
需求	为什么人们会需要？（是否明确陈述并理解问题）	1	2	3	4	5

评论：

内容	提示点	评分				
商业模式	如何赚钱？（商业模式的各个要素是否清晰明确）	1	2	3	4	5

评论：

内容	提示点	评分				
差异化	什么使得其与众不同？	1	2	3	4	5

评论：

内容	提示点	评分				
人	团队是否拥有所需的技能和经验？	1	2	3	4	5

评论：

内容	提示点	评分				
资金要求	融资计划是否合理，是否识别了具体数量的资金需求？	1	2	3	4	5

评论：

任务四　跨境电商店铺开设

任务描述

小张同学前期做了大量市场调查,准备先选择一个跨境电商平台售卖女装。每个跨境平台都有优劣势,到底应该选择哪个平台?这可让小张同学左右为难。导师提议应该根据实际情况与可利用的资源做出决策,不要人云亦云。如果启动资金充足,可以选择相对成熟的平台,如亚马逊,只需要聚焦一种类目的产品就可以获得高收益。如果启动资金不充足,可以选择利润稍高的小众平台,如 Shopee 等。卖家在选择产品类目时,开始先聚焦一个类目,在选品方面要用心,不要随便跟卖。应根据平台选品,如亚马逊更重视产品,那么在运营时,卖家应该将精力更多地放在产品上面,可适当忽略运营技巧;而 eBay 则更重视店铺,卖家需要不断地铺货,把能拿到的产品全部上架,这样可以快速提高销售额。

任务目标

1. 建立良好的数据逻辑思维。
2. 熟悉亚马逊平台运营技巧。
3. 掌握站内推广技能。

一、入驻平台前准备

(一)准备相关材料

1. 公司资质

目前入驻跨境电商平台的商家基本上都需要具有公司资质,以个人身份入驻几乎都不被允许。在我国工商管理方面的法律法规改革后,注册公司的成本大幅降低,原本需要实际缴纳的注册资金现在只需要认缴(即不需要实际出资),这极大地降低了创业者注册公司的难度和费用。

2. 国际收款账户

国际收款中我们通常使用由连连国际跨境收款服务提供的境外收款账户。这个账户的作用是收取在跨境电商平台销售产品的收入。目前各大电商平台均不支持支付宝和国内银行收款,因此必须注册一个国际收款账户来收取在跨境电商平台的销售收入。

这里我们重点讲解连连国际跨境电商收款账户的案例。连连国际(https://global.lianlianpay.com/)跨境收款服务(以下简称连连跨境收款)是由专业的第三方支付机构连连国际为中国跨境出口电商卖家量身打造的一款跨境收款产品,它可以帮助卖家安全、高效、灵活地管理跨境资金。连连国际的全球合作伙伴包括亚马逊、苹果、贝宝、美国运通公司、中国银行等，目前已为超过1亿用户提供支付服务，是跨境支付收款行业的领先者。

下面介绍如何注册连连跨境收款账户，这个注册过程是完全免费的。

第一步：访问连连国际官方网站，点击"注册"。

第二步：注册连连国际账户。

你要选择账户类型，"创建企业用户"或者"创建个人用户"，由于目前入驻跨境电商平台基本上都需要公司资质，因此建议创业者优先选择"创建企业用户"。使用电子邮箱来创建登录账户，连连国际将发送一封验证邮件到你的邮箱进行校验。校验完成后，设置你的账户密码、支付密码及密保安全问题。

第三步：实名认证。

填写你的实名认证信息，企业用户填写企业信息，个人用户填写个人身份信息。请注意，在这里填写的实名认证信息，需使用提现银行账户户名所对应的身份信息。提现银行卡只能设置为你实名认证后的本人银行账户。企业可以设置为企业对公账户和法人个人账户。提交完这些信息后，就完成了连连跨境收款的账户注册。

拿到这个账户，你就可以将其填写在亚马逊卖家中心后台的收款方式一栏中，在卖家中心设置完成后，这个账户就可以开始收款了。当亚马逊与你结算时，你的连连国际账户就会自动收到这笔资金，在连连跨境收款页面中发起提现，这笔钱当日即可到达你设置的银行卡中。

3. 多币种信用卡（针对部分跨境电商平台）

多币种信用卡是指你的国内银行的信用卡支持多币种结算，即你的信用卡卡片上必须有VISA或者Master的标志，这样的信用卡主要是用于验证亚马逊账户、支付亚马逊每个月的平台使用费等，其他跨境平台无须此卡。从股份制银行申请该类信用卡比较容易，另外，从自己平时资金流水较多的银行申请也比较容易，需要注意的是一定和银行说清楚申请的是多币种信用卡（VISA、Master只要有其中一种标识即可）。

4. 品牌（商标）

有自己的品牌（商标）是你在速卖通进行跨境销售必须具备的资质。自己有商标或者取得授权商标都可以。目前其他跨境电商平台暂时还未有品牌方面的强制要求。品牌是企业的利器之一。打造一个好的品牌，能够使自家产品在众多产品中脱颖而出，赢得顾客的好感。尤其是在对外贸易中，品牌更加重要。

品牌（商标）属于不可再生资源。也许你已经想好了产品的品牌名称和标识（LOGO），但是如果被别人抢注了，那你就只能更换了。品牌（商标）注册时间漫长，从注册到拿到正式注册商标，国内需要2年左右，美国需要8个月以上。因此，如果你确定要投身跨境电商行业，不妨现在就开始注册一个属于自己的商标。

（二）熟知平台规则

跨境电商有着很多不同于其他行业的特殊规则，如果不了解，创业者很容易掉进规则的陷阱中，并产生严重的后果，比如封号等，因此了解关于跨境电商的规则和注意事项是非常重要的。

1. 防范账号关联

我们要了解平台出台关于关联的规定的目的。首先，平台制定关联规定是希望卖家之间的竞争聚焦在产品和服务上,而不是重复铺货以求更多的曝光,进行不公平竞争。其次,平台关联规定体现了平台一切以客户为中心,重视客户体验,重视商品,轻店铺。所以,大多数跨境电商平台只允许同一个卖家开设一个店铺。

1) 关联后果

一是即刻执行:所有关联在一起的店铺都被解除销售权限,即被关店。这个结果通常是由强关联因素造成的(如在同一台电脑登录不同账号),而且此类封店很难申诉回来。

二是缓期执行:所有关联的账号仍可正常运营,和正常店铺没有任何区别,但若其中一个店铺出现问题,比如由于侵权、售假等导致被处罚、账号被封,就有可能会使其他相关联的账号受到牵连,被封店,一损皆损。

三是下架产品:关联账户且产品交叉(即上传一模一样的产品),新账号的所有交叉产品就会被强制下架。

由此可以看出,关联造成的后果是非常严重的,而最严重的是,如果店铺产生关联,是没有办法解除的,即只要产生关联,就是不可逆的、永久性的,直到店铺不存在。这也是新手遇见的最多的问题。因而我们需要了解如何避免关联。

2) 防范措施

(1) 注册账号及登录后台账号时使用"干净"的电脑、手机号、网络路由器。何谓"干净",即从未注册过跨境电商平台和登录过后台。简单地讲,在注册账号及登录跨境电商后台时一定要使用自己的个人电脑,并且尽量在家中的网络环境下注册,切勿使用公用电脑和公用网络,因为你无法确定使用这个电脑和网络的人中有没有人也在做跨境电商。如果有,就很容易产生关联。做跨境电商,一定要养成不使用他人电脑,不轻易登录他人的网络的习惯。

(2) 如果你有不止一家公司,要注册多个账号,那你一定要注意,注册时的账号信息一定要不同,包括注册时的电子邮箱、地址、密码、收款账号及其他所有要填写的信息。

(3) 如果你有不止一个账号,那你一定要保证上传的产品有30%以上是不一样的。

(4) 如果你有不止一个账号,在操作习惯上也要有所不同。比如,不要在固定的时间统一处理订单等。

2. 商品政策性合规

1) 涉嫌侵犯知识产权

知识产权主要有专利权、商标权和著作权等三种。其中,著作权是用以保护文学、艺术和科学作品的作者,以及与其著作权有关的权益;商标权是指商标所有人对其商标所享有独占的、排他的权利,商标由文字、图形、字母、数字、三维标志、颜色组合、声音或者上述要素的组合构成;专利权是对发明创造的法律保护。知识产权由一国依据法律授予并限于授予特许权的国家领土范围内,只有在该权利受到保护的国家才存在被侵犯的可能。在亚马逊上,侵犯知识产权是非常严重的问题。亚马逊对涉嫌侵犯知识产权的投诉处理流程是先将商品下架,再进行后续的调查。

2) 知识产权投诉

知识产权投诉与涉嫌侵犯知识产权投诉都是针对侵犯知识产权的行为,但不同的是,涉嫌侵犯知识产权投诉是指亚马逊主动监测到的侵犯知识产权行为,而知识产权投诉是指知识产权权利人主动投诉的侵犯知识产权行为。

3）商品真实性买家投诉

商品真实性是指商品详情页面所展示的商品和买家实际收到的商品是否一致。有些卖家为了增加商品的销售量，对商品进行过分渲染，导致诸多功能和参数都超出了真实值的范围，这会导致商品真实性买家投诉。

4）商品状况买家投诉

商品状况买家投诉主要是对商品是否为新品的投诉。在亚马逊上，有些被买家退货的商品会被继续销售，但其实这些商品已经轻微损坏，而在重新包装的过程中工作人员并没有发现，这就导致买家在收到商品以后认为它是翻新商品或二手商品，从而发起商品状况买家投诉。

5）商品安全买家投诉

商品安全买家投诉主要是对商品造成或可能造成买家人身或财产等损失的投诉。引起商品安全买家投诉的商品有可能造成灾难性后果，比如灯带，曾有买家投诉自己购买的灯带在正常使用情况下突发大火，造成了自己的房屋大面积毁损，最后卖家对此进行了赔偿。

6）上架政策违规

上架政策违规主要是指卖家违反亚马逊商品上架规定的一系列行为，包括但不限于将商品发布到不相关类目、对不相关商品变体进行合并、商品描述不符合亚马逊规定等情形。

7）违反受限商品政策

亚马逊有严格的商品发布政策和商品类目限制。某些商品必须通过亚马逊的类目审核才可以发布，某些商品只允许本土的或者特定的卖家销售，这些商品统称受限商品。当卖家企图以违规的方式蒙混过关来销售受限商品时，就会触发亚马逊的预警，这时商品会被下架，甚至账户会被封。

8）违反商品评论政策

违反商品评论政策是指卖家以提供折扣或奖金的方式引诱买家留下商品评论，或者卖家进行虚假交易来伪造商品评论。近年来，亚马逊加大了对违反商品评论政策的惩罚力度，一旦被发现，卖家账户将被封。

3. 防范侵权风险

知识产权在国外尤其是欧美，是受到极其严格的法律保护的。侵权是中国卖家经营跨境电商店铺被处罚的最常见的原因之一，也是导致店铺受到处罚的最严重的行为。因此，从事跨境电商行业必须对侵犯知识产权的行为予以高度重视，主要需要做到以下几点。

（1）假货、仿货等严重侵权的产品绝对不要碰，否则处罚起来，轻则关闭店铺，重则遭遇一场跨国官司。

（2）店铺中不得使用未取得授权的企业名称和商标名称。最好用自己的品牌。如果用别人的品牌，就一定要事先取得合法授权。

（3）产品中不得使用未取得授权的品牌词。

（4）图片中不能出现未取得授权的品牌图案。产品中的卡通图案容易出现迪士尼和漫威的卡通形象，这是导致侵权的高危因素。此外，一定要小心服装产品出现外国模特，因为未取得模特的肖像权授权也很容易触发侵权。遇到这种情况，只展示服装即可。需要注意的一点是，在图片中严禁打马赛克。在严格的欧美知识产权法律下，即使打马赛克，将侵权内容完全遮住，该产品也会被认定有侵权行为。

（5）产品设计不能侵犯其他品牌产品的专利知识产权。这个较为复杂，需要大家平时多积累，而且要了解自己的产品，这类侵权在首饰产品中比较常见。

> **拓展阅读**
>
> 　　外观设计专利是指对产品的整体或者局部的形状、图案或者其结合以及色彩与形状、图案的结合所作出的富有美感并适于工业应用的新设计。通常，可以构成外观设计的组合有：产品的形状；产品的图案；产品的形状和图案；产品的形状和色彩；产品的图案和色彩；产品的形状、图案和色彩。
>
> 　　被控侵权产品构成侵权须满足两个条件：一是被控侵权产品包含外观设计专利的独创性部分（即创新点），二是被控侵权产品从整体上与外观设计专利产品相同或相近似。外观设计专利产品是比发明和实用新型专利产品更具有日常生活性的商品，对于相近似产品中某些细微的差别，普通消费者往往会忽略掉，而专业人员则很容易分辨出来。在判断被控侵权产品与外观设计专利产品是否相同或者相近似时，如果从专业人员的角度出发，对权利人来说显然是不公平的。因此，进行外观设计专利侵权判定，应当以普通消费者的审美观察能力为标准，不应当以该外观设计专利所属领域的专业技术人员的审美观察能力为标准。对于类别相同或者外观相近似的产品，如果普通消费者施以一般注意力不致混淆，则不构成侵权；如果普通消费者施以一般注意力仍不免混淆，则构成侵权。判断外观设计相同或相近似，一般采用以下几种方法。
>
> 　　1. 眼观察
>
> 　　判断被控侵权产品是否与外观设计专利产品相同或相近似，应该根据普通消费者用肉眼进行观察时是否会产生混淆来判断，对视觉观察不到的部分，不能借助仪器或化学手段进行分析比较。观察时应以产品易见部位的异同作为判断的依据。
>
> 　　2. 隔离观察，直接对比
>
> 　　在具体判断时，首先应当把外观设计专利产品与被控侵权产品分别摆放，观察时在时间和空间上均要有一定的间隔。这种隔离观察的方法可以让评判人员对两种产品产生直观的感觉。然后，再将两种产品摆放在一起，由评判人员对两种产品的外观设计进行直接对比分析，以描述二者的异同，将感性认识上升为理性认识，最终得出二者是否相同或相近似的结论。
>
> 　　3. 整体观察，综合判断
>
> 　　判断被控侵权产品的外观设计与获得专利的外观设计是否相同或相近似，不能仅从外观设计的局部出发，或者把外观设计的各部分割裂开来，而应当从其整体出发，对其所有要素进行整体观察，在整体观察的基础上，对两种产品的外观设计的主要构成和创新点进行综合判断。

（三）选品

1. 产品与开发

1）迁移法

跨平台找爆款，将一个平台爆款产品复制到另外一个平台。我们知道当一个平台出现爆款产品时说明这个产品有独特的卖点，是被本平台消费者所接受的。你可以在一个平台寻找爆款产品，然后去另外一个平台比较。如果另外一个平台没有这款爆款产品，你就可以将这个产品在新平台上架，被一个平台消费者接受的产品往往也会被另外一个平台的消费者接受。比如，可以通过在淘宝网中"中国质造"频道，挖掘优质且销量高的产品，精选到跨境电商平台做销售。

2）产品套装

根据平台上的爆款产品属性组合上线新产品。其实，每个平台的爆款不止一个，可能不同类目甚至相同类目都会出现很多种爆款产品。如果能将不同的爆款产品，根据内在关联性组合到一起，那么新组合到一起的产品组合或者套装也可以视为创新产品。而且，结合几个爆款产品的组合装有很大可能成为一个新的爆款产品。

3）深挖供应链

找到平台刚刚出现的爆款，深挖供应链。如果你在一个平台发现了一个新上架的爆款产品，你也可以上架相同的产品，并且深挖产品的供应链，从产品的价格、图片、描述、服务、售后等方面全部超越原有的爆款产品，那么你的销量也可能完全超越已经存在的这个爆款产品，这是合理的商业竞争。

4）预测爆款

通过精准的数据分析，预判将来会成为爆款的产品。现在是大数据时代，通过互联网或平常的生活经验，你可以从很多现有的数据中挖掘出有价值的商机，通过精准的数据分析判断将来有可能会出现的爆款产品。这样你可以未雨绸缪，在别的卖家还没有发现之前，上架将来会成为爆款的产品。比如，通过气象局的数据你了解到美国即将出现日全食，日全食路径也可以查询到，那么通过这个数据，你可以提前在跨境电商平台中向适合观测日全食的地区销售观测日全食的相关用具。

5）爆款升级

根据现有爆款产品的评论、反馈等信息，修正现有爆款产品，创造全新的爆款产品。其实，很多产品创新性的改进想法都来自客户，从产品的差评中可以挖掘产品的痛点，从产品的好评中可以发现产品的优势。通过不断总结，让工厂生产出更符合消费者需求的产品，这样就完全可以创造一种新产品，这个新产品更容易成为爆款产品。通常在非人为因素的影响下，大概100~200个订单中才能够自然产生一个评论。卖家可以根据评论数量来判断竞争对手的销量，进而评估选品的可行性。分析竞争对手的评论，更有利于挖掘产品本身的品质状况以及客户诉求。从差评中可以大概发现该产品的品质问题、设计缺陷，以及客户诉求是什么，从而便于自己在产品研发和选品中避免相同问题的出现。

6）外观设计专利

不断创新、创造就是创新的最高境界，大多数卖家无法像发明家那样去发明产品，但是却可以发现现有产品的新用途。当你将一个产品新的用途挖掘出来,那么在这个新用途所属的类目里你就相当于创造了一个新产品。例如,茶叶罐在改变用途成为宠物骨灰罐之后,可以以很高的价格卖出,这就是对现有产品的使用创新。

2. 掌握不宜在跨境电商平台上销售的产品

1)食品

进出口食品类产品需要面对严格的检疫和检验,手续烦琐。例如,出口美国的食品必须有美国食品药品监督管理局的认证。另外,由于跨境出口的物流时间较长,而某些食品保质期较短,也会影响该类产品的销售。

2)过重、过大的商品

由于跨境物流的费用相对较高,其占跨境运营成本的比重也很高。过重、过大的商品跨境运费较高,会导致运营成本及退换货的成本提高。

3)电池类、液体类和磁铁类产品

这几类产品是由于航空物流风险管制等因素导致不方便运输。

4)其他特殊受限商品

新手卖家必须提前了解准备入驻的跨境电商平台所禁售的产品目录。销售非法商品、不安全商品以及列明的受限商品可能引发法律诉讼,面临民事和刑事处罚。销售受限商品可能导致暂停卖家账户或终止其销售权限。

不过,上面所说的是"不宜"销售的产品,而并非绝对不能。这些不宜在跨境电商平台上销售的产品有些是因为创业者在新手阶段,对产品、物流不熟悉,做这类产品会遇到很多的障碍。随着逐步学习,有些产品是可以顺利销售的。而且这种有门槛的产品会过滤掉很多的竞争对手,从某种程度上来说,更有潜力成为爆款产品。

二、入驻平台

以亚马逊为例,企业注册有两种方式:自注册和联系账户经理注册。无论选择哪种方式注册账号都是免费的,目前来说,较多人偏向通过账户经理这一渠道注册账号。

(一)自注册

(1)直接在亚马逊中国站的"全球开店"页面(https://gs.amazon.cn/)进行注册。

(2)注册主要步骤:

① 填写姓名、邮箱、密码,创建新用户;

② 验证邮箱;

③ 填写公司所在地、业务类型、名称;

④ 填写公司详细信息,进行电话/短信认证验证;

⑤ 填写法人以及受益人信息;

⑥ 填写信用卡卡号、有效期、持卡人姓名、账单地址;

⑦ 填写收款账户的金融机构名称、收款账户所在国家(地区)、账户持有人姓名、9位数的银行识别代码和银行账号等;

⑧ 填写店铺名称;

⑨ 完成身份验证；
⑩ 进行美国站税务审核；
⑪ 填写其他站点存款方式（收款账号）。

（二）通过账户经理注册

联系亚马逊"全球开店"的账户经理，通过账户经理提供的注册链接进行注册。与自注册账号相比，账户经理注册账号可以申请各个站点的秒杀活动，可以获得账户经理的全程辅导，从而帮助卖家快速成长。这里以通过账户经理注册账号为例，详解"全球开店"的注册流程。

第一步，填写企业信息，完成预登记。关注"亚马逊全球开店"微信公众号，通过"找账户经理开店"链接进入指导页面，在页面中获得亚马逊"潜在卖家信息登记表"。卖家填写好公司名称、姓名、手机、邮箱、省份、主营产品、公司性质、年销售额、海外站点开通情况、目标站点等企业信息后，账户经理会通过登记表中留下的联系方式以邮件形式联系卖家，卖家按其要求填写企业信息和提交资料之后，账户经理会进行初步审核。

第二步，获取注册链接，完成注册。通过初步审核后，账户经理会给卖家下发注册链接，注册链接有效期一般不会超过 30 天。卖家拿到注册链接后要尽快准备好开店资料并进行注册，注册过程最好一气呵成不要中断。

第三步，准备资质材料，完成账户审核。以亚马逊北美站点为例，目前，亚马逊北美站点将"卖家身份验证"这一环节安排在账户注册流程中。公司卖家需要提供法人身份证和营业执照，而个人卖家需要提供身份证和信用卡对账单、银行对账单或费用账单。

第四步，了解"卖家平台"，完成账户设置。资质审核通过后，卖家可以在"卖家平台"了解平台的业务知识和规则政策。卖家在开始销售前需要进行账户设置，首先设置账户信息，确认信用卡信息录入正确，实时处于可缴费状态；其次设置账户权限，为其他用户开放管理库存、处理发货确认、设置广告活动等各项功能，但是账户凭证具有唯一性和机密性，不可与任何人共享；最后设置配送模板，确认发货国家（地区）以及能发到的区域和运费。账户设置完成后，若所销售品类需要亚马逊批准，卖家需要进行销售申请获得销售权；若所销售品类不需要亚马逊批准，卖家可以上架产品和发 FBA（亚马逊代发货服务）。

三、亚马逊"全球开店"实战策略

（一）产品的展示

不同跨境电商平台的规则往往有所不同，这主要表现在产品展示方法和排序规则上。亚马逊卖家最重要的目标是获得平台首页中的产品展示位置，而这种机会对所有卖家而言都是均等的。只要设置了精准合适的关键词，产品图片符合规范，那么不论是销量千万的资深卖家还是刚刚开店的新人，都有机会将自己的产品展示在亚马逊首页中。

1. 关键词设置

对卖家来说，如何通过设置合适的搜索关键词来提升展示页中的排名，甚至获得亚马逊首页的产品展示位置，是卖家需要首先考虑的问题。虽然亚马逊平台对店铺关键词的数量没有过多限制，但在实际操作中，一个产品被搜索到的有效关键词只有 10 个左右。这就要求店铺在设置关键词时，要更加注重搜索关键词的精准度而非数量。在亚马逊搜索栏中，当用户输入一个产品名称时，会显示出一个下拉长尾菜单，里面都是热门词汇，同时，在亚马逊平台类目中，大类目的名称也是搜索热词。因此，对卖家来说，在设置亚马逊平台的关键词时，可以整合借鉴下拉长尾菜单和大类目热词。

2. 高质量的图片

精准合适的搜索关键词只是帮助卖家获取更多的用户流量，要想促成交易、实现流量变现，卖家还应设置好优质的产品展示图片，这对卖家提升销售业绩有重要影响。在设置产品图片时，需要注意以下三个原则。

（1）产品图片的最佳宽度、高度比例应是 3∶4。

（2）图片最好为白底，且产品占全图的比例低于 85%。

（3）为了将产品细节尽可能地展示给客户，产品图片的数量最好超过 5 张，图片宽度在 1000 像素以上。

买家在产品搜索中找到卖家店铺中的产品，然后点击进入产品界面并完成交易，这就是一个正向的激励，有利于提升店铺的信用记录。简单地讲，就是当店铺流量转化成销量时，便会对后来的用户产生一种正向的激励作用，从而促进更多用户的购买行为，实现销量增加。

（二）店铺的绩效

绩效指标是亚马逊为区分卖家优劣、更好地维护消费者权益、保证平台长久良性运营而针对第三方卖家设置的行为准则，有利于规范卖家的店铺运营和服务，让消费者获得更优质的跨境电商体验。亚马逊平台现有的绩效指标中订单缺陷率、订单取消率和延迟装运率是亚马逊评判卖家账号的硬性指标，也是导致卖家账号被封的主要原因。

1. 订单缺陷率

1）概述

亚马逊平台对订单缺陷率（order defect rate，ODR）十分重视，将其作为查封卖家店铺时的主要参考标准。若一家店铺的 ODR 超过了 1%，会被认为过高，将面临被查封的危险；那些已被查封的店铺，ODR 大多是超过了 1.19%。亚马逊卖家还要充分认识到买家索赔对 ODR 的巨大影响（即便撤销索赔，也会对店铺造成一定影响）；同时，即便是对 ODR 没有直接影响的退单拒付问题，卖家也要及时与支付机构协商解决。

在向亚马逊平台申诉降低 ODR 之前，卖家可以先通过以下两个办法优化自身店铺的 ODR 状态：一是与消费者或亚马逊平台进行积极沟通交流，说服他们主动消除对店铺的负面反馈；二是与供应商沟通协调，让他们及时为客户配送替换产品，以有效规避买家索赔和对店铺的负面评论。

2）申诉方式

卖家在申诉邮件中，可以从以下几点出发对如何解决订单缺陷率的问题进行阐述。

第一，根据客户的评论反馈，特别是负面反馈信息，有针对性地改善产品包装、严格质量把控、优化配送服务，甚至在有必要的情况下更换现有的产品供应商。

第二，设置专门的人员对产品状态、配送流程等进行监督、检查和把关，以降低订单缺陷率。

第三，借助相关应用软件，及时全面地关注和了解客户反馈信息，以更好地把握客户消费痛点，有针对性地进行完善优化。

第四，通过更安全的绩效追踪系统，在店铺 ODR 达到亚马逊平台限额之前得到及时预警。

2. 订单取消率和延迟装运率

1）概述

这里的订单取消率（cancellation rate）是指卖家主动取消订单；延迟装运率（late-shipment rate/lost/no tracking information）是指卖家延迟发货，或者发货后没有通知买家并提供运单号。若店铺因订单取消率和延迟装运率方面的问题而被查封，则说明卖家在产品库存和物流配送服务方面存在不足。

2）申诉方式

在向亚马逊平台申诉前，卖家可以先采取以下措施。

（1）订单方面，若不能按照正常标准完成，可以先更新订单的处理时间。

（2）延迟装运方面，可以通过最近记录查看合作的快递公司是否及时发出了货物。

在订单取消率和延迟装运率问题的处理上，卖家可以在申诉信中从以下几个方面阐述。

第一，通过多种途径提升店铺总销量，以此降低订单取消率和延迟装运率。如果现有运营模式无法满足订单需求，则变革商业模式或者寻求更合适的供应商。

第二，若店铺在几天内都无法处理完订单，则可将网站状态改为假期模式。雇用更多人手应对订单激增状况，以及时完成产品的包装、处理和发送。通过更多的响应式库存处理软件提高仓储库存的智能化水平和运作效率。

（三）订单的处理

亚马逊"全球开店"卖家还可以通过以下方式确保自己店铺的相关绩效指标在亚马逊平台的限定范围内。

（1）订单的检查。当店铺中有一些固定的销售产品时，卖家应该经常查看"不完美订单报告"（imperfect orders-report），以便及时了解哪种销售模式或产品经常遭到客户的不满乃至被客户要求退货、退款。

（2）积极处理问题，及时关注买家的负面评价、要求退货的产品等各种负面信息，并通过对这些反馈信息的整合分析准确定位店铺运营或产品方面的问题；设置比亚马逊平台更严格的绩效指标，当未达到设定的指标要求时，及时进行内部预警，并针对相关问题不断改进优化，从而有效避免违反亚马逊平台的规定。

（3）完善的客服服务可以降低店铺的退货率和客户服务不满意率，为消费者提供更优质的交易体验。如：将退货政策清晰明确地标示出来，以便消费者在交易前了解相关政策；在客户确认收货 48 小时内接受退货退款申请；卖家不论何时拒绝客户的退货申请，都最好向客户进行说明；有意识地总结以往的客户服务经验，不断探索更为有效的问题处理方案。

（四）站内推广

CPC 是 Cost Per Click 的缩写，意为点击付费，是一种按点击量收费的推广方式。

CPC 广告推广是卖家在亚马逊平台上获得买家流量的重要方式。卖家使用 CPC 广告推广可以向目标买家投放广告，使商品获得更多的曝光量，以提升店铺的销量。为了使卖家能够更好地了解和使用亚马逊平台上的 CPC 广告推广，下面将从 CPC 广告推广的要求、原理、排名、费用和准备五个方面对 CPC 广告推广进行讲解。

1. CPC 广告推广的要求

在进行 CPC 广告推广前，卖家首先要了解亚马逊对于卖家的一些基本要求。亚马逊对卖家的要求主要包括账户要求和商品要求两个方面。

（1）账户要求。卖家想要进行 CPC 广告推广的投放，那么其账户就必须是一个处于激活状态的专业销售账户，并且卖家能够将商品运送至目标销售地国境内的任何地址。

（2）商品要求。亚马逊要求卖家的商品必须拥有黄金购物车（Buy Box）才能进行相应的 CPC 广告推广。

2. CPC 广告推广的原理

CPC 是一种展现免费、点击付费，根据商品设置的关键词将商品展现给潜在买家的推广方式，是亚马逊为卖家量身打造的精准营销工具。所以，CPC 广告推广的原理是卖家在亚马逊后台推广板块上预先设置一些推广关键词，当买家搜索该关键词时，卖家的商品就有机会出现在买家面前，从而提升商品的曝光量、点击率和转化率。

简单来讲，买家在亚马逊平台上搜索某一关键词后，与该关键词相关联的商品就会通过算法进行排名并展示在买家面前。然后买家可以根据自己的喜好来选择自己想要购买的商品，进而产生点击、浏览和购买的行为。针对这一情况，卖家可以通过设置一些与商品关联度较高的、买家经常搜索的关键词，使商品通过广告展示尽可能地吸引买家点击商品和浏览商品，以提高商品的销量。

3. CPC 广告推广的排名

亚马逊平台上的很多卖家都在进行 CPC 广告推广，所以亚马逊会根据一定的逻辑规则来为买家展示相关 CPC 广告。CPC 广告推广的排名逻辑是一种很重要的逻辑规则，卖家通过了解此排名逻辑可以更好地设置推广的相关内容，从而保证展示广告有一个较好的排名。CPC 广告推广的排名逻辑主要依托于店铺权重和关键词出价两方面。

（1）店铺权重。店铺权重即店铺中各项数据指标的综合体，例如转化率、好评率、点击率等数据指标。店铺权重越高，则卖家 CPC 广告的排名越靠前。对于卖家如何提高店铺的各项数据指标，前面的章节已经进行过详细讲解，此处不再赘述。

（2）关键词出价。另一个影响卖家付费广告排名的因素就是关键词出价。在进行 CPC 广告推广时，卖家需要对选定的推广关键词进行出价。在店铺权重相同的情况下，卖家的关键词出价越高，CPC 广告的排名越靠前。

值得一提的是，在店铺权重和关键词出价这两个影响 CPC 广告推广排名的主要因素中，店铺权重相比于关键词出价更重要一些。因为对于亚马逊平台而言，为卖家提供 CPC 广告推广的方式也是为了给平台带来更高的转化率和销售额。所以，亚马逊不可能为了赚取卖家的推广费,而不顾卖家商品的质量。总体而言,卖家的店铺权重越高,CPC广告排名就会越靠前。

4. CPC广告推广的费用

CPC广告推广的费用主要通过CPC广告扣费公式来进行计算,具体如下。

CPC广告扣费=下一名的出价×下一名的权重/自己店铺的权重+0.01

从CPC广告扣费公式可以看出,卖家店铺的权重将影响广告的扣费。下面通过一个例子来讲解CPC广告推广的扣费标准。

有A、B、C三位卖家同时投放了一个关键词"wool cap"。其中A卖家的店铺权重为1000,B卖家的店铺权重为1200,C卖家的店铺权重为1100。这三位卖家对关键词进行出价时,A卖家的出价为0.5美元,B卖家的出价为0.35美元,C卖家的出价为0.65美元。根据以上两个数值,亚马逊平台可以得出A卖家的权重与出价的乘积为500,B卖家的权重与出价的乘积为420,C卖家的权重与出价的乘积为715。从上述数值可以得出CPC广告推广的排名:C卖家排名第一,A卖家排名第二,B卖家排名第三。最后,根据CPC广告推广的扣费公式即可得出:

C卖家的广告点击扣费=0.5×1000/1100+0.01≈0.46
A卖家的广告点击扣费=0.35×1200/1000+0.01≈0.43
B卖家的广告点击扣费=0.65×1100/1200+0.01≈0.61

卖家需要注意的是,如果店铺权重很低的话,建议不要做CPC广告推广。一方面,这会大量消耗资金;另一方面,由于店铺权重低,转化率和销量都很难提升。卖家最重要的工作还是将店铺的各个方面优化好,这样再进行付费推广时才会取得好的效果。

5. CPC广告推广的准备

了解了CPC广告推广的机制之后,卖家就要为开展CPC广告推广做好基础的准备工作。CPC广告推广的准备工作主要包括明确投放目标和确定推广商品两个方面,具体介绍如下。

(1)明确投放目标。

在进行CPC广告推广时,卖家要明确自己的投放目标,根据投放目标来选取相应的推广关键词。在亚马逊平台上,卖家的投放目标一般分为提高销量和宣传品牌两种。

① 提高销量。卖家如果以提高销量为投放目标,那么就需要在投放广告时选择一些能够精准引流的关键词,例如长尾关键词(指包含三个或三个以上单词的搜索词组)。卖家不能使用一些范围较大的关键词,例如商品词(指卖家商品所属的大类目和细分类目,例如服装)、核心词(指能精准表达商品且字数比较少的词,例如女装、冰箱)。因为这些范围较大的关键词会包含较多的商品,它会导致卖家的广告不能精准地投放到自己的目标买家群体中。

② 宣传品牌。如果卖家是以在亚马逊平台上宣传品牌为主要目标,那么就要选择一

些曝光率较高的商品词和核心词,以便于自身的品牌和商品尽可能多地展示在买家面前。需要注意的是,卖家在选择商品词和核心词时要选择与自己的商品有所关联的关键词。例如卖家的品牌是厨具类品牌,但为了最大限度地提高品牌知名度,在投放广告时,卖家选择了图书、女装等商品词。一旦被亚马逊发现这种情况,亚马逊就会对卖家进行十分严厉的处罚。

(2) 确定推广商品。

卖家除了要确定自己的投放目标外,还需要确定自己用来实现这一目标的商品。推广的商品除了要求拥有黄金购物车(Buy Box)之外,卖家还必须确定商品是否具有价格优势、页面是否优化、库存是否充足以及质量是否有保证。

① 价格优势。卖家选择的商品的价格与其他竞品相比要有一定的优势,以保证在推广过程中买家能够点击商品,进入商品购买页面。

② 页面优化。卖家要选择优化后的商品,包括标题、五点描述、图片、商品详情等,这样才能更好地吸引买家购买,提高转化率。

③ 库存充足。卖家选择的商品一定要保证库存充足,以避免在商品推广的过程中因库存不足而导致商品下架,无法销售。

④ 质量保证。卖家还要保证商品的质量,避免出现销售商品越多、售后问题越多的情况,最终导致店铺的售后问题增加,权重下降。

(五)站外引流

Facebook 作为全球最大的社交网络,拥有几十亿的用户量。Facebook 平台上有着无数的潜在客户,Facebook 已经成为亚马逊卖家们获取流量不可或缺的营销工具。通过 Facebook 引流到亚马逊的流量占了社交总流量的 16.21%,是排名第二的社交流量来源。

1. 注册 Facebook 个人账户

首先卖家需要有 Facebook 个人账户。Facebook 的个人账户都要进行实名认证,所以要使用真实的身份进行注册。在注册好 Facebook 的个人账户之后,不要马上进行广告推广。不然可能还没有到推广阶段,个人账户就被封了。对于第一次使用 Facebook 个人账户的卖家来说,建议按以下方法创建并运营个人的 Facebook 账号。

(1) 在注册 Facebook 账户后,尽快完善个人基本信息、头像、简介等,头像必须能看清五官,便于照片验证。

(2) 在注册第一天,不要创建公共主页、添加好友,更不要急于投放广告。

(3) 从注册账户之后的第二天开始,可以添加少量好友。第一批好友最好来自手机通讯录或者系统推荐的可能认识的卖家,尽量避免每天都添加好友。

(4) 对于新账户来说,不要在添加陌生人后与其无任何互动,也不要频繁地添加陌生人(按照系统规定,每周不要超过 5 个)为好友。

(5) 保持每天登录 1~3 次,搜索、阅读、参与互动,每次 10~30 分钟,可以玩平台上的小游戏。

(6) 在个人账户创建后,需要每天固定用同一部手机或同一台电脑、同一个稳定的 IP 地址登录,在登录 2 周后如果没有出现问题,那么可以创建 Facebook 公共主页。

2. 创建 Facebook 公共主页

个人账户注册成功之后，页面会以登录状态自动跳到 Facebook 的首页，此时选择左侧的"Pages"下面的"Create Page"创建公共主页。根据自己的实际情况选择适合自己的主页类型，填写好名称。

一个账户可以创建多个公共主页，在主页中可以展现企业或个人的个性，让用户可以分享自己的信息并参与互动。最重要的是，可以展示自己的产品和服务，传递企业和产品信息、传播企业文化和品牌，从而与用户（潜在顾客）建立更密切的联系。

为了更有效地传达信息，吸引粉丝，在创建公共主页的时候，需要认真地对公共主页进行设置，尤其是受众的选择。Facebook 提供了通过地区、年龄、性别、兴趣等属性来判断受众的方法，卖家可以利用它尽可能地将自己的主页向更多目标受众进行展示。

3. Facebook 主页的推广方法

所谓"巧妇难为无米之炊"，没有粉丝就没有宣传对象，因此，主页管理最重要的就是提供优质的内容，同时需要更活跃的互动。这样才能吸引粉丝，也才有推广的基础。所谓优质的内容，并不一定是指分享的内容要是"干货"，只要能让目标客户觉得有用就可以，哪怕是很好玩的东西或话题，如有趣的视频甚至是漂亮的图片都可以。

总之，主页不要没完没了地发产品的广告。但是也不能完全不提产品，否则就违背了初衷。最好的办法是将产品和服务巧妙地嵌入到优质的内容里面去，让客户不仅不厌烦，还会开心地购买。

实训任务

点击进入 1＋X 跨境电商多平台操作系统，体验从开店、选品，到营销、客服流程。

模块二
创新创业实践

跨境电商创业

Entrepreneurship for
Cross-border E-commerce

项目一
Shopee 店铺运营实操

知识目标
1. 了解 Shopee 平台规则。
2. 熟悉电商运营专业术语。

能力目标
1. 掌握 Shopee 入驻流程。
2. 掌握 Shopee 运营工作流程。

素质目标
1. 养成爱岗敬业的职业精神。
2. 建立良好的数据逻辑思维。

项目引入

　　2015 年，Shopee 平台在东南亚成立，当前 Shopee 平台有新加坡站、马来西亚站、菲律宾站、印度尼西亚站、泰国站、越南站、中国台湾站、巴西站、墨西哥站九大站。Shopee 平台成立的第 1 年到第 2 年，平台中的商家运营还很容易，因为做跨境电商的人少。卖家少，平台也刚起步，需要多品类的商品。那时简单的铺货就能出单。但是从 Shopee 平台成立的第 3 年到第 5 年，这个阶段比第一阶段增加了难度。进入平台的卖家多了，平台商品的丰富度已经比之前增加了不少，开始出现商品的同质化，卖家之间的竞争日趋激烈，甚至出现了价格战。初期的铺货模式在这个阶段并不那么奏效了，很多卖家开始慢慢调整运营思路，从以前的铺货模式逐渐转变为精细化运营模式。当然这是任何跨境电商平台发展不可逆的趋势,但是在这个阶段,想要盈利同样比较容易。因为虽然 Shopee 平台中的卖家多了,但是懂得怎样运营的卖家仍然非常少。相信只要用心,一步一个脚印,一定能有所收获。

思考:
1. 请做一个东南亚消费者的需求调查。
2. 客户画像是什么?

任务一 入驻 Shopee

一、了解平台规则

进入 Shopee 卖家学习中心(https://shopee.cn/edu/home),新卖家遇到的大量经营问题都可以在这个平台自主解决。Shopee 卖家学习中心主要有五大版块:新手必看(新手+进阶+高级)、课程、直播/活动、文章(包括平台规则解析、实战操作手册、常见问题整理等内容)、精品系列。

二、需要准备的注册资料

(1)法人身份证正反面照片;
(2)平台要求进行人脸识别;
(3)中国香港或中国大陆有限公司营业执照或是个体工商营业执照原件照片(需在营且无经营异常);
(4)近三个月内店铺订单流水截图以及链接(根据过往主要经营经验选择提供);
(5)公司办公地址;
(6)店铺验证视频以及其他视频(选填)。
(7)至少上传 50 个商品(同一款的不同尺码或颜色都算一件商品)。

三、入驻流程

步骤一:卖家准备好前文提及的入驻资料,从官方渠道提交入驻。

首选从官网(https://shopee.cn)提交;次选从官方微信公众号、视频号、抖音号、知乎号等提交;再次选从官方快手号提交;还可以选从官方小程序上提交;最后还可以参加 Shopee 招商会,现场直接与招商经理对接。

步骤二:提交入驻申请信息。

(1)卖家需要选择"是否为品牌",卖家可根据自身实际情况做出选择,选择"是"

或"否";若选择"否",卖家可以点击"申请开店"注册第一家店铺(无销售权,审核通过后将转为有销售权),或点击"查看入驻记录"来管理入驻申请。无论是否为"品牌"店,平台都将在5个工作日内给出初审回复,卖家可在官网查看审核进度。

(2)卖家还需要完成过往运营经验的选择,过往主要经营的平台不同,可选的首店也不同。如果卖家主要经营平台是"跨境电商",想要在东南亚市场开店,可以选择在菲律宾或马来西亚站点开首店,想在南美市场开店,可以选择在巴西站点开首店;如果卖家主要经营平台是"内贸电商"或"传统内贸"或"传统外贸"或"无经验"则默认选择在中国台湾站点开首店。

步骤三:信息填写完成后,卖家进入店铺注册页面。

(1)输入用户名、密码、店铺邮箱(此邮箱将用来接收各种后台通知,请务必确保邮箱填写正确)。

(2)完成邮箱认证并同意服务条款,然后点击"提交"以完成店铺注册。

步骤四:当店铺注册成功后,卖家的店铺邮箱以及联系人邮箱将会收到一封欢迎信。

步骤五:入驻申请提交后,卖家可通过主账号登录官网查看申请进度及管理店铺。

(1)前往卖家中心(https://shopee.cn/seller)然后点击"查看入驻进度"。

(2)使用提交申请信息的主账号(即末尾为main的账号)进行登录。

(3)进入"入驻申请记录"页面,查看进度或查看店铺。

卖家也可通过点击状态栏来查看审核进度。

审核通过后,卖家入驻Shopee的步骤完成。Shopee的审核团队会发送主题为"welcome on board"的邮件,收到这封邮件后要及时登录,尽快开店。邮件中的链接7个工作日内有效,过期失效。

四、卖家设置

在卖家中心有两个重要的模块需要自己设定,首先是设置模块中的"我的地址",其次是商店模块中的"商店设定"。

1. 我的地址

在"我的地址"页面卖家可以管理快递取货地,如图2-1所示。

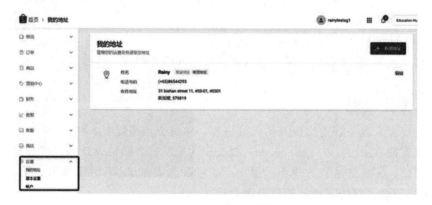

图2-1 "我的地址"页面

(1) 预设地址 (default address): 该地址是给买家填的收件地址, 卖家无须填写。若卖家不小心填写了, 对于前台展示和退货流程不会有影响。

(2) 取货地址 (pickup address): 如果卖家填入的是中国大陆地址, 买家端不会展示, 如果卖家填入的是非中国大陆地址, 买家端会展示商品"ship from ××"。对于中国大陆的卖家, 请将取货地址设置为中国大陆的地址, 以保障买家购物体验。

(3) 买家退货地址 (buyer return address): 买家所在站点在当地指定的退货点的地址, 建议卖家可以设置为 Shopee 在当地的退货集运点地址。

(4) 卖家退货地址 (seller return address): 仓库退货给卖家的地址。这是卖家必须填写的退货地址, 请注意一定要正确填写, 否则产生了买家退货或者是仓库异常件, 没有正确的地址或者联系方式就无法退回, 造成损失。

2. 商店设定

1) 基本设置

本设置包括:选择启用/关闭显示完整快递取货地址;选择启用/关闭通过验证可疑活动来保护您的账户安全;选择启用/关闭自动更新仓库货量;选择启用/关闭休假模式;选择切换卖家中心语言。如图 2-2 所示。这几种可选设置有一定的风险, 页面中的提醒如图 2-3 所示。

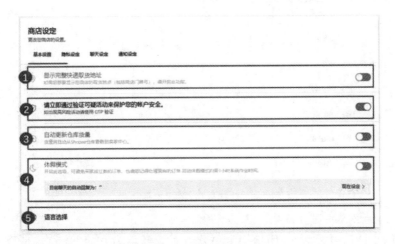

图 2-2 "商店设定"页面

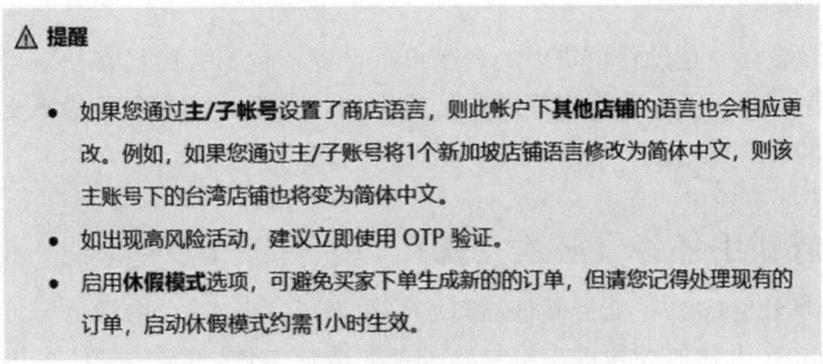

⚠ 提醒

- 如果您通过**主/子帐号**设置了商店语言, 则此帐户下**其他店铺**的语言也会相应更改。例如, 如果您通过主/子账号将1个新加坡店铺语言修改为简体中文, 则该主账号下的台湾店铺也将变为简体中文。
- 如出现高风险活动, 建议立即使用 OTP 验证。
- 启用**休假模式**选项, 可避免买家下单生成新的订单, 但请您记得处理现有的订单, 启动休假模式约需1小时生效。

图 2-3 "基本设置"的官方提醒

2）隐私设定

本设定包括：选择隐藏按赞的好物；选择隐藏按赞；选择已封锁的用户。

3）聊天设定

本设定包括：选择启用/关闭接受出价（即买家可以通过聊天进行议价）；选择启用/关闭在商店档案页面中接受聊天（建议开启）。

4）通知设定

本设定包括：选择启用/关闭电邮通知；启用/关闭推播通知。如图2-4所示。

图2-4 选择启用/关闭推播通知

5）付款设定（仅中国台湾站点）

本设定包括：选择开启/关闭信用卡付款（系统默认为开启状态）。是否开启信用卡付款是中国台湾站点卖家评选优选卖家的条件之一，建议先了解Shopee的优选卖家政策。

另外还需要注意的是设置模块中的"账户"设置，包括我的档案、电话、电邮、登录密码、合作伙伴平台、子账户绑定等内容。手机号、邮箱、登录密码都不支持在卖家中心修改，详见知识链接。

五、完成新手任务（必须完成）

（1）在收到Shopee新手任务邮件通知后，卖家需要在14天内激活Shopee企业微信。使用卖家在Shopee开店时预留的手机号登录企业微信APP或者其PC客户端即可激活企业微信。登陆企业微信后会自动进入Shopee官方答疑群，群内有Shopee工作人员协助卖家完成新手任务。

（2）上新 50 个商品。同一款商品的不同规格或颜色只能算一件商品，不能重复，否则系统会查到，商品会被下架（及时下架不会扣分）。

（3）在卖家学习中心在线完成《新手卖家一日通》视频课学习。这个课程要全部看完，对新手卖家来说十分实用，里面的知识都是出单、发货、物流能用到的。

（4）通过 Shopee 新卖家入门考试（80 分合格）。这个考试没有时间限制，但是有考试次数限制。在收到 Shopee 新手任务邮件通知的 14 天内，都可以参加考试和补考。必考卷最多可以考 4 次，补考卷最多可以考 4 次。若未在规定时间内参加考试或补考，将会转入基础卖家管理团队。基础卖家管理团队无专属客户经理或企业微信群。

（5）填写问卷。卖家必须填写问卷，系统才会分配 Shopee 经理，内容要如实填写。这期间可以优化产品、装修店铺、设置优惠券。

只有完成上述新手任务后才能对接 Shopee 经理，没有对接 Shopee 经理，相当于损失了非常多的活动资源，因为 Shopee 最重要的免运和返现活动需要有 Shopee 经理提供的官方链接才能提报参加，而这两个活动可以说是新店流量的关键。

六、开店后的关键孵化期（三个月）

孵化期是指 Shopee 新卖家入驻后的三个月，三个月结束后称为"毕业"。卖家在毕业月份达到毕业条件，就可以顺利毕业。满足毕业条件的卖家将有机会获得卖家管理团队经理扶持、活动资源支持和开通其他站点销售权限的权益；不符合毕业条件的卖家无法获得支持。在新卖家的毕业月，Shopee 会根据卖家的店铺表现，重新分配商户管理团队，对接下一步工作。

入驻 Shopee 是进军东南亚市场的第一步，后续如何运营更为关键。2022 年后 Shopee 平台为卖家提供了供应链、系统和团队服务等强有力的支持。此外，卖家也可围绕市场、品类、营销等多维度进行差异化运营。针对品类方面，Shopee 平台将围绕电子、快消品、生活和时尚四大品类，为卖家配置专业化品类团队。这些品类管理团队也将围绕这四大品类群与三十个一级类目，为卖家提供专业的品类分析和服务支持，打造品类卖家成长计划。

知识链接

1. 掌握 Shopee 开店必备工具及其链接
- 官网：https://shopee.cn
- Shopee 手机 APP：Shopee
- 企业微信：https://work.weixin.qq.com
- Shopee 子母账号：https://subaccount.shopee.com/login
- Shopee 卖家学习中心：https://shopee.cn/edu/home
- ERP：https://service.shopeecb.cn

2. 如何修改邮箱及密码？

Shopee是东南亚及台湾地区最大的电商平台。在Shopee电商平台，卖家需要申请Shopee的子母账号，才能进行下一步的工作。

卖家在申请子母账号时，是可以修改Shopee店铺邮箱的，不过只有Shopee主账户才可以修改店铺邮箱。

步骤如下：使用主账户登陆卖家中心，转到"卖场设定"，转到"我的帐户"，输入主账户登录密码，点击"编辑邮箱"，完成店铺邮箱更新。

如果卖家使用Shopee主账号进入"我的钱包"，输入登录密码显示错误，一般有两个原因：

① 主账号进入"我的钱包"需使用主账号的密码；

② 主账号的密码设置过长。

如果是上面两种情况，可以进入子账户平台，更改主账号的密码，密码长度6~16位。更换完毕后，再进行卖家中心的操作。

很多刚入驻Shopee的卖家会出现邮箱无法接收验证码的情况，这主要原因可能是卖家还没有激活主账户。如果已经激活了主账户，并已经注册好了子账户系统，请用主账户登录子账户平台，进入"我的账户"，更换绑定的邮箱。

3. 如何修改用户名？

为了账户安全，建议在注册账户后不要修改用户名。如果确实需要更改用户名，可以向Shopee的客服团队提交申请。

任务二 选品实战

选品是Shopee实战中最关键的部分。无论某个地区的风口多么大，"七分靠选品，三分靠运营"的策略永远不会过时。选品背后代表的是市场需求，只有满足了市场需求的商品，才有可能畅销。很多创业者抱有"风口来了，猪都能飞上天"的期待，这是不可取的。因为风口不代表市场需求，风口只会加速市场的发展，而不能满足需求。电商通过商品来满足市场需求，并且需要和顾客打交道。那么如何选品呢？我们需要依靠客观的数据分析，而不是依靠个人的主观感觉。推荐利用第三方数据分析工具进行趋势判断，现在市场上主流的数据分析软件有电霸、知虾、海鹰数据（部分免费）、淘数据（部分免费）等。

一、数据选品和选品的方向性

（一）从数据情况和平台重点类目两个方面进行站点分析和类目选择

1. 各站点及类目增长情况分析

观察各个站点的情况，我们要重点关注两个指标：一个是30天销量；另一个是30天销售额。接着分别统计每个站点的销量与销售额在整个平台中的占比。

2. 一级类目情况分析

观察各个站点具体一级类目的情况，我们要重点关注两个指标：一个是 30 天销量；另一个是 30 天销售额。接着分别统计每个站点每个类目的销量与销售额在整个平台中的占比。

（二）确定主营类目

经过数据分析后，卖家需要最终确定店铺的主营类目，这主要从以下六个维度进行考虑。

（1）综合销量与销售额的占比，分析平台重点主推类目。

（2）具体二级类目、三级类目的价格区间。

（3）研究竞品店铺近三个月的销量及利润情况。

（4）考虑国际运费等因素。

（5）了解禁运禁售类目。

（6）评估自己的利润空间。

销量占比、销售额占比和平台的重点主推类目只是决定卖家的选品方向，而决定卖家能否在 Shopee 这个平台经营下去的因素还有利润空间。卖家需要对具体二级类目、三级类目的价格区间和自己的利润空间进行评估，并且要好好研究竞品店铺，主要研究竞品店铺近三个月的销量及利润情况。

在部分站点中，卖家还要考虑跨境卖家禁运禁售的类目（相关规定可以在官方文件《Shopee 平台跨境物流指引手册》中查询），并考虑偏远站点的国际运费。如果国际运费在售价中的占比过大，商品就没有什么价格优势。相比之下，中国台湾站的卖家需要承担的国际运费是最便宜的，500g 首重起算，折算成人民币只需 3.5 元。接着是马来西亚站。第三名是越南站，因为越南与中国接壤，在运费方面也有很大的优势。第四名是泰国站，大部分运往泰国的包裹，都会经过越南再运到泰国。运费最贵的站点是菲律宾站，300g 的物品，卖家需要承担 25.2 元的国际运费。运费次贵的是印度尼西亚站，同样 300g 的物品，卖家需要承担 18 元的国际运费。不同站点的卖家需要承担的运费可以在官方文件《Shopee 平台跨境物流指引手册》中查看。

二、提供满足消费者需求的商品

无论东南亚的风口有多大，卖家只有提供满足市场需求的商品，才有可能长期在东南亚这个新兴市场中发展下去，我们将从关键词思维和打造店铺爆品两个方面了解怎样筛选满足市场需求的商品。

（一）利用关键词思维精准抓取消费者需求

关键词代表的是消费者真正的需求，消费者不会主动说他们的需求是什么，但是他们会主动搜索其所需要的商品。换一个思路讲，卖家只要拿到平台的关键词推荐表，就等于把握了消费者的真正需求。关键词思维需要贯穿卖家运营店铺的整个过程，无论是后文提到的商品标题优化，还是我们本节所讲的选品，还有后续的广告投放（关键词广告），无一不与关键词有着密切联系。关键词代表消费者的真正需求。我们把通过关键词抓取消费者需求的过程分为三步。

第一步：下载官方关键词表，分析里面的关键词。

从关键词表中我们可以看到所有类目的热搜词、蓝海词，还可以看到每个词的广告投入，官方这些"热搜"关键词相当于给了一个确定的结论。

第二步：官方的关键词表代表过去 30 天的搜索量，但对于消费者未来的需求判断，Shopee 的广告后台不能满足，必须借助谷歌趋势继续分析。打开谷歌趋势，将周期拉长，可以发现消费者拟选的关键词需求变化趋势。

第三步：提供符合消费者需求的商品。

（二）关键词获取的渠道

（1）来自类目热销商品标题。

（2）每周周报，由 Shopee 经理发给卖家。

（3）Shopee 大学每月关键词推荐表。

（4）前台搜索词。

（5）关键词广告拓词。

（三）打造店铺爆品

要打造爆品，可以用老商品验证新市场，也可以用老市场验证新商品，后者更为常用，主要做法有以下三种。

（1）跟卖市场爆品。

（2）跟卖第二、第三梯队的卖家出过单的新品。

（3）跟卖新店出过单的新品。

我们可以利用第三方数据分析平台（比如知虾），看某一类目热门商品、热销新店以及大卖家出单商品的上架日期、销量、评价，通过找到优秀的同行，研究并向其学习。同行是老师，同行的客户群体就是我们店铺的精准客户群。

三、货源分析

大卖家和小卖家最主要的区别就在于货源。在东南亚地区做电商，最考验卖家的供应链能力的就是货源。哪里的货源有优势，卖家就应该去哪里拿货。下面我们介绍主流的货源平台和垂直的货源平台。

1. 主流货源平台介绍

下面三个主流货源平台能解决 80% 的货源问题。

（1）拼多多：价格有竞争力且包邮，但是发货时效不好控制。

（2）阿里巴巴：国内批发、跨境专供、源头工厂。

（3）阿里巴巴产业带：产地源头。

2. 主流货源平台找货小技巧

（1）利用关键词来搜索目标商品。

（2）低价精准锁定目标。

（3）善于利用价格区间功能，例如，可以搜索价格范围在 2 元附近的商品，如果有厂商能提供如此低价的商品，那么它很可能就是源头工厂。

(4) 在阿里巴巴平台中记得勾选"实力卖家",因为阿里巴巴平台中也存在很多转卖货源的卖家,如果不勾选"实力卖家",很可能找到的不是一手的货源,而是经过中间商加价的货源。同样的找货方法可以运用到不同的平台上,如拼多多。

3. 垂直货源平台介绍

我们把垂直货源平台划分为以下几个大类,基本涵盖了平台热门的类目。

(1) 女装类:如搜款网、一起做网店(17 网)、托尼斯等。

(2) 包包类:如包牛牛网等。

(3) 美妆类:如中国化妆品网等。

(4) 配饰类:如 1925 饰品批发网等。

(5) 母婴类:如海拍客等。

(6) 童装类:如生意网、货捕头等。

(7) 宠物类:如广州的清平批发市场、深圳的东门市场、义乌的五区市场、北京的通州宠物市场等。

(8) 家居百货类:如义乌购等。

(9) 鞋类:如爱搜鞋、开山网等。

(10) 3C/手机/电脑配件类:如 53 货源网、深圳华强北在线等。

知识链接

Shopee 店铺产品规划

一、爆款

爆款就是一堆人抢着买的产品。高流量、高曝光率、高订单量是其具体表现,但这些产品不一定是利润的来源。爆款既然销量好,为什么还是不赚钱呢?因为一般来说,流量高、订单多的产品价格相对不高,其直接影响是店铺利润低。爆款的利润率期望应该设在 -1% 至 0,也就是说,爆款产品的预期是亏 1% 的,建议每家店铺设爆款 1—2 件。只有做好不赚钱的准备,才能方便创造爆款产品。

1. 如何确定爆款

(1) 市场需求大,大众且热门的产品。

(2) 在同类产品中,物美价廉、性价比高的产品。

(3) 刚需或者应季产品。

2. 如何打造一款爆款

第一步:看近几年产品的市场趋势,只有这类产品整体的市场趋势趋于上升,后面产品的爆发力才会很强。可以打开谷歌趋势搜索想要查询的关键词或选择所做市场的地区来查看数据(图 2-5)。可查看该关键词 5 年的搜索数据趋势和各个月份的搜索量的大小,从而判断该产品在整个市场处于上升趋势还是下降趋势,观察淡季旺季,寻找该产品最好的切入时间。

图 2-5　谷歌趋势页面

第二步：看对手数据。主要分为三个维度：月销量、各个 SKU 的销量和评价。选择任意一个平台，前台搜索产品，按销量排序即可看到各个产品的月销量（广告位商品不算）。选择销量前 20 的产品去总结，比如搜连衣裙，主要看以下几个角度：款式、热销颜色、面料、价格、评分。

总结出各个热卖产品出现频率最多的通用的属性，以及热卖品的平均价格即可。

看对手数据还有几个实用小技巧。

（1）热卖品中用来做主图的款式往往是最热卖的款。

（2）热卖品评价中的差评往往是这类产品的痛点，在后续选品中可补足。

（3）热卖品海外仓的占比往往说明这类产品顾客所能接受的到货时间，比如连衣裙链接的海外仓占比极高，而且时效也处于劣势，这类产品就不适合做自发货。

二、引流款

引流款主要用来给店铺带来流量，其原理就是用最低的价格吸引用户进入店铺，然后给其他商品带来流量。其利润往往比爆款更低，基本就是保本走量款，一般和利润款做捆绑销售，带动整店利润，店铺里面一般有 5 款左右引流款就可以了。

那么，如何确定店铺的引流款？

（1）品类中单价很低、体积小、重量轻且是刚需产品。

（2）平台热卖且复购率高的商品。

爆款和引流款都是为店铺带来流量和曝光率的商品，但不同的是，引流款相对爆款利润更低，引流效果更强。

三、利润款

利润款主要是给店铺带来利润的商品，大概占店铺的 60% 左右，利润率保持在 25% 以上即可。利润款分常规款和超高利润款。这类商品虽然流量小，但利润高。这类商品还要预留折扣空间，在大促时可以顺应平台推出的打折活动，折扣空间可以预留 5%—20%。有了这样的折扣空间，就方便利润款商品赶上平台的流量高峰期了。利润款确定方法如下。

（1）精准分析特定人群的偏好和需求，包括款式、风格、价格段、卖点等，确保适用于店铺目标客户群体里面某一特定的小众人群。

（2）价格段在店内沉淀的老客户能够负担的范围内，可以尝试捆绑式的组合销售，或者让客服推送一些利润款的优惠信息。

当然，产品结构的设置只是经营店铺的一个环节，卖家要将其与物流、选品、售后等相结合，从而达到最终目的。

任务三　打造 Listing

一条优质的 Listing 必须具备七个要素：精准的标题、吸睛的图片、商品视频、有竞争力的定价与折扣、优质的详情描述、高分评价、上架至正确的类目。

一、标题

要写出搜索结果自然排名靠前的标题，我们可以通过以下几个步骤实现。

1. 了解平台商品标题常识

（1）平台用户在手机上浏览及搜索，搜索结果页面的商品标题只显示前面 20 个字符。

（2）中国台湾站的商品标题最多可输入 60 个汉字，马来西亚站的标题最多可输入 120 个字符。

2. 标题设置技巧

（1）在能找到足够多的关键词的前提下，秉持充分利用资源的原则，标题字数要满 60 个字符。

（2）进行标题优化时，前 20 个字符非常重要，因为用户在点击商品前，能够看到的只有前面 20 个字符。

（3）标题命名的规则如下。

① 关键词在标题中的顺序会影响排名。

② 标题中的关键词要和商品有强相关性。

③ 关键词与关键词之间需要用空格隔开。

卖家可以按关键词的热度，降序排列各关键词，并在各关键词中插入相关的营销词、形容词、长尾词等。

3. 挖掘关键词的途径

（1）类目热销商品的标题。把一个类目下面的热销商品标题中的关键词整理出来，熟悉一下自己所做的类目相关关键词。

（2）平台的每周周报。

（3）平台的热销品类关键词表。

（4）前台热搜。

（5）关键词拓词。在第三方数据分析平台可导出相关数据，在广泛匹配模式下可以挖掘出 2000 多个关键词。

4. 关键词的整理与分析

按照类目做好关键词的整理，并对每个关键词过去 30 天的搜索热度进行查询。将关键词整理成 EXCEL 表格，以便在做拟选品时候取用。表格中不仅应有类目词，还应有形容词、特征词等。

5. 标题优化

可以先看一个例子。

> 优化前标题：EVA 拖鞋 居家拖鞋 室内拖鞋 浴室拖鞋 鞋底加厚 防滑 柔软超弹力简约防臭拖鞋 柔软舒压 无声超静音 超软 Q 恐龙拖鞋
> 优化后标题：室内拖鞋 儿童拖鞋 浴室拖鞋 情侣拖鞋 居家拖鞋 恐龙拖鞋 EVA 材质 超轻 防臭防滑加厚 柔软舒压 静音无声 超赞 CP 值

从上面的例子可以看出，标题优化需要做到以下两点。

（1）根据关键词搜索量进行排序。

（2）根据之前广泛匹配的数据来确定与商品相关的关键词。

另外，关键词最好在流量较小的时段进行修改（如清晨和半夜），搜索量小，对商品名的影响不大。

二、主图和视频：如何做高点击率的主图和视频

要想提高点击率，主图优化是必不可少的，主图应迎合大多数买家的喜好。主图中可以涵盖更多的商品信息（如活动促销信息、赠品信息、商品特征等），另外，主图也可采用拼图方式进行展示，如需展示商品细节，可在主图上适当增加细节描述。一般来说，使用场景主图也比较受欢迎。

1. 商品图片的规格要求

（1）最多上传 9 张照片，每张不得超过 2.0MB。

（2）商品文件格式：PG/JPEG/PNG。

（3）照片建议尺寸：800px×800px。

2. 商品主图设置技巧

（1）主图须涵盖更多的商品信息（如活动促销信息、赠品信息、商品特征等）。

（2）主图可以添加边框，增加促销信息等内容。

（3）一定要自己加标，或者加框，这样点击量会更高。

（4）商品有多种款式或颜色，主图可采用拼图的方式进行展示。

（5）部分商品采用拼图的方式可能无法体现商品的质感和细节，这时可使用场景图进行展示。

3. 商品图片的其他设置技巧

（1）要有正面图、侧面图、背面图、场景图、细节图、款式图，爆款商品还要张白底图，参加活动时可能需要。

（2）一定要放 9 张图，可以将商品描述页切分放到后面。

（3）在保证放置 9 张图的前提下有小视频更佳（可以在苹果手机端上传视频）。

（4）注意图片排序，转化效果不好的商品图片要进行调整。

（5）把控品牌调性，可对图片进行色调的调整。

（6）商品主体需要占到图片的 80％以上。

4. 商品视频设置技巧

（1）视频内容控制在 1 分钟以内。

（2）视频可涵盖商品展示或操作指导。

另外视频上传的操作中还需要注意以下两点。

（1）视频只能在手机端上传，不能在电脑端上传。

（2）阿里巴巴、拼多多、垂直货源网站均有视频可以下载。

三、定价：藏价与定价逻辑详解

在 Shopee 平台中，价格是影响出单量的关键因素，低价爆款商品最容易出单。

1. 店铺商品价格布局建议

（1）建议店铺设置引流款商品、平价款商品、高价款商品。

（2）店铺中至少有 20％的引流款商品，中国台湾站的引流款商品的价格建议＜新台 99 元，马来西亚站引流款商品的价格建议＜10MYR。

（3）爆款商品建议拆成单件销售。

（4）多规格 Listing 可设置区间价，如可以设置商品中的某个款式或颜色为此 Listing 的引流价格，即该款式商品的价格比其他款式或颜色商品的价格低 5％～10％。

2. 店铺折扣设置技巧

（1）定价须考虑折扣，没有折扣等于没法做后续的营销活动，店铺出单困难。

（2）全店 80％以上商品需要有折扣。

（3）折扣幅度建议大于 30％。

注意：越南站要求活动的折扣价不能低于 5 折，否则商品会被下架。

3. 藏价与定价逻辑

1）什么是藏价

Shopee 平台一大特点就是"藏价"的概念。藏价是指卖家需要承担的实际运费，若是这部分运费全部显示出来，会降低买家的购买欲望，影响转化率。Shopee 国际运费分为两个部分，一部分由卖家承担，一部分由买家承担。卖家承担的部分，就把它算在商品价格里面。

藏价和包邮不同，藏价指将卖家必须承担的国际运费藏匿于商品售价中，而包邮指的是免除买家的运费。

例如，一个订单里包含 3 件商品，包裹重量为 480g，卖家整个订单的跨境运费藏价是新台币 45 元，Shopee 平台在向卖家收取这个订单的跨境运费时，只收取新台币 15 元。所以卖家的利润就会比原来增加新台币 30 元。这时，卖家可以以优惠券的形式将增加的这部分利润返还给客户，以引导客户给好评和回购。对于特殊货物，可以按这个定价思路做一张属于自己的定价工具表，运费部分自己调整，利润率和毛利率部分也需要自己调整。

2）常见的定价误区

一是不懂得藏价。直接用"采购成本×（1+利润率）"的定价公式，这样很容易亏本。因为除了采购成本，我们还需要承担国内运费和国际运费，还有代贴面单的成本。

二是多站点运营时，直接将售价进行汇率转换。每个站点的国际运费标准是不同的，不要直接按汇率转换售价，要重新定价。例如，在中国台湾站，一件卖新台币150元的T恤，重量为300g，现在要在马来西亚站的店铺中进行售卖，有的卖家就直接将新台币150元转换成21.07MYR。这是不对的。这件T恤的重量是300g，中国台湾地区的国际运费大约是人民币3.5元，但是换到马来西亚站进行售卖，国际运费就要变成人民币7.5元了。所以商品的售价在不同站点之间不能直接转换，而要重新定价。

三是售价定得低，以为后期还能改价格。Shopee平台上商品售价一旦确定，就不能再改了，否则系统会把改过价格的商品删除。卖家可以在前期把商品价格定高一点，后期通过折扣来调整。如果一开始定得过低，后期做活动的利润空间就没有了。如果后续想要参加平台的免运活动，平台还会额外收取3%~5%的佣金，利润空间更小。

四、商品详情与上架至商品类目

1. 商品详情描述内容

（1）营销术语：满减、私人优惠券、秒杀活动、店铺营销活动等。

（2）品牌：品牌展示。

（3）功能描述：商品适用人群和适用场景。

（4）商品型号描述：如衣服要有不同尺码的具体尺寸和适合的人群。

（5）商品使用的注意事项。

2. 商品详情编辑技巧

（1）格式：采用多行短句，注意美观。

（2）内容：涵盖商品详细介绍及客户感兴趣的内容。

（3）字数限制：各个站点都有字符限制。

3. 上架至正确的类目

（1）分类：正确选择商品类别，如果不确定可以参考平台相同热卖商品的分类选择，70%商品的下架原因都是因为分类错误，请务必选择正确的商品类别。

（2）品牌：选择正确的品牌，如果后台无该品牌，请选择自有品牌/OEM/无品牌，将商品上架到正确的类目下，会有类目上新流量加持。

五、布局评论与销量

针对已出单的商品，卖家应第一时间联系买家，争取获得好评，在包裹中夹带小礼物，对提升好评率有非常大的帮助。5星评价将大大提升商品的搜索排名。第一单评价出现的时间点和评分对于成长初期的店铺至关重要。由于买家在订单完成后15天内进行的订单评价才算有效，因此建议卖家及时联系并鼓励买家给予评价。评论内容须对其他用户具有参考价值,因此尽量鼓励买家晒图评论,以提高商品页的搜索排名。若买家给予差评,建议卖家及时与买家进行协商,修改评价,评价后 30 天内有 1 次修改机会。

任务四 装修店铺

装修店铺指对展示给买家的店铺首页进行优化设计,目前可以在 Shopee 后台对店铺首页添加内容及进行装饰。

一、店铺装修的维度

(1) 店铺头像:清晰、简洁、直观,要和商品名称或者商品定位相关。
(2) 店铺名称:通俗易记,容易联想到商品定位。
(3) 店铺海报。
(4) 店铺介绍。
(5) 优惠券。
(6) 置顶推荐商品。
(7) 商品分类。

二、店铺装修的意义

(1) 提升商店形象。
(2) 帮助买家快速定位商品——商品分类可以让买家快速找到所需商品。
(3) 促进订单转化率。
(4) 增加主推词商品曝光。

三、怎样做店铺装修

店铺的装修在手机端与 PC 端显示会有所不同,由于目前跨境电商平台的订单基本都是手机订单,所以各位卖家一定要注意手机端店铺的装修,最好自己来进行装修,而不要全部外包给他人或其他机构。

1. 设置店铺头像/名称
(1) 登录卖家中心。
(2) 进入商店介绍。
(3) 点击修改图片可设置店铺头像,在商店名称处输入名字。

2. 店招设置
(1) 登录卖家中心。
(2) 进入商店介绍。
(3) 点击上传图片或新增视频。
注意:店招主要用于突出商品或商品类别,大促时突出宣传促销活动并展示商店服务。

3. 商店介绍
(1) 登录卖家中心。

(2) 进入商店介绍。

(3) 点击修改商店介绍。

注意：商店介绍涉及店铺的商品、发货速度，以及其他想传递给买家的信息。

4. 商店优惠券介绍

(1) 登录卖家中心。

(2) 找到首页的热门工具栏。

(3) 点击优惠券。

注意：可结合站点的免运规则设置优惠券的满减金额，也可根据店铺的平均客单价进行设置。

5. 商品分类（category 分类）

(1) 登录卖家中心。

(2) 进入商品分类（category 分类）。

(3) 根据自己的需求对店铺商品设置不同的分类。

关于 category 分类，还有以下几个建议。

(1) 可根据商品的类目进行商品分类。

(2) 可根据商品的客户群体进行分类。

(3) 可根据价格区间或者特殊目的，如清仓专区等，进行分类。

6. 平台活动

Shopee 市场中心的"我的营销活动"会定期推出各种活动，卖家可报名参加，争取更多的曝光机会。"我的营销活动"页面中，选择"我的促销活动"，在"我的促销活动"中，会不定期开放不同时间、不同内容的主题活动，卖家可主动报名，报名结束后会进入审核阶段，审核通过的商品将会在活动期间参加此活动。"我的促销活动"报名技巧主要是申请报名活动时一定要严格遵循活动主题、商品品类、价格、库存、折扣力度等方面的要求，在满足这些条件的商品中首选销量高、好评多，并且有价格优势的商品参加活动。

平台活动大致分为以下三类。

(1) 爆单引流：包括首页限时特卖秒杀、大促低价活动。

(2) 有效引流：包括其他大促活动、首页 Logo 活动、首页 Banner 活动、免运项目和 Cash Back 项目（CB）。

(3) 日常曝光：包括品类活动、日常主题活动。

上述三类平台活动各有千秋，下面逐条介绍。

(1) 爆单引流。首页限时特卖/秒杀的优势是高曝光，高转化；劣势是门槛高，要求严格。大促低价引流优势是高流量，高转化，涨粉效果好，有利于增加店铺的自然流量。

(2) 有效引流。其他大促活动一般都是平台热卖的商品，曝光度不错，效果由商品热度决定。首页 Logo 活动很多都是 CB 专属活动，流量好。首页 Banner 活动的活动效果由商品热度及价格决定。免运项目及 CB 项目则高流量，高转化，是很多大促活动的门槛。

(3) 日常曝光。品类活动门槛低，多为后台报名，新店铺建议多参加此类活动，以增加曝光量。日常主题活动门槛低，多为后台报名，新店铺建议多参加该类活动，以增加曝光量。

上述三类平台活动的基本要求有下面几条。
（1）店铺无惩罚（罚分达标）。
（2）商品非预售（现货所占比例达标）。
（3）发货没问题（客单件数，即 APT 达标）。

任务五　运营推广

新手 Shopee 运营首先需要多了解平台的规则，店铺首页得到充分利用是所有运营推广的基础。首先，在店铺介绍中加上买家关心的物流时间、客服工作时间及退换货规则等，根据自家店铺的产品自定义分类，如热卖品专区、折扣专区等，让买家进入店铺后就能及时了解各项信息，并得到舒适的购物指引。其次，在大促期间，卖家可以每天分时段批量上新几款产品，让新商品在同类商品中排序靠前，有利于店铺持续曝光。各大平台高峰购物时间有所差异，卖家在站点活跃时间上新可以大大提升产品曝光率，提高产品日单量。最后，做好店铺的日常数据维护，紧跟平台发展新规则。

一、店铺日常运营数据分析

我们进行店铺数据分析的时候，需要从横向和纵向两个维度进行比较。横向主要对比大盘数据、行业数据、竞品店铺数据，从销售额、行业平均转化率等指标入手；纵向主要跟自己比，将现在的店铺运营的销售额、订单量、转化率、平均客单价等数据和过去店铺运营的数据进行比较。全面的数据能让自己清楚自己在行业中的位置，以及与同行之间的差距。卖家需要做到以周或月为周期来进行分析，紧盯转化率，看转化率是否大于站点的平均值；看每天的访客数量是否保持增长。另外店铺各种营销活动的数据，都需要汇总到营销活动模块中，每一个活动页面点开以后，要及时查看每项营销效果达成情况的分析图，便于运营人员随时掌握活动营销投入产出比。

二、提升流量转化率

（一）流量来源

店铺没有流量就不能出单。那在 Shopee 平台怎样才能获得流量呢？如图 2-6 所示，基本上可以分以下几种方式。

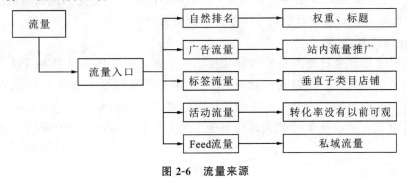

图 2-6　流量来源

1. 自然排名

自然排名即自然流量。影响自然流量的因素有很多，如标题、单量、评价、以及产品本身的权重等。在这方面，我们可以通过定期定量的刷单去提高产品的自然排名，为产品获得更多的自然流量。

2. 广告流量

可以利用广告为店铺产品获得更多的站内流量。Shopee广告有很多模式，如关键词广告、关联广告、商店广告等。

3. 标签流量

标签是Shopee搜索展示中的一部分，卖家可以在热搜上面看见，权重高的标签有利于产品曝光。因此更推荐运营垂直店铺，因为这样的店铺产品很精确，顾客能精准地通过标签去买到产品。

4. 活动流量

平台活动要积极参与，如秒杀活动、免运活动、各类大促活动等，参与活动的产品能够获得更多的展现与曝光。

5. Feed流量

Feed类似于淘宝的微淘，可以发帖，可以向粉丝精准地推广店铺产品。Feed运营好了，就相当于自己店铺的私域流量。

6. 大促流量

图2-6所列的是日常流量，除了这些日常流量，平台的各种大促期间还有较大的流量。跨境电商大促基本在下半年，如图2-7所示。把握好大促的时间，提前做好备货以及各方面人力物力的储备。

（二）流量利器——关键词广告

卖家提升店铺流量有两种方法，一种是时间换流量，一种是拿钱换流量。这两种方式适用于店铺不同的成长阶段。付费流量利器——关键词广告对初期卖家有很大作用，具体表现在吸引顾客进店、促进购买、涨粉、测款等方面。想让关键词广告投放有效果，必须熟悉买家的购买决策路径，并熟悉其中三个关键数据指标：曝光率、点击率和转化率。

当我们投放广告的时候，买家通过广告看到了我们广告商品的主图，只有当商品主图吸引了买家，买家才会浏览商品，并会在这个过程中关注商品价格、商品详情、评论等。如果商品符合买家需求，买家将把商品放进购物车，同时也可能把其他相似商品一同放进购物车，进行对比，最后综合价格等因素，做出购买决策。

1. 关键词广告前期

流量的根本来源是链接本身的搜索流量，一条链接的好坏直接影响后续广告投放和参加平台活动的效果。一条链接的流量80%来源于产品标题，剩余20%来自所选类目的流量、产品属性、图片中文字和详情页以及店铺粉丝的流量，后续评价中的关键词也会起一定的效果，所以补单时把关键词加进去尤为重要。写好产品标题可以采用以下三个方法。

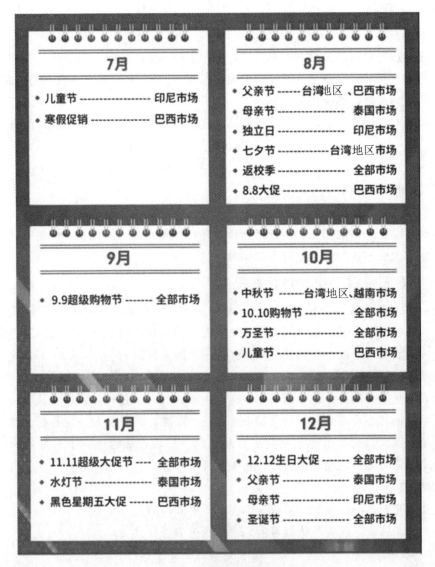

图 2-7　Shopee 大促日历

（1）标题中关键词的底层逻辑就是顾客购买此类产品时的搜索词。东南亚市场和欧美市场有所不同，每个国家都有当地的语言，无法统一各种名称，所以找关键词是一门技术活。

（2）比较简单有效的方法就是找到此品类销量排名前 10 的标题，然后用表格进行总结，主要关注关键词、长尾词、场景词、适用人群等方面，挑选出现频率最高的几个词写进标题。但是这种做法的劣势是新链接如果没有产品和价格优势，很难打得过竞争对手的流量，所以建议配合第一种方法找精准的关键词并使用当地语言去添加。

（3）可以在平台广告后台推荐的关键词中进行挑选，建议前期做大词、广泛匹配，根据之后的数据从中挑选一些转化率较高的词加入标题中。

2. 关键词广告中期

这个阶段就是广告正式投放的阶段，一共分为五个步骤。

步骤一：挑选5~10个广告。

步骤二：预算设置，预计有50多次点击量，测试周期为3天左右。

步骤三：选择合适的关键词，每次20个关键词（类目大词＋精准词）左右，逐步根据网站流量转化率减少字数，最终将关键词稳定在10个左右。排名最好保持在第10名左右，这样前期测试时的性价比最高。

步骤四：对关键词进行调价，从低到高，逐步加价。建议按系统推荐价的60％~80％进行出价。

步骤五：选择匹配模式，先广泛匹配，再精准匹配。

3. 关键词广告后期

这个阶段重在优化提升，对于点击率高且转化率高的商品，要持续保持优化。对于点击率过低的商品，如果优化成本高，就选择放弃；如果关键词竞价高，排名靠前，曝光量大，但点击率太低，这种商品建议也选择放弃。

（三）客服日常工作与转化率提升

Shopee的社交属性比较重，平台规则偏向保护买家体验，所以售后和粉丝营销是必做的功课。几乎所有店铺问题都可以转化为客服问题，粉丝质量好的店铺回复咨询的比例比较高，尤其是新店时期，粉丝往往是店铺第一单的来源。

1. 客服人员最基础的工作

客服人员最基础的工作就是当买家咨询与店铺相关的问题时，要做到及时回复。当买家主动联系店铺时，肯定是在购物过程中遇到一些困难，客服人员一定要耐心解答买家的问题，如果客服人员能够引导买家购买商品并给予好评，那就达到了最好效果。一般来说，一个电子商务交易过程包括售前、售中、售后服务。

1）售前服务

（1）卖家把自己的店铺和产品推送出去，让更多的消费者知道。

（2）客户来咨询，能完美地解答问题，并通过沟通促进交易。

2）售中服务

（1）客户下单后没有付款，如何引导客户快速付款。

（2）发货环节出现无库存的情况或物流风险，如何告知客户。

（3）物流信息长时间未在途，如何告知客户。

3）售后服务

（1）如何解决客户因各种原因提起的申诉。

（2）如何维护客户关系，促进再次购买产品。

2. 关注粉丝提高转化率

Shopee粉丝是店铺自然流量和订单的重要来源，在Shopee店铺运营初期，涨粉是运营中的一个重要环节。Shopee店铺积累了一定量的粉丝后，Shopee卖家可在店内策划一些主题活动，设置折扣代码，提高回购率，建立固定粉丝群；这样同时也可能增加曝光率，拓宽新客源，形成良性循环，进而提高Shopee店铺销量。

拓展阅读

站内外引流渠道

站内引流	类目 1. 选品上侧重性价比较高的潮流产品，及时掌握热销商品，并上架销售； 2. 根据目标客户群选品：60%～70%的用户为年轻女性，关注性价比高的潮流产品； 3. 根据重点品类选品：流行鞋服/美妆保健/母婴用品/手表配饰/家居装饰/男性服饰。	搜索 根据热搜词和标签优化商品名称和描述。 1. 热搜词：通过热搜词，卖家可以了解热销商品，并根据热搜词优化商品名称和描述；可以根据热搜词使用关键词广告，提高商品搜索曝光率。 2. 标签：卖家可在商品描述中添加热门标签，增加商品曝光率。
	分时段上新、置顶推广 1. 小批量分时段上传新商品：每天分时段小批量上传新商品，这样新商品会在同类商品的搜索排名中处于靠前的位置，有利于店铺持续曝光。 2. 建议对新品使用置顶推广功能（Boost）；对已积累一定流量的热卖品谨慎使用置顶功能；在各站点的黄金时间段分时间置顶产品，比如午间、晚间双重活跃型站点建议至少每天在这两个流量高峰置顶2次。	平台活动曝光 积极参加平台活动，比如限时特卖、各项主题活动；还可以购买站点的大促活动资源包，获得在大促期间的活动曝光。
	直播、Feed 1. 直播：运用各站点的直播功能进行引流，在直播中可以加入要推的商品，并设置优惠券在直播中发出，同时可以引导观众关注店铺。 2. Feed：Feed会将商品展示给店铺粉丝以及其他近期浏览过同类型商品的买家，可以使用Feed推广店铺商品。	吸引粉丝 1. 主动关注：卖家可在APP上搜寻同类热门卖家，并主动关注这个卖家及其现有粉丝，这样被回粉几率比较大，同时也能增加曝光。 2. 买家互动圈粉：重视每一次和买家进行沟通的机会，及时回复买家信息，提高顾客转化率和留存率。 3. 粉丝优惠：卖家可鼓励买家为其产品点赞或者关注店铺，并在下次购买时给予折扣或礼品作为奖励；可以在后台设置"关注礼"吸引买家关注店铺。 4. 低价促销：可帮助店铺引流，增加粉丝量。

续表

站外引流	卖家可在 Facebook/ Instagram/ LINE/ Youtube /TikTok 等社交网站建立账号，定期发布店铺新品动态或者活动信息，扩大粉丝圈的同时可以引流到自己的店铺。

任务六　出货与回款

一、物流服务与 DTS 详解

（一）物流服务

1. 普通物流服务

对于中国大陆地区的卖家，Shopee 中国台湾站点的跨境物流主要使用 SLS（Shopee Logistics Service，Shopee 物流服务），以及 Shopee 店配-莱尔富（超值）渠道，有时还通过第三方渠道为卖家提供宅配大件物流服务。

2. COD（货到付款）服务

Shopee 在中国台湾地区支持 COD（Cash On Delivery，货到付款）与非 COD（非货到付款）两种支付方式。非 COD 包裹需由买家下单时，在线上完成货款和运费支付，可以使用信用卡、银行转账等方式进行结算。COD 包裹则通过 7-11 便利店、全家便利店、黑猫宅急便向收件人收取货款和运费，买家下单后无须进行任何线上支付的操作。

3. 物流时效与参考运费

中国台湾地区跨境物流时效与卖家参考运费，以及其他物流相关规定及限制如表 2-1、表 2-2、表 2-3、表 2-4、表 2-5、表 2-6 所示。

表 2-1　中国台湾地区 SLS 物流时效与卖家参考运费

货物类型	物流类型	费率				时效（天）
		首重（kg）	首重价格（TWD）	续重单位（kg）	每续重单位价格（TWD）	
铺货	宅配	0.5	85	0.5	30	4～8
	店配		75		30	
特货	宅配		105		40	
	店配		95		40	

表 2-2 中国台湾地区 Shopee 店配-莱尔富（超值）渠道物流时效与卖家参考运费

货物类型	物流类型	费率				时效（天）
		首重（kg）	首重价格（TWD）	续重单位（kg）	每续重单位价格（TWD）	
普货	店配	0.5	75	0.5	30	9～14
特货	店配		95		40	

表 2-3 中国台湾地区宅配大件物流时效与卖家参考运费

货物类型	物流类型	头程费率（按照实重计费）	尾程配送运费	时效
		单价（CNY）/kg	续重单位（kg）	
普货	0～10kg	5.5	15.3	配送时效（含出仓起运）6～7 天（海关查验及偏远件除外）
	11～20kg		18.9	
	21～25kg		23.6	
	25kg 以上		28.3	
特货	0～10kg	7.5	15.3	
	11～20kg		18.9	
	21～25kg		23.6	
	25kg 以上		28.3	

表 2-4 Shopee 中国台湾站在大陆的增值服务及其他费用

异常货物处理费	单位	费用（CNY/包裹）	备注
合单费	包裹	1	
拆包费	包裹	1	
质检费	包裹	5	按照卖家要求进行质检，含拍照

其他费用

费用名称	名称		费用（CNY/包裹）	备注
包材费用	内包装	泡沫	1/个	尺寸 30cm×30cm×30cm
	外包装	纸箱	纸箱尺寸：（大）60cm×40cm×50cm 纸箱重量 0.9kg　9/个 （中）44cm×27cm×17cm 纸箱重量 0.4kg　7/个 （小）22cm×22cm×22cm，纸箱重量 0.2kg　5/个	/

续表

异常货物处理费		单位	费用（CNY/包裹）	备注
包材费用	外包装	木架	木架费用60起，根据商品大小而定，需提供尺寸预估（所有用的木条：宽度约为13cm，厚2cm）	/
		木箱		/
		十字带	1/个	尺寸 30 cm×30 cm×30 cm
		井字带		

表2-5 Shopee中国台湾站大件物流渠道商品派件附加费（该部分费用将直接向买家收取）

单件包裹（kg）	单件包裹外箱长＋宽＋高总和（cm）			
	60cm以下	61～90cm	91～120cm	121～150cm
0～10kg	36元/件	50元/件	60元/件	69元/件
11～20kg	33元/件	49元/件	56元/件	66元/件

表2-6 Shopee中国台湾地区寄件尺寸、重量限制

物流类型	最大重量（kg）	尺寸限制	备注
SLS宅配	≤20	三边合计＜150cm	
SLS宅配	≤10	45cm×30cm×30cm	最长边＜45cm；若有一边长为30～45cm，其他两边则需均＜30cm
Shopee店配-莱尔富（超值）	≤10	45cm×30cm×30cm	最长边＜45cm；其余两边则需均≤30cm

4. 物流渠道特殊限制及规定

除中国法律法规所明确禁止的情形外，Shopee中国台湾站物流渠道的使用还需注意如下特殊限制。

1）SLS渠道的普货、特货区分及品类限制

寄往中国台湾地区的物品由于清关要求不同，可分为普货渠道与特货渠道。商品禁运清单可以查询《Shopee平台跨境卖家物流指引手册》。不在指引手册的商品可向Shopee客服人员及商户经理咨询。中国台湾地区还规定同时入境包裹总价值不得超过新台币20000元，若超过将不予配送。由于卖家违反禁运清单所产生的税收及相关费用将由卖家承担。

2）Shopee店配-莱尔富（超值）渠道特殊限制及规定

（1）包裹限重：包装重量≤10kg。

（2）包裹尺寸不可超过45cm×30cm×30cm。

（3）不能运送禁运商品。注意以下两点：

① 中国大陆地区出境单个包裹的价值需小于人民币500元，若超出限制则需正式报关；

② 收货人姓名必须填写中文姓名，且电话号码需为中国台湾地区有效电话号码，否则将会影响货物正常清关。

3) 中国台湾地区宅配大件物流渠道特殊限制及规定

除中国法律法规所明确规定的限制及禁止的情形外，中国台湾地区海运渠道还有以下限制和注意事项。

(1) 单件物品限重：单件物品重量≤70kg。

(2) 包裹尺寸要求：单件包裹尺寸≤2m×1.1m×1.1m。包裹体积≤1.7m×1.7m×2.1m。

(3) 禁止收寄：毒品、仿冒品、危险品、易燃易爆品、腐蚀品、药品、鲜活食品、动物、U盘/光盘、电子烟及其配件、生鲜食品、化工类、饮料罐头、汽/机车配件、文物、金银首饰、有价证券、军火武器等。货物一旦被查没，托运方委托人自行承担所有责任。

(4) 未过安检（安检退回）货物，一律不予退运费，产生的罚款由卖家承担，因退货产生的仓储费，卖家自行承担。

(5) 请务必填写详细的寄收件人或联系人全名、公司或厂名、地址、电话，并写上身份证号码及公司统一编号，如涉及虚报、漏报、侵权、仿冒等，均会受到罚款、没收等处分，因申报不符导致的一切后果卖家自行承担。

5. 关于发货

卖家使用SLS物流服务，需要将包裹寄送到Shopee指定的SLS转运仓库完成发货。包裹破损或被截留等相关后果由卖家自行承担。

6. 关于尾程配送

1) 关于SLS渠道的尾程配送

SLS渠道为卖家提供宅配与店配两种服务，宅配在中国台湾地区的最终配送由黑猫宅急便完成，店配则由配送人员将包裹配送至指定的7-11便利店或全家便利店，等买家提货。如果首次配送不成功，黑猫宅急便可以在七天内进行免费的二次配送，店配则无二次配送。

2) 关于宅配大件渠道的尾程配送

配送范围：中国台湾站全岛可配送。

配送注意事项如下。

(1) 若住户楼层配有电梯或一层住户，可免费直接配送上门。

(2) 若住户楼层无电梯或物品无法进入电梯内，需人工搬运上楼：单件物品50kg以上，每增加一层收取人民币20元的上楼费。若需借助相关搬运设备的，产生的费用与现场配送人员协商结算。

(3) 更改派件地址：货物抵达中国台湾地区前，买家可以联系客服人员更改派件地址，若包裹抵台后更改地址，则按二次配送计费。

(4) 由于买家问题导致二次配送，将加收人民币20元/件（次）的配送费用，买家需现场支付给配送员。

第一次派件如没有成功，尾程配送企业则会在人工通知收件人后，另行约定配送时间，进行二次配送，另收取每件人民币20元的派件费。如相关人员一直联系不上收件人，前三天免收仓储费，第四天起，每天加收人民币 50 元仓储费，第八天后如仍联系不上收件人或卖家没有另外要求改派地址或以其他方式安置货物，则 Shopee 视同卖家自愿无条件放弃货物，Shopee 将对货物进行自主销毁处理。

7. 关于 SLS 的物流结算

已在 Shopee 平台开户的卖家将直接与平台进行统一结算。目前 Shopee 平台会对所有订单（包括正常送达、拒收、买家申请退款、退货的订单）按照实际运费对买家进行收费，在交易完成后，买家所支付的交易金额将由 Shopee 统一扣除运费及一切相关费用后支付给卖家。

（二）DTS

1. DTS 的概念

DTS 即 Day To Ship，中文称为发货时间或者备货时长，即商品发货时间，也就是买家下单之后，其订单状态由"未出货/ToShip"变为"运送中/Shipping"的天数（只计工作日天数）。Shopee 所有站点的卖家都可将发货时间自行设置为 3 个工作日或者 5~10 个工作日。但是发货时间为 5~10 个工作日的商品会被定义为预售商品，并且该商品前台展示会有"Pre-Order（预售商品）"字样。由于买家更倾向于选择寄送时间短的商品，所以预售商品会对店铺的转化率有一定的影响。同时，如果店铺中的预售商品数量占比过高，将会影响到卖家评选优选卖家、商城卖家的资格，还会被限制上新商品数量。

2. DTS 对卖家的影响

DTS 会影响卖家的迟发货订单及订单自动取消的计算。

非巴西站点：DTS（工作日）未被首公里成功扫描或未到仓扫描的订单会被记为迟发货订单。

巴西站点：DTS（工作日）+1 个自然日未被首公里成功扫描或未到仓扫描的订单会被记为迟发货订单。

非巴西站点：DTS（工作日）未点击发货的订单会被记为自动取消订单；DTS（工作日）+3 个自然日未到仓扫描的订单会被记为自动取消订单。

巴西站：DTS（工作日）+1 个自然日未点击发货的订单会被记为自动取消订单；DTS（工作日）+3 个自然日未到仓扫描的订单会被记为自动取消订单。

注意：物流时效豁免只针对 DTS 设置的工作日，+1 或 +3（自然日）没有物流时效豁免。订单被取消会影响卖家的订单未完成率，从而影响店铺罚分。

例如，假设商品预计备货时长是 3 天，买家于 2021 年 2 月 22 日下订单，在哪天前不被首公里扫描完成就会被算作迟发货订单呢？

答案是 2 月 25 日。

若买家 2 月 22 日下单，则 2 月 23 日—25 日为 DTS。在 DTS 时间内没有被首公里扫描完成就算是迟发货。所以买家于 2021 年 2 月 22 日下的订单在 2021 年 2 月 25 日还没有完成首公里扫描，就会被算作迟发货订单。

3. 如何设置 DTS

卖家可对店铺中的所有商品设置统一的发货时间，也可以单个或者批量设置商品的发货时间。还可以在手机 APP 上进行设置。

(1) 统一设置发货时间。
步骤一：前往"卖家中心"，进入"商店设定"。
步骤二：点击"物流中心"，在页面最下方的"出货天数"后面点击" label-edit"。
步骤三：输入出货天数，便能一次性更新商店所有商品的出货天数。
(2) 为单个商品设置发货时间。
步骤一：前往"卖家中心"，进入"商店设定"，进入"商品详情"页面。
步骤二：在页面右侧"其他"中，即可修改每个商品的出货天数。选择"否"，那么出货天数将会设置为 3 个工作日；选择"是"，那么卖家可以自行设置出货天数为 5—10 个工作日，此时商品将被列为预售商品。
(3) 批量设置发货时间。
步骤一：前往"卖家中心"进入"商店设定"，点击"商品属性工具"。
步骤二：可对每个商品设置是否预购。
选择不预购，那么出货天数将会设置为 3 个工作日。选择"是"，那么卖家可以自行设置出货天数为 5—10 个工作日，此时商品将被列为预售商品。
(4) 在手机 APP 上设置、修改商品的备货天数。
步骤一：在"新增商品"页面里，打开"较长备货"选项。
步骤二：填写出货天数即可。

4. 常见问题

(1) 卖家如何设置商品发货时间？

卖家店铺内销量好的商品在其库存充足的情况下，可将这部分商品的发货时间设置为 3 个工作日。对于需要较长备货时间的商品，卖家可将这部分商品的发货时间设置为 5—10 个工作日，但是需注意店铺预售商品占比的控制。

(2) 预售商品过多有什么影响？

由于买家更倾向于选择寄送时间短的商品，所以预售商品会对店铺的转化率有一定影响。

二、订单好评获取技巧

1. 查看订单评价以及回复买家评价

点击"商店设定"，进入"店铺评分"即可查看所有买家已评价订单的评分，卖家点击"回复"即可回复买家的评价。

2. 评价时间

如果买家需在 15 天内进行订单评价才会影响店铺评分，建议卖家在订单完成后及时鼓励买家给予好评。

3. 买家修改评价

如果有买家给予了差评，建议卖家及时与买家协商修改评价，评价后 30 天内有 1 次修改评价的机会。

4. 常见问题解答

(1) 遇到恶意差评，怎么处理？

若卖家遭遇恶意差评，卖家可以向所属商户经理或者致电平台客服进行申诉，由平台

介入处理。

(2) 如何举报、封锁指定买家？

打开"聊聊"选中想要封锁或者举报的买家，点击对话框顶部买家用户名旁边的三角形下拉标志，即可看到"Report User"（举报此用户）或者"Block This User"（封锁该使用者）的选项。

(3) 被举报、封锁的买家会受到什么限制？封锁买家后买家是否无法在商品评论中留言？

封锁买家可以禁止该买家在该店铺购买任何商品及在"聊聊"中留言，但无论买家是被举报还是被封锁，只要他购买了商品，均可在商品评论中进行留言。

三、回款与查账

1. Shopee 提供的安全支付保障

平台各站点在当地拥有完善的收款方案。卖家可以启动支付保障，平台对货款进行托管，交易成功后，平台将货款及运费补贴打款给卖家；也可以通过第三方支付打款给卖家。

2. 常见问题

(1) Shopee 跨境卖家支付的解决方案最合理的是哪一种？

启动第三方支付，对货款进行托管，交易成功后第三方支付平台 Payoneer、PingPong 或 LianLian Pay 会将货款及运费补贴打款至卖家账户。

(2) 平台是通过什么打款的？

若卖家已在后台绑定 Payoneer、PingPong 或 LianLian Pay 收款账户，那么平台会通过卖家绑定的相应的第三方支付商为卖家进行每个周期的货款结算。

(3) 打款周期和频率是怎样的？打款是否有最低金额的限制？

Shopee 每月会在月中和月末进行两次打款，并且没有最低打款金额限制。

(4) Shopee 平台各站点打款是以什么货币进行结算？

目前，新加坡站打款币种为新加坡元，越南站打款币种为越南盾，其他站点打款币种均为美元。

3. 绑定收款账户

为了便于卖家接收销售货款，Shopee 平台的卖家需要在卖家后台中心绑定账户，目前 Shopee 平台支持 Payoneer、PingPong 及 LianLian Pay 第三方支付服务商，卖家可参考以下步骤进行账户绑定。

1) 尚未注册任何收款账户

卖家可在卖家中心直接进行注册，具体步骤如下。

登录卖家中心，点击"我的钱包"（My Wallet），点击 Payoneer、PingPongoing 或者 LianLianPay 卡片上的注册/登录按钮，页面会跳转至相应官网，卖家根据提示，按步骤进行操作，即可进行账户申请。

2) 已有 Payoneer、PingPong 或 LianLian Pay 账户

卖家可以直接在卖家中心绑定账户，具体操作步骤如下。

登录卖家后台中心,点击"我的钱包"(My Wallet),点击 Payoneer、PingPong 或 LianLian Pay 卡片上的"注册/登录"按钮,选择右上角的"已有 Payoneer 账户""我已有 PingPong,立即登录绑定"或"已有账号,立即登录",然后根据操作提示,输入相关信息。提交信息之后需要 1—2 天的审核时间,审核通过之后,绑定的账户卡片图标会显示"已激活",卖家即可正常使用该账户接收 Shopee 打款。

3) 常见问题

(1) 后台绑定的收款账户必须为公司账户吗?能否绑定私人账户?可以随时更换绑定的账户吗?

Shopee 对卖家后台绑定的收款账户没有账户类型限制,公司账户或私人账户均可。在保证账户安全的前提下,卖家可根据自身情况随时更换绑定的账户。需要提醒的是:为了提升卖家账户的安全系数,卖家在后台绑定或更换绑定用户时需要不同于店铺登录密码的独立密码,卖家可联系所属商户经理协助获得独立密码。

(2) 店铺已绑定 Payoneer、PingPong 或 LianLian Pay 账户,但是一直提醒需要"绑定银行卡"(Add Bank Account)。

"绑定银行卡"只针对各站点当地卖家,跨境卖家无须进行任何操作。

4. 单个订单查账

对账必须等订单完成后才可进行,不然会出现差异。出现差异的原因是因为系统把买家支付的运费从我们的销售金额中扣除了,订单完成后才补给卖家。

1) 查询路径

"首页"—"我的销售"—"已完成订单"—"订单明细",即可查看。

2) 各项指标说明

(1) 订单金额:整个订单的商品售价的总和,未除去优惠券的金额。

(2) 运费额:卖家和买家需要承担的总运费。一次性从卖家的订单金额里扣除。

(3) 回扣:参加了免运活动,买家部分的运费由平台补贴,以"回扣"的形式返还给卖家。

(4) 费用与收费:包括平台佣金+交易手续费+参加免运活动或者其他活动的额外佣金。

(5) 订单收入:Shopee 给卖家打款的金额。订单收入=订单金额-运费总额+回扣-费用与收费。

3) 计算本次订单的盈亏情况

单个订单完成后,要进行订单对账,掌握盈亏情况。

利润计算:利润=订单收入-(成本+操作费)。

因为平台打给卖家的钱,已经扣除了佣金和藏价,所以卖家只要把到手的钱,减去拿货成本,还有国内的运费和代贴单费用(统称为操作费),利下的就是单个订单的利润。

5. 多个订单查账

(1) 多订单频繁查账。

第一步:基础自查。

第二步：下载打款明细，确认打款情况。

第三步：向经理申请账单查询。

（2）基础自查，在查账对账之前卖家需要确认以下事项。

① 订单在上个打款周期内完成。

② 在打款系统作业截止日期之前（每月15号和31号）就已经正确绑定好Payoneer、PingPong或者LianLian Pay。

③ 如果是优选卖家或商城卖家，会有7天和15天的鉴赏期，订单会延迟打款。

④ 货到付款订单，如果买家不取货，卖家需要承担该单运费。

（3）在卖家后台下载打款明细，确认打款情况。

① 在卖家后台选择"我的收入"，下载打款明细Excel，导出本次打款包含的订单明细，查询打款情况。

② 检查Payoneer、PingPong、LianLian Pay的拨款情况，确认和账单是否一致。

③ 确认是否有线下退货退款、到付不取货等情况。注意，在卖家后台下载的打款明细Excel里，打款金额不显示这几种情况，如需查看明细，请向商户经理申请账单查询。

④ Excel明细下载方式：进入卖家后台，选择"我的收入"，选择"已完成拨款"，然后点击"汇出"按钮并下载对应的账单即可。下载时请务必选择对应的时间（必须包含打款日期）。

另外，还有几个注意事项。

① "已完成拨款"页面显示的金额≠本次实际拨款金额，请以拨款账单明细为准（找相应的商户经理索要）。

② 由于系统会把上一批已经拨过款的部分订单和本次拨款的订单放在一起，以及部分退款扣除金额、货到付款、拒收运费等因素造成的款项调整未在卖家对账系统中显示，导致这个金额偏高或者不准，请勿将其视作本次实际收款金额。

③ 在已成功绑卡的情况下，当月1—14日完成的订单，通常会在当月的第二轮拨款时进行拨款（一般是31日前）。当月15—31日完成的订单，会在次月的第一轮拨款时进行拨款（一般是15日前）。各站点打款时间不完全一致，有时会前后波动1—3个工作日。

6. 进一步咨询

如果通过前面的自查，确实发现某笔订单有问题或者需要查看手动调整的明细，需要向商户经理申请账单查询。

注意，一般商户经理处的账单更新会有3—5天的延迟，无法在拨款当天提供，如需咨询，请在企业微信群内告知商户经理：我要对账，并私发送以下信息。

（1）站点＋店铺用户名。

（2）哪个时间段的拨款有问题。

（3）收款方式是Payoneer还是PingPong、LianLian Pay（如未收到打款，需提供绑卡成功的截图）。

（4）如果对拨款金额有异议，请提供Payoneer或者PingPong、LianLian Pay的收款截图，图中需要清楚地显示拨款日期和金额。商户经理会尽量在1—2个工作日内回复或发送账单。

7. 平台打款规则

（1）买家确认收货：买家确认收货当天开始，优选卖家和商城卖家的订单会分别有 7 天及 15 天的鉴赏期，在鉴赏期结束之后，相应的订单才会进入到可打款状态，Shopee 平台会在相应的打款周期内打款给卖家。

（2）买家一直未确认收货，系统自动确认收货：若买家收到货物后一直未确认收货，则需等到 7 天或 15 天后（优选卖家或商城卖家订单系统自动确认收货时间）系统自动确认收货，优选卖家和商城卖家的订单会分别进入 7 天及 15 天的鉴赏期，在鉴赏期结束之后，相应的订单才会进入到可打款状态，Shopee 平台会在相应的打款周期内打款给卖家。

注意，普通卖家订单不受 7—15 天鉴赏期的限制，买家确认收货或收到货物 1 天，系统自动确认收货后，订单就会进入可打款状态，Shopee 平台就会在相应的打款周期内打款给卖家。

四、争议订单处理

1. 买家未取货

由于买家未取货而退回的店配或宅配包裹，若订单金额在 20 美元及以上，Shopee 平台将会为卖家提供免费退货服务，低于 20 美元的包裹目前不提供退货服务。买家在 30 天内超过两次未取以货到付款方式配送的包裹，买家会被自动取消 COD 资格，并且 90 天内没有再次开启 COD 的权限（这项规则主要针对中国台湾市场）。

2. 退货退款

（1）买家可在点击"确认收货"按钮前，在 Shopee 平台提出退货退款请求。

（2）买家发起退货退款申请后，该订单就会进入"退货/退款"一栏，同时卖家也会收到邮件提醒，卖家可以点击申请退货订单的"回复"按钮，进入"订单详情"界面查看申请理由。

（3）卖家可以点击"退款"按钮给买家退款，也可以选择向 Shopee 平台提出争议，由 Shopee 客服介入处理。

3. 超过退货退款期的处理方法

买家如果超过退货退款期想要发起退货退款申请，则需要提供充足的证据，中国台湾站只接受超过退货保证期 7 天内的退货退款申请，若超过保证期，买家向卖家提出申请后 2 日内，卖家须给出答复，Shopee 客服将根据卖家答复结果，按照流程处理。若超过退货保证期，买家向卖家提出退货退款申请后 2 个工作日内，卖家没有答复买家，且退货退款的商品价值等于或低于 5 美元，Shopee 当地客服将核实买家是否有退货退款资质。若买家符合发起退货退款申请条件且具有退货退款资质，Shopee 平台将直退给买家，并以邮件的形式通知卖家。若买家不符合退货退款申请的条件或不具有退货退款资质，Shopee 平台将拒绝买家发起的退货退款申请。若超过退货保证期，买家向卖家提出退货退款后 2 个工作日内，卖家没有答复买家，且退货退款的商品价值高于 5 美元，Shopee 客服会尝试联系卖家。Shopee 客服联系卖家起 2 个工作日内卖家仍没有答复，将会默认卖家接受退货退款申请。若在 Shopee 客服联系卖家起 2 个工作日内卖家给出答复，客服将根据卖家答复结果按照退货退款流程处理。

4. 缺件漏发

发货前发现缺件，卖家可提前联系并告知买家缺件情况，咨询是否可以将有货的商品先发过去，避免让买家等待时间过长；如果买家不同意将有货的商品先行发货，就让买家重新下单。买家收到货后发现缺件，一般先协商补偿同等金额优惠券，看买家能否接受，如买家不接受等额优惠券，有三种解决方法：其一是让买家通过后台申请缺件漏发订单的金额；其二是买家完成订单后，发邮件给 Shopee 客服申请部分退款；其三是需要买家先完成订单，然后卖家通过当地服务商将漏发商品的金额转账给买家。

实训任务

请认真阅读"典阅杯"Shopee 跨境电商创新创业大赛全流程指引，并在大赛提供的实训系统内按指引进行全流程操作。

"典阅杯" Shopee 跨境电商创新创业大赛全流程指引

一、店铺基础信息

1. 时间说明

实训时间 45 天，系统模拟时间为 2 分钟一天，总时长 90 分钟左右。第 40 天开始没有订单，第 35 天左右可以调整广告和库存数量，尽量控制住库存，降低库存积压的成本，第 43/44 天在发完货后可以结汇。（系统模拟时间在支持团队左边可以看到）

2. 进入操作页面，先选择供应商

选择最优供应商（图 2-8）：供应商采购的生产及物流时间越短越好、采购价格越低越好、日生产量——供应商供货能力越强越好；未选择最优供应商会在成绩结算的时候扣 1 分。

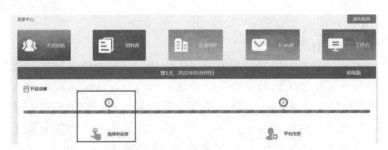

图 2-8 进入操作页面，先选择供应商

选好供应商后"资料库"才有相应的信息（图 2-9），所有的公司资料、商品信息，都可以进入资料库查找。

图 2-9 选好供应商后"资料库"才有相应的信息

3. 平台注册

先打开"资料库"中的"公司资料"（图2-10），再点击"平台注册"（图2-11），点击"立即入驻"（图2-12），"填写申请表"进行注册。

图2-10　"资料库"中的"公司资料"

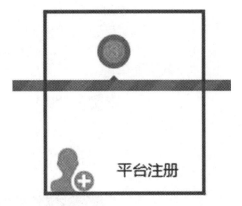

图2-11　"平台注册"

图2-12　"立即入驻"

点击"点我注册"（图2-13），进入注册页面，根据"公司资料"填写注册信息，有三个步骤需要完成：创建主账号、申请线上店铺、资质审核。

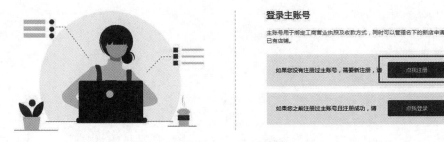

图2-13　"点我注册"

（1）创建主账号。

先"设定基本信息"，再"设定登入信息"：根据"公司资料"填写信息，登录名需要输入英文前缀；密码自己设置（图2-14）。

完成验证后主账户申请成功，登陆主账号并验证后跳转到下一步。

图 2-14 "设定登入信息"

（2）申请入驻 Shopee 平台店铺。

登陆主账户，点击"立即申请入驻"进入申请入驻平台环节；点击"填写申请表"进入资料填写界面，不需要扫描二维码，直接点击"认证完成，下一步"。之后共需完成以下几步（图 2-15）。

图 2-15 接下来的几步

第一步：法人实名认证，直接点击"认证完成，下一步"即可；

第二步：联系人信息参照"公司资料"法人信息填写，联系人职位选择"法人"，QQ 号可以不填；

第三步：公司信息参照"公司资料"对应资料填写，营业执照、近三个月流水等照片不需要上传真实的，系统内置了对应照片；

第四步：店铺信息，页面如下图（图 2-16）。

点击提交后进入下一步——注册店铺管理账号。

（3）资质认证。

进入"E-mail"，有两封平台发送的邮件，一封是审核通过邮件，一封是邀请开店邮件。进入邀请开店邮件，先将"邀请码"复制出来，然后点击"这里"进入店铺管理账号注册环节（图 2-17）。

填写验证码后进入注册资料填写界面（图 2-18）。

点击"下一步"完成店铺管理账号注册。

图 2-16　店铺信息

发件人: info@seller.shopeemobile.com

收件人: 广州天秀进出口有限公司(GCBANG@126.COM)

发件时间: 2021/12/9 8:03:03

发件内容:

亲爱的卖家，

欢迎加入Shopee跨境卖家的队伍。

开启您的Shopee之旅，请点击**这里**进行账户注册，注册过程中需要您输入专属邀请码以完成注册：

您的邀请码：74c01bcc573111ea972af063f94bef1d

(请注意：您的开店邀请码有效期为7天，请尽快注册店铺，以免邀请失效)

再次欢迎入驻Shopee，同时预祝您在Shopee平台取得成功！

Shopee Cross Border

注意：此封邮件发送地址只用于发送账户注册邀请码，不能接收邮件，请不要直接回复。

图 2-17　邀请开店邮件

图 2-18　注册资料填写界面

4. 上传两款产品

(1) 从工作台进入卖家入口（图 2-19），输入账号密码登录，若忘记账号密码可以去"公司资料"找。

图 2-19　卖家入口

(2) 上架商品需要先登录平台，从卖家入口进入"Shopee 中国卖家中心"。

(3) 从"全球商品"进入"新增全球商品"（图 2-20）。

图 2-20　进入"新增全球商品"

商品要上传的信息都依据"资料库—商品信息"里的信息填写。

要求上传两个商品，注意在选项卡里对应好产品信息。

类目名称参考"资料库—商品信息—适合的销售分类"填写，然后进入商品信息填写界面。

① 基本资讯。

商品图片：选择对应的商品图片库中清晰的图片。

商品名称：从"商品材料"中选择5～7个关键词（竞争度小的）作为商品名称。

商品描述：商品名称＋"资料库—商品信息—产品说明"。

② 销售资料。

商品规格参考"资料库—商品信息—属性名称、属性值"。价格参考五要素：采购价、运费（在"资料库"中有"运费计算"按钮，输入重量体积并选择快递方式后可以计算运费）、交易费6%、利润、广告费。

规格货号为商品货号。

③ 重量与尺寸。

注意：重量和尺寸需要省略后面的0，如果报错为"字符串输入错误"，请检查是否省略了后面的0。

④ 其他。

其他要填的资料可以参考"资料库—商品信息—商品货号"。

（4）点击"发布店铺商品"（图2-21），选择上传好的两款产品，发布为店铺商品。

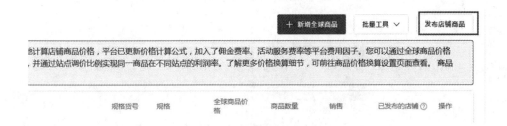

图2-21　"发布店铺商品"

5. 报告对应

上传完两款商品后，需要去支持团队或者直接点击"报告对应"（图2-22），两个产品都应能对应上，如提示"产品对应错误，请重新选择"，请核对商品的名称与属性是否正确。如果属性正确但是仍然对应不成功，请返回商品上传界面重新核对商品信息，注意两个商品信息的匹配。

报告对应成功后上传商品和报告对应两个环节同时完成。

图 2-22　报告对应

二、运营推广

1. 关键词修改

它与 Listing 优化的步骤一致，下文详解。

2. Listing 优化

关键词修改与 Listing 优化都是通过"全球商品—编辑"进入商品上传界面进行商品标题、商品描述、价格等信息的调整来完成的（图 2-23）。

图 2-23　"全球商品—编辑"

3. 广告营销

设置广告活动时，涉及时间的，如果设置的时间短于实训时间（45 天），则活动将在实训截止前结束，这时需要把握活动时间并经常检查，避免活动结束后订单骤减。

"营销中心"（图 2-24）中可以设置"优惠券"（店铺优惠券、商品优惠券）、"我的折扣活动"（全店折扣，注意折扣率，如输入 1 折，实际是售价的 90%）、"套装优惠"（需要根据售价设计套装组合的价格）、"加购优惠"、"限时抢购"、"运费促销"。"Shopee 广告"需要分别选择商品进行设置，还需要选择预算和时间，预算是每天都会扣费的。卖家可以选择与标题匹配的关键词，出价与建议出价相近，设置后点击"编辑"，可以根据商品的品质分数选择品质分数更高的关键词出价。

图 2-24 "营销中心"

4. 邮件营销

进入"快递管理"页面能看到"邮件营销"，如果订单已经成功发货，在后面可以看到有"回复"按钮，可以进行邮件回复。

三、订单管理

1. 快递管理

"快递管理"（图 2-25）管理我们与买家之间的订单发货，订单超过五天没有及时发货就会自动取消订单。

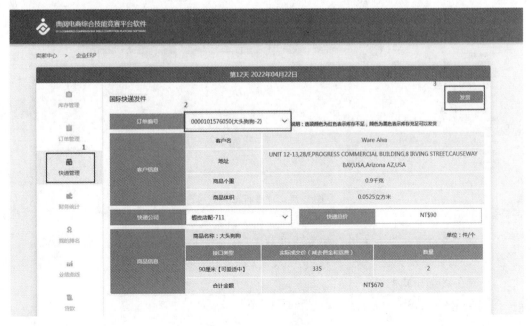

图 2-25 "快递管理"

2. 订单管理

"订单管理"（图2-26）管理我们与供应商之间的订单，要注意准备把握订单的数量与时间，尽量以少量多次的方式采购。

图2-26 "订单管理"

四、结汇

实训时间共45天，第43/44天在发完货后可以结汇。

1. 绑定PingPong账号

账号和密码在"公司资料"中，与"Shopee中国卖家中心"的账号密码一致。从"工作台"进入"Shopee中国卖家中心"，在左侧边栏中点击"银行账户"（图2-27），登陆PingPong账号（图2-28）。

图2-27 "银行账户"

2. 结汇

在"资料库—财务资料"中点击"结汇"，登陆PingPong账号，点击"立即提现"，输入提现金额，点击"确认提现"（图2-29）。

五、成绩计算规则

总成绩＝订单分＋利润分－失误扣分（未选择最优的供应商扣1分，总分100分）

订单分＝基础分（10分）＋浮动分（10分，浮动分＝［个人订单数/班级最高订单数］×10）

图 2-28　登陆 PingPong 账号

图 2-29　"确认提现"

利润分＝基础分（30 分）＋浮动分（50 分，浮动分＝［个人利润额/班级最高利润额］×50）

只要有订单，就能获得 40 分基础分。

项目二
直播电商运营实操

任务一　认识直播电商

📝 任务目标

1. 了解直播电商的特点、模式及其与传统电商的区别。
2. 了解直播电商产业链的构成和运作流程。
3. 了解直播电商的合作模式及收益分配模式。
4. 了解直播电商平台的类型及其特点。

随着传统流量红利的逐渐消失,以直播为表现形式的内容营销全面爆发,直播与电商实现完美融合,产生了直播电商这一商业模式。随着平台端对直播的持续加码、用户直播购物习惯的逐渐养成,直播电商产业链日渐成熟与完善,再加上 5G 技术的进一步普及和运用,直播电商将持续呈现爆发式的成长状态。

一、初识直播电商

直播电商是电商领域出现的新场景、新业态,是数字化时代背景下直播与电商的双向融合,丰富了电商运营中的"人""货""场"等要素。

(一)直播电商的特点与模式

直播电商是指主播借助直播的形式推荐并销售商品的经营活动。直播电商以电商为基础,借助主播吸引流量,并实现订单转化。直播电商不仅让商品营销得更好,更快地实现商品交易,还可以让商家通过构建价值认同感来实现品牌传播。

直播电商的本质是电商消费场景的升级。在当前物质极为丰富的背景下,在消费过程中,用户不再只是关注商品的价格、功能,也越来越注重在整个消费过程中所获得的精神体验。直播电商构建了"直播+电商"的消费场景,主播不仅能为用户推荐各类物美价廉的商品,还能向用户分享与商品相关的有价值的知识,电商消费场景也因此变得更加丰富、生动,能更好地满足用户的需求。

1. 直播电商的特点

直播为电商提供了新的发展动能,作为"直播+电商"相融合的产物,直播电商具有以下三个特点。

1)互动性强

直播电商的消费场景具有良好的互动性。在直播中,主播在向用户介绍商品信息时,也能在直播中试用商品,让用户直观地感受到商品的使用效果,大大提高了用户的购物体验。同时,用户也可以针对商品信息进行互动,参与到直播中。这样不仅能增强用户的参与感,还能提升用户对商品和品牌的信任感。

2)强 IP 化

知识产权(Intellectual Property,IP)原本是一个法律概念,是指权利人对其智力劳动所创作的成果和经营活动中的标记、信誉所依法享有的专有权利。但是,随着网络文化的发展,IP 的含义在互联网界已经有所引申。

互联网界的 IP 可以理解为所有成名文创(文学、影视、动漫、游戏等)作品的统称。也就是说,此时的 IP 更多的是代表智力创造的诸如发明、文学和艺术等作品的版权。进一步引申来说,能够仅凭自身的吸引力,挣脱单一平台的束缚,在多个平台上进行分发、获得流量的内容,就是一个 IP。

在直播电商中,主播具有很强的 IP 属性,在用户心智中有着独特的标签,对于用户来说,主播不仅仅是一个为他们推荐商品的人,更是一种情感寄托,他们愿意跟着主播去购买商品。

3)去中心化

在直播电商生态链中,主播数量众多且类型多样,很多主播不仅在电商平台拥有公域流量,还在其他媒体平台拥有自己的私域流量。与传统电商相比,直播电商具有较强的去中心化的特点,也为更多的主播提供了运营个人 IP 的可能性。

2. 直播电商的模式

按照主播主体的不同,直播电商分为商家自播和"达人"直播两种模式。商家自播是商家组建直播运营团队,并注册直播账号,将用户沉淀至品牌自己的直播账号。商家自播的主播多是商家的导购人员或领导等自有员工。用户多是品牌的粉丝,他们对品牌有一定的忠诚度,比较关注品牌的动态。商家依托自身的品牌效应,实现私域流量的转化。在商家自播中,商家可以选择不同的人来做直播,并不要求主播一定是固定的某个人,所以商家自播一般时间都很长。

"达人"直播是由"达人"主播汇聚各类商品来进行直播。粉丝对"达人"主播有较高的信任度,"达人"主播凭借自身积累的庞大粉丝群和较强的内容生产能力来实现流量的转化,直播中所销售的商品品牌较为多样。"达人"直播一般没有商品库存,比较适合没有直接货源的主播。由于"达人"直播销售的不是自己的货源,主播只需和商家做好对接,即可在直播间内直播商品。与商家自播相比,"达人"直播的直播间内商品上新的速度较快。但是,"达人"直播在运营商品上处于被动地位,直播的商品比较受限于商家为其提供的款式。从用户的角度来看,"达人"直播侧重情感驱动,如果用户喜欢这个"达人",就容易被"达人"激发出消费欲望。此外,"达人"直播强调用户对主播人格的认同。

（二）直播电商的"人""货""场"要素

直播电商的核心仍然是电商，依旧离不开"人""货""场"三要素的结合，但是直播电商升级了"人""货""场"的关系，提升了电商用户的购物体验。

1. 人

直播电商中新增加了主播的角色，而主播成为连接商品与用户的桥梁。主播凭借独特的个人魅力吸引粉丝，积累私域流量，然后结合专业的销售能力，将积累的粉丝转变为具有购买力的消费者，从而实现流量变现。

1）主播的主要类型

目前，直播电商的主播主要分为专业电商主播、网络"达人"、商家员工、名人、企业家、专家、主持人等类型。

2）主播格局

经过多年的发展，淘宝网、抖音、快手等平台上直播电商领域的主播格局已经初步形成。主播马太效应明显，头部主播数量较少，但其在粉丝数量、商品销售额上具有显著优势，在面对商家和直播平台时，在商品价格和佣金分成上有较大的决定权。腰部主播数量较多，但其在粉丝数量、商品销售额上与头部主播的差距较大。尾部主播的粉丝数量和商品销售额就更少。当前，各平台对头部主播的依赖性较强，并与其深度绑定。

2. 货

随着直播电商的迅猛发展，直播电商涉及的商品品类不断丰富，涵盖快消品、美妆、服饰、汽车、珠宝、3C商品（3C商品是计算机类、通信类和消费类电子商品三者的统称，也称"信息家电"，例如计算机、平板电脑、手机或数字音频播放器等）、房产等多个品类，其中复购率高、客单价低、利润率高的品类在直播电商中更为受益。

从经济效益的角度来看，美妆和服饰具有利润率高、客单价高、成交量高的特点，所以这两个品类成为直播电商中的强势品类。从专业化程度的角度来看，在快消品品类中，由于不同品牌的商品差异较小，用户购买此类商品更多是受品牌效应的驱动。此外，这类商品的专业化程度较低，不需要主播对商品进行专业化的讲解，所以快消品也成为直播电商的热门品类之一。而汽车、珠宝、3C商品等专业性较强的商品品类，对主播的专业化程度要求较高，主播需要与用户进行专业化的双向交流，才能推动用户更快地做出购买决策，所以在直播中销售这些品类的商品，主播对商品认识得越深刻，对商品的介绍越专业，越容易促成用户的购买。

3. 场

1）直播电商购物场景的优势

直播电商的购物场景既具有传统电商购买方便、比价方便的特点，又具备线下购物体验感强、用户能与商品销售者进行实时互动的特点，是对购物场景的进一步升级。具体来说，直播电商购物场景具有以下三个优势。

（1）良好的体验感。

在直播间中，通过主播对商品的详细介绍，并现场展示商品的使用效果，用户可以更加直观地了解商品。此外，用户还可以与主播进行实时的信息交流与互动，根据自己的需求有针对性地了解商品的信息。

(2) 节约用户出行成本。

用户可以随时随地观看直播，足不出户即可购买到自己心仪的商品，从而节约了出行购物的交通成本。通过直播购买商品，用户不仅能获得主播陪伴购物的体验感，还能通过观看直播获得娱乐享受。

(3) 价格优势。

在很多直播间中，商品销售采取的是用户直连制造商（Customer to Manufacturer，C2M）模式，即主播直接对接品牌商/工厂的模式，这就减少了商品的流通环节，省去了商品在流通环节中产生的溢价，从而让商品获得了较强的价格优势。

2）直播电商直播场景的多元化

为了抓住直播电商的红利，各平台不断降低用户开通直播的门槛，再加上各类政策的支持，以及直播电商生态链的日渐完善和成熟，越来越多的商家开始在更多的时间段和更多的场景下展示商品，直播电商的直播场景越来越丰富、多元。

(1) 搭景直播。

搭景直播是指商家或"达人"主播选择合适的场地，并搭建直播间进行直播，商家或"达人"主播可以根据自身品牌调性、主播人设或直播商品的调性来设计直播间的风格。

(2) 实体店直播。

实体店直播是指主播在线下实体门店里进行直播，实体门店就是直播间，这样商家无须专门选场地搭建直播间，能够节约一定的成本，还能在销售商品的同时为线下门店导流。

(3) 产地直播。

产地直播是指主播在商品的原产地、生产车间等场地进行直播，向用户展示商品真实的生产环境、生产过程等场景，从而吸引用户购买。产地直播比较适合食品、农产品、生鲜类商品的直播，能让用户直面商品的产地，增强用户对商品的信任感。

(4) 供应链基地直播。

供应链基地直播是指主播到供应链基地进行直播。供应链基地通常用于其自身旗下的主播开展直播，或者租给外界主播、商家进行直播。在供应链比较完善的基地，主播可以根据自身需求在基地挑选商品，并在基地提供的直播场地中进行直播。供应链基地搭建的直播间和配置的直播设备大都比较高档，所以直播画面效果比较理想。此外，供应链基地中的商品通常是经过供应链运营方筛选的，并且会在淘宝店铺或天猫店铺中上架，主播在基地选好商品后，在直播时将商品链接导入自己的直播间即可，基地提供的商品款式非常丰富，主播不用担心缺少直播商品。一般情况下，在供应链基地进行直播时，主播把商品销售出去后，供应链运营方会从中抽取一部分提成作为基地服务费。

(5) 档口直播。

档口是指批发市场的店面。档口直播是指档口经营者或档口商品穿版模特在线下批发市场的门店进行直播。档口直播的形式不仅可以保留传统批发市场中原有的购物氛围，为用户营造一种高性价比的消费场景，还能为线下档口吸引客流量，维系好原有的线下客户。

对于批发市场来说,直播是增加销售、弥补线上渠道不足的新模式,并不能取代原有的模式;而档口直播的形式既可以保留传统批发市场原有的现场氛围,给用户营造一种高性价比的消费场景,又具有增加店铺流量、提高转粉率、延长用户停留时长等优势。

(6)海淘现场直播。

海淘现场直播是指主播在国外的商场、免税店直播,用户通过观看直播选购商品。主播通过直播海淘现场,可以让用户产生亲身在国外商场购物的感觉,商品的标价一目了然,有利于提升用户对商品的信任度。

实训任务

1. 调研当今网络直播行业现状,了解直播平台有哪些类型。
2. 进入新东方东方甄选和淘宝直播,对比观看,并说说观看直播后的感受。

二、直播的基本步骤

在开展直播之前,直播运营团队需要对直播的整体流程进行规划和设计,以保障直播能够顺畅进行,确保直播的有效性。

(一)明确直播目标

对于商家来说,直播是一种营销手段,所以它不能只是简单的才艺表演或话题分享,而应该围绕商家的营销目标来展开。在直播之前,商家要明确直播目标,确认直播是为了做品牌宣传,进行活动造势,还是为了销售商品。

在明确直播目标时商家需要遵守 SMART 原则,尽量让目标科学化、明确化、规范化。SMART 原则的具体内容如下。

1. 具体性(Specific)

具体性是指要用具体的语言清楚地说明直播要达成的行为标准,直播的目标要切中特定的指标,不能笼统、不清晰。例如,"借助此次直播提高品牌影响力"就不是一个具体的目标,而"借助此次直播提高品牌官方微博账号的粉丝数量"就是一个具体的目标。

2. 可衡量性(Measurable)

可衡量性是指直播目标要是数量化的或行为化的,应该有一组明确的数据作为衡量目标是否达成的标准。例如,"利用此次直播提高店铺的日销售额"就不是一个可衡量的目标,而"利用此次直播让店铺的日销售额达到 20 万元"就是一个可衡量的目标。

3. 可实现性(Attainable)

可实现性是指目标要客观,通过付出努力是可以实现的。例如,商家开展的上一场直播吸引了 10 万人观看,于是商家将此次直播的观看人数目标设定为 200 万,显然这个目标有些不切实际、难以实现,而将观看人数目标设定为 12 万或 15 万则有可能实现。

4. 相关性(Relevant)

相关性是指直播的目标要与商家设定的其他营销目标相关。例如,很多商家会在电商平台运营网店,商家将某次直播的目标设定为"网店 24 小时内的订单转化率提升 80%",这个目标是符合相关性要求的;而如果商家将某次直播的目标设定为"将商品的生产合格率由 91% 提升至 96%",则这个目标是不符合相关性要求的,因为直播无法帮助商品生产方提升合格率。

5. 时限性(Time-bound)

时限性是指目标的达成要有时间限制,这样的目标才有督促作用,才能避免目标的实现被拖延。例如,"借助直播让新品销量突破 10 万件"这个目标是缺乏时限性的,而"直播结束后 24 小时内新品销量突破 10 万件"这个目标则是符合时限性要求的。

(二)确定直播营销方案

开展直播活动要有完整的营销思路,但仅靠思路无法达到直播目标,直播营销方案就是将抽象的思路转成明确的文字表达,是所有参与直播的人员,尤其是相关项目负责人了解直播营销的整体思路,保证直播营销活动的顺利进行的基础。营销直播方案主要用于直播运营团队的内部沟通,目的是让参与直播的人员熟悉直播活动的流程和分工。因此,直播营销方案没有必要在营销理念或实施意义等宏观层面进行过度阐述。通常来说,完整的直播营销方案包括直播目的、直播简述、人员分工、时间节点和预算控制五个要点,并且方案要简明扼要,直达主题。

(三)直播流程规划

一场直播的时间一般比较长,在直播之前制作合理的直播流程规划可以帮助主播更好地控制直播节奏,保障直播的顺利进行。

1. 常见的商品讲解流程

在电商直播中,直播的主要内容就是主播通过向用户讲解一款款商品,将商品销售出去。目前,主播们在讲解商品时经常采用的流程主要有两种,即"过款式"流程和"循环式"流程。

1)"过款式"流程

所谓"过款式"流程,就是指主播在直播中按照一定的顺序一款一款地讲解直播间里的商品。由于一场直播持续的时间较长,直播期间会不断地有用户离开直播间,也会不断地有新用户进入直播间。因此,在直播结束前的 20 分钟左右,主播可以将本场直播中的所有商品再快速地过一遍,这样不仅可以让新进入直播间的用户了解本场直播中的各款商品,还可以通过"捡漏"形成一些订单,以提升本场直播的成交额。表 2-7 所示为一场时长为 2 个小时的"过款式"流程示例。

表 2-7 "过款式"流程示例

时间安排	直播内容
19:00—19:10	热场互动
19:10—19:30	介绍本场直播第一款商品
19:30—19:50	介绍本场直播第二款商品
19:50—20:00	与用户互动环节
20:00—20:20	介绍本场直播第三款商品

续表

时间安排	直播内容
20：20—20：40	介绍本场直播第四款商品
20：40—21：00	再次将本场直播中所有商品快速地介绍一遍

2)"循环式"流程

所谓"循环式"流程，就是指主播在直播中循环介绍直播间里的商品。假如在一场直播中主播要推荐四款商品，那么主播可以以 30~40 分钟为一个周期，将 4 款商品在一场 130 分钟的直播里循环 3~4 遍。表 2-8 所示为一场时长为 130 分钟的"循环式"流程示例。

表 2-8 "循环式"流程示例

时间安排	直播内容
19：00—19：10	热场互动
19：10—19：40	介绍本场直播中的三款主推款商品
19：40—19：50	介绍本场直播中的一款"宠粉"款商品
19：50—20：20	介绍本场直播中的三款主推款商品（第一次循环）
20：20—20：30	介绍本场直播中的一款"宠粉"款商品（第一次循环）
20：30—21：00	介绍本场直播中的三款主推款商品（第二次循环）
21：00—21：10	介绍本场直播中的一款"宠粉"款商品（第二次循环）

2. 整场直播活动脚本设计

优质的直播脚本能够帮助主播把控直播节奏，保证直播流程的顺利进行，达到直播的预目标，并将直播效果最大化。整场直播活动脚本是对整场直播活动的内容与流程的规划与安排，重点是规划直播活动的玩法和直播节奏。通常来说，整场直播活动脚本应该包括表 2-9 所示的几个要点。

表 2-9 整场直播活动脚本的要点

直播脚本要点	说明
直播主题	从用户需求出发，明确直播的主题，避免直播内容没有营养
直播目标	明确开直播要实现何种目标，是积累用户、提升用户进店率，还是宣传新品等
主播介绍	介绍主播、副播的名称、身份等
直播时间	明确直播开始、结束的时间
注意事项	说明直播中需要注意的事项
人员安排	明确直播参与人员的职责。例如，主播负责引导关注、讲解商品、解释活动规则；助理负责互动、回复问题、发放优惠信息等；后台/客服负责修改商品价格、与用户沟通转化订单等

续表

直播脚本要点	说明
直播的流程细节	直播的流程细节要非常具体，详细说明开场预热、商品讲解、优惠信息、用户互动等各个环节的具体内容，以及如何操作等问题，例如，什么时候讲解第一款商品，具体讲解多长时间，什么时间抽奖等，尽可能把时间都规划好，并按照规划来执行

优秀的整场直播活动脚本要考虑到细枝末节，让主播从上播到下播都有条不紊，让每个人员、道具都得到充分的调配。表 2-10 所示为一份整场直播活动脚本示例。

表 2-10　整场直播活动脚本示例

直播活动概述或名称				
直播目标	"吸粉"目标：吸引 10 万用户观看；销售目标：从直播开始至直播结束，直播中推荐的三款新品销量突破 10 万件			
主播、副播	主播：×××、品牌主理人、时尚博主；副播：×××			
直播时间	2020 年 12 月 8 日，20：00—22：30			
注意事项	1. 合理把控商品讲解节奏 2. 适当延长对商品功能的讲解时间 3. 注意对用户提问的回复，多与用户进行互动，避免直播冷场			
20：00—20：10	开场预热	暖场互动，介绍开场截屏抽奖规则，引导用户关注	演示参与截屏抽奖的方式，回复用户的问题	向粉丝群推送开播通知，收集中奖信息
20：10—20：20	活动剧透	剧透今日新款商品，主推款商品，以及直播间优惠力度	补充直播遗漏的内容	向粉丝群推送本场直播活动
20：20—20：40	讲解商品	分享商品注意事项，并讲解试用第一款商品	配合主播演示商品试用方法和试用效果，引导客户下单	在直播间添加商品链接，回复用户关于订单的问题
20：40—20：50	互动	为用户答疑解惑，与用户互动	引导用户参与互动	收集互动消息
20：50—21：10	讲解商品	分享商品注意事项，并讲解试用第二款商品	配合主播演示商品试用方法和试用效果，引导客户下单	在直播间添加商品链接，回复用户关于订单的问题

续表

直播流程				
时间段	流程安排	人员安排		
		主播	副播	后台
21:10—21:15	福利赠送	向用户讲解抽奖规则，引导用户参与抽奖、下单	演示参与抽奖的方法	收集抽奖信息
21:15—21:40	讲解商品	分享商品注意事项，并讲解试用第三款商品	配合主播演示商品试用方法和试用效果，引导客户下单	在直播间添加商品链接，回复用户关于订单的问题
21:40—22:20	商品返场	对三款商品进行返厂讲解	配合主播讲解商品，回复用户的问题	回复用户关于订单的问题
22:20—22:30	直播预告	预告下一场直播的时间、福利、直播商品等	引导用户关注直播间	回复用户关于订单的问题

 **实训任务**

某品牌女装店拟在11月11日开展一场直播，请你以直播策划者身份为店家草拟一份直播活动策划方案。

（四）直播运营团队的组建

在直播电商生态发展日臻成熟的环境下，主播或商家做直播仅靠个人单枪匹马、单打独斗已经很难突出重围，无论是个人还是商家，要想真正地做好直播电商，组建直播团队是非常必要的。

根据人员配置规模的不同，直播运营团队分为低配版团队、标配版团队和升级版团队。个人或商家可以根据自身运营能力、资金实力等情况组建不同规模的直播运营团队。

1. 低配版团队

如果个人或商家的预算不高，那么可以组建低配版团队。根据工作职能，低配版团队需要至少设置1名主播和1名运营，其人员构成及职能分工如表2-11所示。

表 2-11 低配版团队人员构成及职能分工

人员构成	职能分工
主播（1人）	熟悉商品脚本；熟悉直播活动脚本；做好商品讲解；控制直播节奏；做好直播复盘
运营（1人）	1. 分解直播营销任务；规划直播商品品类；规划直播商品上架顺序；规划直播商品陈列方式；分析直播数据 2. 策划直播间优惠活动；设计直播间用户分层规则和用户福利；策划直播平台排位赛直播活动；策划直播间引流方案 3. 撰写直播活动规划脚本；设计直播话术；搭建并设计直播间场景；筹备直播道具等 4. 调试直播设备和直播软件，保障直播视觉效果；上架商品链接；配合主播发放优惠券

低配版的团队对运营要求比较高，运营必须是全能型人才，懂技术、会策划、能控场、懂商务、会销售、能运营，在直播过程中集运营、策划、场控、助理于一身，能够自如地转换角色，工作要游刃有余。设置一名主播的缺点在于团队无法实现连续直播，而且主播流失、生病等问题出现时会影响直播的正常进行。

2. 标配版团队

标配版团队的核心岗位是主播，其他人员都围绕主播来工作。当然，如果条件允许，还可以为主播配置助理，协助配合主播完成直播间的所有活动，这种团队配置的人数基本为4～5人。4人组成的标配版团队的人员构成及职能分工如表2-12所示。

表 2-12 标配版团队人员构成及职能分工

人员构成	职能分工
主播（1人）	熟悉商品脚本；熟悉直播活动脚本；做好商品讲解；控制直播节奏；做好直播复盘
运营（1人）	分解直播营销任务；规划直播商品品类；规划直播商品上架顺序；规划直播商品陈列方式；分析直播数据
策划（1人）	策划直播间优惠活动；设计直播间用户分层规则和用户福利；策划直播平台排位赛直播活动；策划直播间引流方案；撰写直播活动规划脚本；设计直播话术；搭建并设计直播间场景；筹备直播道具等
场控（1人）	调试直播设备和直播软件，保障直播视觉效果；上架商品链接；配合主播发放优惠券

3. 升级版团队

随着直播业务的不断扩大，以及资金方面的充裕，商家可以适当扩大直播团队的规模，将其改造成升级版团队。升级版团队人员较多，且分工更细化，工作流程也更优化，其人员构成及职能分工如表2-13所示。

表 2-13 升级版团队人员构成及职能分工

人员构成		职能分工
主播团队	主播	1. 开播前熟悉直播流程、商品信息 2. 直播中介绍商品，介绍直播间福利，与用户互动 3. 直播后做好复盘，总结直播经验
	副播	1. 协助主播介绍商品、介绍直播间福利活动 2. 试穿、试用商品 3. 主播离开时担任临时主播等
	助理	1. 准备直播商品、道具等 2. 协助配合主播工作，做主播的模特，完成画外音互动等
策划		1. 规划直播内容，确定直播主题 2. 准备直播商品 3. 做好直播前的预热宣传 4. 规划好开播时间段，做好直播间外部导流和内部用户留存等
编导		1. 撰写商品介绍脚本、直播活动脚本，关注直播间话术脚本、控评话术脚本 2. 设计直播间场景，例如直播间背景、直播页面中的贴片等 3. 设计主播和副播的服饰、妆容，直播中使用的道具等

 实训任务

要想成功地直播带货，就必须具备直播带货的必备能力，请以主播为例，分析其工作内容与职业能力是什么，请将答案分别填入下面两张表格。

主播工作阶段	主要工作内容
直播前	
直播中	
直播后	

主播职业能力	具体要求
人设塑造能力	
形象管理能力	
选品议价能力	

续表

主播职业能力	具体要求
商品讲解能力	
直播控场能力	
心理承受能力	

（五）做好直播宣传规划

为了达到良好的直播效果，在直播活动开始之前，直播运营团队需要对直播活动进行宣传。与泛娱乐类直播不同，带有营销性质的电商直播追求的并不是简单的"在线观看人数"，而是"在线目标用户观看人数"。具体来说，直播运营团队设计直播宣传规划时，可以从以下三个方面来入手。

1. 选择合适的宣传平台

不同的用户喜欢在不同的媒体平台上浏览信息，直播运营团队需要分析目标用户群体的上网行为习惯，选择在目标用户群体经常出现或活跃的平台发布直播宣传信息，为直播尽可能多地吸引目标用户。

2. 选择合适的宣传形式

选择合适的宣传形式是指直播运营团队要选择符合宣传媒体平台特性的信息展现方式来推送宣传信息。例如，在微博平台上，直播运营团队可以采用"文字＋图片"的形式或"文字＋短视频"的形式来宣传直播活动；在微信群、微信朋友圈、微信公众号中，直播运营团队可以通过九宫格图、创意信息长图来宣传直播活动；在抖音、快手等平台上，直播运营团队可以通过短视频来宣传直播活动。

3. 选择合适的宣传频率

在新媒体时代，用户在浏览信息时自主选择的余地较大，用户可以根据自己的喜好来选择自己需要的信息。因此，如果直播运营团队过于频繁地向用户发送直播活动宣传信息，很可能会引起他们的反感，导致用户屏蔽相关信息。为了避免这种情况的出现，直播运营团队可以在用户能够承受的最大宣传频率的基础上设计多轮宣传。

（六）筹备直播

为了确保直播的顺利进行，在开始直播之前直播运营团队需要做好各项筹备工作，包括选择直播场地、筹备并调试直播设备、准备直播物料，以及主播自身准备等。

1. 选择直播场地

直播的场地分为室外场地和室内场地。常见的室外场地有公园、商场、广场、景区、游乐场、商品生产基地等，常见的室内场地有店铺、办公室、咖啡馆、发布会场地等。直播运营团队要根据直播活动的需要选择合适的直播场地，选定场地后要对场地进行适当的布置，为直播活动创造良好的直播环境。

2. 筹备并调试直播设备

在直播筹备阶段，直播运营团队要将直播使用到的手机、摄像头、灯光、网络等直播设备调试好，防止设备发生故障，以免影响直播活动的顺利进行。

直播设备的调试主要包括四项内容，如表 2-14 所示。

表 2-14 直播设备调试

设备调试	说明
机位的位置	在直播过程中，有时需要全景画面，有时需要近景画面，有时需要特写画面，为了保障画面的成像效果，直播运营团队需要设置多机位。一般来说，直播间设置的机位主要有以下三种 1. 商品特写机位：以特写镜头展示商品细节 2. 主播的中、远景机位：塑造商品的使用场景，让用户了解商品全貌，为用户营造代入感 3. 主播的近景机位：拍摄主播的脸部、手部等位置，展示商品的使用过程
网络测试	测试网络的稳定性和网络传输速度
直播间测试	测试直播间的进入渠道、直播画面的清晰度、声音采集效果等
线缆连接与归置	确保网线、电源线等各个设备的线缆正常连接，并将线缆归置好，以免给人员行动造成障碍

3. 准备直播物料

直播之前，直播运营团队应该根据实际需要准备直播物料。直播物料包括商品样品、直播中需要用到的素材及辅助工具等，如表 2-15 所示。

表 2-15 直播物料

直播物料	说明
商品样品	在直播开始前，直播运营团队应该准备上播商品的样品，以便在直播过程中主播能够快速地找到并进行展示。直播运营团队要对商品样品进行仔细检查，包括样品的外观、型号和款式等
直播中需要的素材	直播封面图、直播标题、直播间贴片、直播脚本等
辅助工具	线下商品照片、做趣味实验要用到的工具、道具板、手机、平板电脑、电子大屏、计算器等。在直播过程中，主播可以在道具板上用文字、图片的形式展示主播的身高、体重、商品的尺码、福利信息等；主播可以使用手机、平板电脑等向用户展示商品卖点、优惠券领取方式等，还可以使用计算器计算商品的组合价、折扣等，以突出商品的价格优势，刺激用户下单

4. 主播自身准备

在开播前，主播需要熟悉直播流程和上播商品的详细信息，这样主播才能在直播中为用户详细地讲解商品，回答用户提出的各种问题。此外，主播还要调整好自身状态，以积极的心态和饱满的热情来迎接直播间的用户。

任务二 直播间搭建

直播间的环境布置直接影响直播画面的整体呈现效果，影响用户观看体验，一个整洁、干净、具有代入感的直播间能让用户在观看直播时产生沉浸感，刺激用户产生消费的欲望。

一、直播设备的配置

直播设备是打造高质量直播的硬件保障，在直播之前，直播运营人员需要优选直播设备，并将各种设备预先调试到最佳状态。根据直播环境和场景的不同，直播可以分为室内直播和室外直播两种。直播场地不同，所选的直播设备也有所不同。

（一）室内直播常用设备

通常来说，室内直播的常用设备主要有以下几种。

1. 视频摄像头

视频摄像头是形成直播视频的基础设备，目前有带有固定支架的摄像头，也有软管式摄像头，还有可拆卸式摄像头。带有固定支架的摄像头可以独立放置于桌面，或者夹在计算机屏幕上，使用者可以转动摄像头的方向。这种摄像头的优势是比较稳定，有些带有固定支架的摄像头甚至自带防震动装置。软管式摄像头带有一个能够随意变换、扭曲身形的软管支架。这种摄像上的软管能够多角度自由调节，即使被扭成S、L等形状后仍然可以保持固定，可以让主播多角度地自由拍摄。可拆卸式摄像头是指可以从底盘上拆卸下来的摄像头。单独的摄像头能被内嵌、对接卡扣在底盘上，主播可以使用支架或其他工具将其固定在屏幕顶端或其他位置。

2. 话筒

除了视频画面外，直播时的音质也直接影响直播的质量，所以话筒的选择也非常重要。话筒主要分为动圈话筒和电容话筒两种。

动圈话筒最大的特点是声音清晰，能够将高音最为真实地还原。动圈话筒又分为无线动圈话筒和有线动圈话筒，目前大多数的无线动圈话筒支持苹果及安卓系统。动圈话筒的不足之处在于收集的声音饱满度较差。电容话筒的收音能力极强，音效饱满、圆润，让人听起来非常舒服，不会有因高音尖锐而带来的突兀感。如果直播唱歌，就应该配置一个电容话筒。不过，由于电容话筒的敏感性强，容易形成"喷麦"，所以使用时可以给其装上防喷罩。

3. 声卡

声卡是直播时使用的专业的收音和声音增强设备。一台声卡可以连接4个设备，分别是话筒、伴奏用手机或平板电脑、直播用手机和耳机，如图2-30所示。

4. 灯光设备

为了调节直播环境中的光线效果，直播间需要配置灯光设备，图2-31中既有环形补光灯，也有八角补光灯。对于专业级直播来说，直播间还需要配置专业的灯光组合，如柔光灯、无影灯、美颜灯等，以打造更加精致的直播画面。

电脑：CPU：I7 八核
内存：16G
硬盘：SSD固态120G以上
显卡：独显4G

麦克

声卡

图 2-30　直播设备一

摄像头

灯光：服饰&美妆：正白光4500k-4800k，比较接近自然光，便于在镜头前展示
美食&家居：暖白光3800k-4200k，用暖色的光可以衬托美食的色香味的"色"，家居家纺环境更加温馨

图 2-31　直播设备二

5．计算机、手机

计算机和手机可以用来查看直播间评论，与用户进行互动。手机上的摄像头也可以用来拍摄直播画面。若要直播计算机屏幕上的内容，如直播 PPT 课件，可以使用 OBS 视频录制及直播软件；若要直播手机屏幕上的内容，则可以在计算机上安装手机投屏软件，然后再利用计算机直播。

6．支架

用来放置摄像头、手机或话筒，它既能解放主播的双手，让主播可以做一些动作，又能增加摄像头、手机、话筒的稳定性。

7．网络

室内直播时，如果条件允许，尽量使用有线网络，因为有线网络的稳定性和抗干扰性要优于无线网络。若室内有无线网络且连接设备较少，网络质量较佳，也可以选择使用室内无线网络进行直播。当无线网络不能满足直播需要时，要提前发现并解决，也可以使用移动 4G 或 5G 网络。

（二）室外直播常用设备

现在越来越多的主播选择到室外进行直播，以求给用户带来不一样的视觉体验。室外直播面对的环境更加复杂，需要配置的直播设备主要有以下几种。

1. 手机

手机是室外直播的首选，但不是每款手机都适合做室外直播。进行室外直播的手机，CPU（中央处理器）和摄像头配置要高，可以选用中高端配置的苹果或安卓手机。只有CPU性能够强，才能满足直播过程中的高编码要求，也能解决直播软件的兼容性问题。

2. 收音设备

室外直播时，如果周围的环境比较嘈杂，就需要外接收音设备来辅助收音。收音设备分为两种：第一种是蓝牙耳机；第二种是外接线缆，比较适合对多人进行采访时使用。

3. 上网流量卡

网络是室外直播首先要解决的问题，因为它对直播画面的流畅程度有着非常直接的影响。如果网络状况较差，就会导致直播画面出现卡顿现象，甚至出现黑屏的情况，这会严重影响用户的观看体验。因此，为了保证室外直播的流畅度，主播要配置信号稳定、流量充足、网速快的上网流量卡。

4. 手持稳定器

在室外做直播，主播通常需要到处走动，一旦走动，镜头就会出现抖动，这样必定会影响用户的观看体验。虽然有些手机具有防抖功能，但是防抖效果毕竟有限，这时需要主播配置手持稳定器来保证拍摄效果和画面稳定。

5. 运动相机

在室外进行直播时，如果主播不满足于手机平淡的拍摄视角，可以使用运动相机来拍摄。运动相机是一种便携式的小型防尘、防震、防水相机，体积小巧，佩戴方式多样，拥有广阔的拍摄视角，还可以拍摄慢速镜头。主播可以在一些极限运动中使用运动相机进行拍摄。

6. 自拍杆

使用自拍杆能够有效避免"大头"画面的出现，从而让直播画面呈现得更加完整，更具有空间感。就室外直播来说，带美颜补光灯的自拍杆和能够多角度自由翻转的自拍杆更受欢迎。

7. 移动电源

目前直播的主流设备是手机，手机的便携性大大提高了直播效率，但通过手机进行移动直播时，对手机的续航能力是极大的考验，因此移动电源是辅助移动直播的必备设备。经实测，直播手机电量剩余50%左右时就必须开始对手机进行充电，以剩余电量的续航时间换取充电时间，满足后续直播用电，以免直播因电量不足而中断。

二、直播场地的布置

直播需要一个场地，这个场地可能是实体店的一个角落，也可能是一个专门搭建的直播间。无论场地面积大小、现状如何，直播运营团队都要做好场地的布置。

（一）直播场地的基本要求

直播场地的选择分室内和室外两种，场地不同，直播运营团队需要关注的要点也有所不同。

1. 室内直播场地的基本要求

直播运营团队选择室内场地直播时，需要考虑以下几个方面。

（1）场地隔音效果良好，能够有效避免杂音的干扰。

（2）场地有较好的吸音效果，能够避免在直播中产生回音。

（3）场地的光线效果好，能够有效提升主播和商品的美观度，降低商品的色差，提高直播画面的视觉效果。

（4）如果直播中需要展示一些体积较大的商品，如钢琴、冰箱、电视机等，要注意场地的深度，如果场地深度不够，在拍摄商品时可能会因为摄像头距离商品太近，而导致直播画面不能完整地展示商品，或者出现直播画面不美观的情况。

（5）如果直播中需要使用顶光灯，则要考虑场地的高度，要保证场地的高度能够给顶光灯留下足够的空间，避免顶光灯位置过低而入镜，影响直播画面的美观度。

（6）为了避免直播画面过于凌乱，在直播时不能让所有的商品同时入镜。因此，在直播商品较多的情况下，直播间要留出足够的空间放置其他待播商品。此外，有些直播间会配置桌椅、黑板、花卉等道具，也要考虑为这些道具预留空间。

（7）有些直播中除了主播外还会有副播、助理等人员，所以直播运营团队在选择场地时也要考虑为这些人员预留出工作空间。

2. 室外直播场地的基本要求

室外场地比较适合直播体积较大或规模较大的商品，或者需要展示货源采购现场的商品，例如，在码头现场挑选海鲜等。直播运营团队选择室外场地直播时，需要考虑以下因素。

（1）室外的天气情况，一方面要做好下雨、刮风等事件的应对措施，另一方面要设计室内直播备用方案，避免在直播中遭遇极端天气而导致直播延期。另外，如果选择在傍晚或夜间直播，还需要配置补光灯。

（2）室外场地不宜过大，因为在直播过程中主播不仅要介绍各类商品，还要回应用户提出的一些问题。如果场地过大，主播容易把时间浪费在行走上。

（3）对于室外婚纱照拍摄之类的对画面美观度要求较高的室外直播来说，一定要保证室外场地的美观，而且场地中不能出现杂乱的人流、车流等。

（二）直播场地区域划分

一个规划合理的直播场地，通常包括直播区、后台区、商品摆放区，以及其他区域，不同区域有着不同的功能和大小，如表2-16所示。

表 2-16 直播场地区域的功能及大小

直播场地区域	功能	大小
直播区	主播和副播直播区域，展示直播间背景、直播商品、道具	5平方米左右，商家可以根据直播商品体积大小来灵活调整

续表

直播场地区域	功能	大小
后台区	直播幕后工作人员所在区域,放置直播使用的计算机、摄像头等设备,以及直播辅助工具	5平方米左右,最好设置在离主播不远的地方,便于及时为主播提供协助
商品摆放区	摆放直播中需要讲解的商品样品。如果商品数量较多,则需要安排货架,将商品按照类别整齐地归置好,以便让幕后工作人员在最短的时间内找到所需的商品	10平方米左右,商家可以根据商品体积大小和数量来调整
其他区域	主播试衣间,或者放置其他搭配品的场地	商家可以根据需要灵活设置场地

 **实训任务**

请你手画一张直播场地区域布局图。

(三)直播间背景布置

直播间的背景布置要遵循简洁明了的原则,背景不抢主播的风头。一般来说,直播间的背景颜色以浅色或纯色为宜,如灰色、米色、棕色等。商家可以在背景墙上添加店铺或主播的名字,或者品牌的标志(Logo),让直播间更具辨识度。如果商家觉得背景墙的画面太单调,可以在直播间里适当地摆放一些其他摆件,如沙发、绿色植物等。商家在选择摆件时也要遵循简洁明了的原则,所选择的摆件要与直播间背景的风格相契合。

(四)直播间灯光布置

直播间的灯光布置也非常重要,因为灯光不仅可以营造气氛,塑造直播画面风格,还能起到为主播美颜的作用。直播间常见的灯光配置包括主灯、辅灯、顶灯和商品灯。

1. 主灯

主灯为主播正面提供光源,应该正对着主播的面部。这样会使主播面部的光线充足、均匀,并使面部肌肤显得柔和、白皙。

2. 辅灯

辅灯是为主播的左右两侧提供光源,增加主播整体形象的立体感,让主播的侧面轮廓更加突出。一般来说,一个主灯会配置两个辅灯,分别位于主播的左右两侧。

3. 顶灯

顶灯是从上往下进行照射的灯光,它能为直播间的背景和地面增加照明,能够让主播的颧骨、下巴、鼻子等部位的阴影拉长，让主播的面部产生浓重的投影感，有利于主播轮廓的塑造。顶灯安装的位置距离主播的头顶最好在 2 米左右。

4. 商品灯

主播在讲解商品的过程中，有时需要将商品拿至镜头前面对商品进行特写，以向用户展示商品的细节。因此，商家可以在摄像头的旁边增加一个环形灯或柔光球作为商品灯，让商品在特写展示时也不失光泽，具有吸引力。

实训任务

请你帮助商家制订一张直播间灯光布置及摆放图。

三、直播实施活动

做好直播前的一系列筹备工作后，接下来就是正式执行直播活动。直播活动的执行可以拆解为直播开场、直播过程和直播收尾三个环节，各个环节的操作要点如下。

步骤一：直播开场——通过开场互动让用户了解本场直播的主题、内容等，用户对本场直播产生兴趣，并停留在直播间。

步骤二：直播过程——借助营销话术、发红包、发优惠券、才艺表演等方式，进一步加深用户对本场直播的兴趣，让用户长时间停留在直播间，并产生购买行为。

步骤三：直播收尾——向用户表示感谢，预告下场直播的内容，并引导用户关注直播间，将普通用户转化为忠实用户；引导用户在其他媒体平台上分享本场直播或本场直播中推荐的商品。

四、直播二次传播

直播结束并不意味着整个直播工作的结束。在直播结束后，直播运营团队可以将直播活动的视频进行二次加工，并在抖音、快手、微信、微博等平台上进行二次传播，最大限度地放大直播效果。

五、直播复盘总结

在直播内容二次传播完成后，直播运营团队需要对整场直播营销活动进行复盘，一方面进行直播数据统计并与直播营销目的做比较，判断直播营销效果；另一方面组织团队讨论，评判直播效果，总结直播经验教训，形成经验手册，为后续开展直播活动提供参考。

直播复盘总结包括直播数据分析和直播经验总结两个部分。直播数据分析主要是利用直播中形成的客观数据对直播进行复盘，体现的是直播的客观效果。例如，分析直播间累累计观看人数、累计订单量和成交额、人均观看时长等数据。直播经验总结主要是从主观层面对直播过程进行分析与总结，分析的内容包括直播流程设计、团队协作效率、主播现场表现等，直播运营团队通过自我总结、团队讨论等方式对这些无法通过客观数据表现的内容进行分析，并将其整理成经验手册，为后续开展直播活动提供有效的参考。

工作复盘的意义与方法

知识链接

"复盘"这个词源于棋类术语，也称"复局"，指对局完毕后，复演该盘棋的记录，以检查对弈者在对局中的优劣与得失关键。通俗来说，复盘就是回看当时"走"的过程，并且主动思考为什么这么"走"，下一步该如何设计，接下来的几步该怎么"走"。许多棋坛高手通过复盘提升棋力。延伸到个人修为方面，"复盘"与中华文化理念中的"自省"相关。儒家认为，自省是修身之本，是一种"平日著工夫"。曾子说"吾日三省吾身"，荀子认为"君子博学而日参省乎己，则知明而行无过矣"，晚清名臣曾国藩通过写日记反省所思所想、所错所误，一直坚持到临终的前一天还在记。与常见的工作总结不同，复盘以学习为导向，是一种结构化的学习方式，通常以团队的形式进行。可以说，通过全程剖析、深度思考，复盘既总结经验，也反思问题，并优化对策、提升能力。复盘分四个步骤：第一步，回顾目标，当初的目的或期望是什么；第二步，评估结果，和原定目标相比，有哪些亮点和不足；第三步，分析原因，事情成功、失败的根本原因，包括主观和客观等；第四步，总结规律，探讨如何在原有基础上改进提升。复盘应用于广泛的场景，形成了丰富的体系，创造了很大的价值。

任务三　品牌商直播策划

为了更好地实现营销目标，参加各直播平台举办的各项大促活动是商家必须经历的重要"战役"，也是商家在直播领域获得成长的必经环节。此外，策划直播间特色主题活动也是帮助商家获得成长、提高直播间对用户吸引力的有效方法之一。

一、平台大促直播活动策划

每年的"6·18""双十一"大促都是每个商家必须经历的重要"战役"，尤其是"双十一"大促，其对商家全年的销售额有着至关重要的影响。下面以"双十一"大促为例，介绍平台大促直播活动的策划策略。

"双十一"大促的周期可以分为五个阶段,即蓄水期、预售期、预热期、爆发期和售后服务期,在不同的阶段商家需要采取不同的策略。

(一)蓄水期(10月1日—10月20日)

在蓄水期,商家的工作核心是用户"种草",创造需求,为"双十一"大促积累流量。在此阶段,商家重点需要做好以下几项工作。

1. 备货测款

在蓄水期,商家可以通过直播进行大促商品的测款工作,并进行备货,从供应链端做好商品准备。在测款的时候,商家可以将店铺内的商品依次上架到直播间进行直播销售,通过商品的直播数据表现和用户反馈,选出"双十一"大促期间的主推款商品,然后以主推款为核心,在抖音、快手、小红书等不同平台投放引流内容,对用户进行"种草",激发他们对商品的需求。在测款直播中,商家要注意监测各款商品的销售数量,预估"双十一"大促的备货量,把握商品库存,尽量降低库存风险。

2. 确定目标

商家结合店铺运营策略制订直播目标,以合理规划"双十一"大促费用,安排"双十一"大促工作人员。

3. 策划活动方案

商家要做好"双十一"大促直播活动方案策划及相关准备工作,例如,撰写"双十一"大促直播脚本,设计并测试直播封面图、直播标题等。

4. 组建直播团队

直播团队是做好直播活动的重要保障,因此,在"双十一"大促开始之前,商家要组建专业的直播团队,明确人员职责,以确保"双十一"大促直播中人员的相互协调与配合。

5. 筛选"达人"主播

在"双十一"大促中,有的商家可能会与"达人"主播合作,借助"达人"主播的影响力提高店铺的销售业绩。在蓄水期,商家需要结合自身品牌、商品的特性,以及商品购买人群的特点去筛选"达人"主播,确定合作对象,并确定合作流程和内容,确保"双十一"大促直播的顺利进行。

6. 拉新"增粉"

商家店铺的资源位为直播间拉新"增粉"做准备。商家可以在店铺首页轮播图、商品详情页等资源位展示"双十一"福利,例如发放与"双十一"大促相关的优惠券,利用优惠利益吸引更多用户关注店铺和"双十一"直播活动。商家还可以为新会员提供更多福利,加大优惠力度,例如,新加入会员可以领取"预付×元抵×元"等"双十一"大促专享优惠券,吸引更多用户成为店铺粉丝或会员,增强新用户的黏性,以更好地激发他们参与店铺"双十一"大促的意愿。

(二)预售期(10月21日—10月31日)

进入预售期,商家的工作重点是提升用户在直播间的互动率,增加用户在直播间的时长。

1. 粉丝召回

在日常直播中,商家可以在直播间设置粉丝亲密度,将粉丝进行分级,这样有利于商家针对不同级别的粉丝采取不同的营销策略。在"双十一"大促预售期，商家可以为直播间中为不同级别的粉丝设置不同的福利权益，提升粉丝的回访率，延长粉丝在直播间的停留时长。

2. 预付订金引导

主播需要根据店铺的营销规划和商品布局，有重点地引导用户预付订金，提高商品被用户加入购物车的概率。对于主推款商品来说，商家可以为其设计更具吸引力的优惠力度，如限量赠送礼品、付订金减免等，以刺激用户预付订金，提高商品转化率。

一般来说，每年的10月21日为"双十一"大促预售开启日，因此，商家可以延长10月20日直播的时长，让直播横跨零点，让用户有充足的时间将商品添加至购物车，并支付订金。在直播中，主播尤其要注重10月21日预售开始的前两个小时这一时间段。这一时间段的预售会对商品权重造成影响，商家可以将主推款商品放置在该时间段内直播，并为商品设置"免订金"的福利，在讲解商品时，主播也要重点强调商品"免订金"这一利益点，以刺激用户下单，提高商品转化率。

3. 预售打榜

在淘宝直播上，平台方会举办预售排位赛，根据排位赛的成绩分发流量。因此，商家和主播要重视并打好预售期排位赛，为后期直播争夺更多的流量。

（三）预热期（11月1日—11月10日）

经过预售期，商家需要全力备战"双十一"，采取多种方式为"双十一"直播预热，对用户进行深度"种草"，提升用户留存率。

1. 优化用户权益

商家对蓄水期、预售期的直播数据进行复盘分析，针对新老用户的下单情况、商品转化率，以及竞品的数据表现等，调整并优化用户权益，用差异化的用户权益提高用户的购买欲。

2. 多渠道引流

商家通过店铺微淘、粉丝群等渠道进行引流预热。此外，商家还可以与抖音、快手等平台上的"达人"进行合作，借助"达人"的影响力对用户进行深度"种草"。

（四）爆发期（11月11日）

爆发期就是"双十一"当天，在这个阶段，商家和主播的核心目标只有一个，就是极致转化，全力冲刺，做好"双十一"当天的直播，助力品牌爆发。在爆发期，商家需要做好以下工作。

1. 直播氛围的营造

商家要在直播间的装修上融入大促元素，加深用户的印象，吸引用户关注直播间，并购买商品。例如，商家可以在直播封面图、直播标题、直播间的背景设置、直播间贴片等素材上添加大促元素。此外，主播也可以佩戴上具有大促氛围的头箍，成为移动的广告位，同时增加直播的趣味性。

2. 超长时间直播

在大促期间，商家要适时调整直播时长。在大促预热期，商家应该保持每天在固定时间点开播，并每天逐步延长直播的时间，培养用户观看直播的习惯。在大促爆发期，商家

可以尝试超长时间直播,从 11 月 10 日晚上 7 点或 8 点开始直播,并且直播跨零点,一直播到大促爆发期结束。

3. 直播节奏的把控

在大促爆发期,商家要把控好直播节奏。爆发期直播间不同时间点的工作侧重点如表 2-17 所示。

表 2-17 爆发期直播间不同时间点的工作侧重点

时间节点	侧重点	具体措施
11 月 11 日 0:00—8:00	营造购物氛围	1. 及时优化和调整直播间内的贴片,向用户展示直播间优惠信息,让用户不错过任何优惠信息 2. 多次提示用户支付预售商品的尾款时间 3. 与商品管控人员保持及时沟通,保证商品充足 4. 提醒观看直播的用户关注并分享直播间,为直播间不断吸引流量
11 月 11 日 8:00—16:00	积极引流	1. 及时优化和调整直播间内的贴片,向用户展示直播间优惠信息,让用户不错过任何优惠信息 2. 引导用户关注并分享直播间
11 月 11 日 16:00—20:00	活动刺激	向用户分享当天店铺活动、商品活动、会员活动等,用利益点将用户的碎片化时间转化为购物时间
11 月 11 日 20:00—24:00	营造紧张氛围	引导支付订金的用户付尾款;给用户营造紧张感,例如,在直播间添加"双十一"倒计时的提示牌,刺激用户下单

(五)售后服务期

"双十一"大促结束后即进入售后服务期。商家可能会遭遇大量的退款退货、物流等问题,主播也将承担很多售后服务的工作,因为可能会有很多用户在直播间向主播反映商品售后问题,如"如何领取优惠券""如何修改订单地址""如何退款""为什么商品拍下后的价格与直播预告或页面引导中展示的价格不一致"等。对于用户提出的问题,商家和主播要以积极的态度应对,通过有效渠道及时向用户提出解决方案,为用户创造良好的购物体验。

二、直播间特色主题活动策划

在日常直播中,商家可以设计一些别出心裁的特色主题活动,为用户制造新鲜感,加深直播间对用户的吸引力,引爆直播间的流量。商家在策划直播间特色主题活动时要重点关注以下三项内容。

(1)确定活动主题:与日常直播不同,商家要为特色主题活动设定一个具有吸引力的主题。

(2)根据主题选品:商家先根据主题选出本场直播活动的主推款商品,然后根据主推款商品选择辅推款商品，选好特色主题活动商品后，商家还需要规划主推款商品和辅推款商品的配比，以有效地提高商品的利用率。商家一般可以采取以下商品配比模式：在整场特色主题活动直播中，主推款商品的数量占直播商品总数的50%，辅推款中具有销售潜力的商品数量占直播商品总数的30%，辅推款中可能不太好卖的商品数量占直播商品总数的10%，剩下的10%商品可以向用户征求意见，由用户来推荐。

（3）做好预热：在特色主题活动的前一两天，商家要通过各种渠道进行活动预热，提醒用户关注直播，在日常直播中，商家也可以在直播间的公告栏中对特色主题活动的时间进行预告。

小仙炖直播电商

品牌商直播电商实战。

传统电商流量的红利期已过，全面爆发的直播营销已经逐渐成为品牌营销的标配。对于品牌商来说，直播间就是天然的线上体验及销售门店。直播营销需要的不只是镜头前的一个人，镜头背后其实还有一个团队，包括直播策划师、货品管理员、选品师、客服等，他们都是决定直播是否能成功的关键人物。品牌商只有精心策划和紧密配合直播团队才能呈现一场有效的直播。请按照下面列出的各个步骤，在横线上填入具体工作内容。

步骤一：市场受众定位

_____

步骤二：直播平台选择

_____

步骤三：直播前期策划
（一）确定直播方案
1. 明确直播目的

_____

2. 撰写直播简述

_____

3. 确定人员分工

_____

4. 设置时间节点

_____

5. 实施预算控制

_____

　　(二) 设计直播间并组建直播团队
1. 筹备物料：

2. 布置直播间：

3. 组建直播团队：

　　(三) 宣传与引流

步骤四：直播营销中期实施
1. 直播开场

2. 介绍福利

3. 产品营销

4. 链接产品

5. 直播互动

6. 直播收尾

步骤五：直播营销后期传播
1. 打开剪映 APP

2. 制作开场视频

3. 剪辑直播视频

4. 合成视频并添加片尾

5. 添加转场特效

6. 添加背景音乐

7. 设置视频封面和背景

8. 导出并分享视频

步骤六：结合数据反馈，复盘整场直播

1. 数据分析

2. 经验总结

根据我们制订的直播营销方案，组建自己的直播团队并在直播平台上开展一场直播活动。在直播活动结束后，使用剪映 APP 对本次直播视频进行剪辑与发布。

任务四　TikTok 运营策略

任务描述

TikTok 和抖音同属一家母公司——字节跳动。他们都是创作和分享短视频的 APP，是基于人工智能算法的 UGC 短视频平台。TikTok 这个拥有全球月活用户超 10 亿的巨大流量池，深受各年龄段人群喜爱，除了泛娱乐化的内容，学习类视频、生活技能类的视频也大受欢迎。随着 TikTok 全球日活的持续增长，平台的广告价值也越来越高，越来越多的品牌也加大了在该平台上广告投放力度。除广告之外，2021 年 5 月，抖音调整电商业务架构，区分国内外市场，拓展电商国际化。该调整意味着 TikTok 电商已然开启全球市场。这种动态式的电商体验，不仅能够很好地增强观众参与到视频及直播中的积极性，而且能够传递跨境电商商家形象，扩大跨境电商商家在海外的影响力，更能帮助跨境电商通过网红 KOL 创造出惊人的转化。

任务目标

1. 掌握 TikTok 运营策略。
2. 掌握 TikTok 运营技巧。
3. 掌握 TikTok 抖音运营实操。

一、TikTok 运营策略

（一）与你信任的品牌合作

TikTok 上的赞助内容指你有偿制作的内容。例如，一个品牌可能会付钱让你制作一个 TikTok 视频，谈论他们的化妆品用起来效果有多好，或者另一个品牌方让你谈论他们的食物多美味。品牌方对这种付费合作非常有兴趣。一项关于网红营销的研究发现，2019年12月，16%的美国营销人员计划使用 TikTok 进行网红营销活动，但在2021年3月，这一数字上升到68%。换句话说，网红营销正在平台上爆发式增长。

（二）与网红合作

这与第一种策略正好相反。如果你是一家成熟的企业，希望在 TikTok 上扩大你的影响力，请联系视频内容与你的品牌精神一致的网红。一项研究显示，网红营销平均每1美元为企业带来6.5美元的回报，接受这个调查的前13%的人甚至反馈他们的回报率为20美元。更重要的是，一半的营销人员表示，通过网红营销获得的客户比通过其他渠道（如电子邮件营销或自然搜索）吸引的客户质量更高。

（三）使用 TikTok 宣传你的产品

如果你已经上传了商品，创建展示你的产品的 TikTok 视频，包括它们所有的细节。确保在你的个人简介中包含你的商店的链接。

（四）获得 TikTok 的创作者基金

2020年7月22日，TikTok 宣布了他们新的创作者基金，承诺提供2亿美元，以"鼓励那些梦想利用自己的声音和创造力来激发灵感的职业人"。仅仅一周后，TikTok 宣布，到2023年，该基金的规模将增至10亿美元。建议新手先了解创作者基金，先从做好一个视频内容起步更合适。

二、TikTok 运营技巧

想要运营好 TikTok 账号，你必须必备一些技巧及策略。

（一）内容一定要垂直细分

TikTok 账号做不起来，一般存在的第一个问题就是账号内容不垂直细分。什么是垂直细分呢？简单地说就是深耕于同一个领域，不要今天发美食，明天又去发育儿，这样不利于账号打上标签，没有标签系统很难精准地把作品推荐给用户。

（二）内容一定要持续更新

没有持续更新也是很多账号运营得不好的原因之一。总想着随便发布三五个视频，粉丝就可以涨到几十上百万，这是不可能的。几十上百万粉丝的大 V 账号，都坚持了很长的时间，持续发布作品。不要断更，这也是 TikTok 运营的核心技巧之一。

（三）内容一定要有价值

你有没有想过自己的视频为什么不火？其实很多原因总结下来核心就一点，那就是你的内容没有价值，或者说你的内容没有把价值表达出来。当你创作一个视频作品时，首先要自问这个视频质量怎么样？站在用户的角度来评价一下，这个视频能给你带来什么价值？你可以对这个视频打多少分？

（四）内容一定要有差异化

做抖音之前一定要找对标账号，前期可以模仿别人的视频创造，但是如果想要做成一个大号，一定要做出差异化，做出和别人不一样的内容来，否则你永远都是跟风者。

三、TikTok 抖音运营实操

（一）关于 TikTok 上内容发布的时间段选择

不管是微博、还是知乎、头条，当你在发布内容的时候一定要注意你的内容所面向的用户人群。经过测试，目前流量最大的时间点有两个：中午 11 点 30 分—下午 2 点 30 分、下午 5 点 30 分—晚上 8 点。第一个时间段是上班族午休时刻的空闲时间，主要的用户群体是上班族；第二个时间段则是大部分用户群的空闲时间。如果你没法肯定自己的用户人群，那建议一律到晚上再发，预留出三个小时的流量散发时间，确保如果内容真的传播起来了，之后可以有充足的曝光时间。

（二）关于 TikTok 视频的文案编辑

TikTok 上的文案很重要，这是促进用户进行评论和分享的关键因素，TikTok 的文案一定要简洁易懂，可以的话尽可能使用疑问句来结束。

（三）关于 TikTok 的限流

怎样确定自己的内容被 TikTok 限流了？注意数字"500"。当你的视频内容在发布两个小时后，播放量还是停留在 500 之内，那么被限流可能性很大。500 是一个分界线，可以理解为抖音第一道流量池和第二道流量池的临界点，超出 500 以后才有希望得到更多的算法推荐。其实限流不可怕，绝大多数情况下被限流了还是因为你的视频质量不够好。如视频太模糊、无趣、互动率低，你的关注点就不应当放在被限流的内容上，而应当放在成为爆款的内容上，仔细分析其传播快的缘由，力争打造下一个爆款。

（四）关于 IP 包装

很多新人刚开始做 TikTok 的时候，为了探索平台规则，还没有把账号核心上升到 IP 层面，这也致使前期发布的有些内容到后面也许不得不删除。没有 IP 包装，你的账号很容易会成为路人账号，这就是为何要花心思去设计头像、设计封面，还要去想账号名称和介绍。正是由于把这些都做好，才会有后面的"爆款带动限流"。

（五）关于视频配乐

在 TikTok 内，视频的配乐主要可以分为两种，一种是原声，即没有额外添加背景音乐，直接采取原视频的声音；还有一种就是使用 TikTok 上的配乐，目前来讲 TikTok 上的配乐还是比较全的。即便是你找不到喜欢的音乐，也能够通过剪辑工具来上传手机的本地音乐。刚开始运营 TikTok，在了解 TikTok 上其他创作者的剪辑技能、视频想法以外，还要留意他们的视频配乐。热门配乐对用户来讲会有熟悉感，他们知道在这段音乐下会迎来视频内容的重点，从而可以提高视频的完全播放率。另外一定要注意视频配乐和视频内容要有相当的吻合度才行。

(六)关于互动

在互动这方面,我们主要把焦点放在评论便可。多给优良的评论内容点赞,适当的回复部分优良评论,增进粉丝活跃度,同时也能够提高新用户的关注转化率。例如视频的第一条评论内容,你要怎样去回复?这就需要文案撰写能力。

(七)关于视频制作

"万事开头难",在刚开始做的时候你可以不需要斟酌视频的内容质量,只要有完全性就可以了,内容质量可以通过渐渐积累经验来提高。

(八)关于 TikTok 算法

TikTok 算法中所触及的数据,包括视频的点赞率、评论率、转发率、完播率和关注比例;另外还会对新用户和粉丝群体进行权重划分,如果你的粉丝数量很多,但发出视频后粉丝的播放、点赞、评论等数据却很不理想的话,有可能会被限制流量的,这也是为何在抖音上刷数据,除看起来好看以外,实际并没有任何作用。

(九)关于 TikTok 账号标签

一个正在运营的 TikTok 账号,在个人主页点击与头像、关注并列的那个小箭头,就能够查看到"你可能感兴趣"的其他账号,而这些账号就是和你定位属性相匹配的,分析他们,就可以得到你自己的账号标签了。

视频制作技巧PPT

模块三
创新创业案例与分析

跨境电商创业

Entrepreneurship for
Cross-border E-commerce

项目引入

本模块教学案例讲述的是一个故事,叙述的是这个故事的产生、发展的历程。在教师的指导下,结合我们前面所学的理论知识,对案例进行阅读、思考、分析、讨论和交流等活动,希望能以问题为导向进行探究,提高学习者分析问题及解决问题的能力,同时也可以通过自己的思考或者他人的思考来拓宽自己的视野,从而丰富自己的知识。

跨境电商创业案例一

陪伴儿童成长,打造户外运动玩具品牌新势力

摘要: 创立于新冠疫情暴发前的跨境电商公司 FRP,因为同时踩准了电商与婴童消费品赛道,几乎一诞生就站上了风口,迅速起飞。创立刚满一年,FRP 销售额就达到了 1200 万美元,成绩斐然。而这个初创品牌在创立初期的目标就是成为儿童户外动力玩具的行业佼佼者。追赶最强者,才有机会成为最强者。

📈 创业经历

由"四脚吞金兽"们所代表的婴童消费市场,日渐成为广阔的蓝海,服饰、玩具、母婴食品、母婴用品等相关品牌如雨后春笋般涌现出来,资本的大肆入局也在另一种层面上印证着投身这一赛道是极为正确的选择。在这期间,一家聚焦儿童户外动力玩具市场的跨境电商公司 FRP 脱颖而出。FRP 跨境电商是一家集产品设计研发、在线零售、海外仓储、大数据营销服务于一体的初创跨境电商公司,总部设在美国洛杉矶,并计划在中国国内设立供应链管理办公室。

2020 年初,新冠疫情开始在美国肆虐,FRP 跨境电商 CEO、联合创始人黄魏与合伙人预感到消费者无法从线下消费获得消费满足,这对线上消费是重大利好,遂决定在这个节骨眼共同创业,开展 FRP 跨境电商业务。同时,他们将赛道定为儿童户外动力玩具,涵盖摩托车、越野车、卡丁车等深受家长与孩子们喜爱的产品。

据 Global Market Insights 发布的报告指出,2020 年儿童户外动力玩具在北美市场的规模达到了 340 亿美金,并将在 2027 年前,保持年复合增长率 6% 的增速。FRP 就这样站上了风口。与此同时,黄魏更乐观地表示:"这份报告是在北美疫情暴发前发文的,而我认为实际市场规模与增速远大于该数字。"结果的确都在他的预料之中——疫情暴发后,

线下店铺接连闭店，美联储开始在电商方面进行经济补贴、政策扶持，FRP 因此得以实现快速发展。数据显示，2019 年，FRP 的销售额为 125.99 万美金，一年后，这一数字变为 1200 万美金，销售额增长率达 963.57%。

如今，FRP 充分利用线上消费趋势，以第三方商家的身份，入驻亚马逊、沃尔玛等国际电商平台，开设店铺，进行产品销售和市场推广。FRP 的优势是显而易见的——制造商对于产品出现的质量问题反应及时，调整迅速。虽然 FRP 是新兴品牌，但对于供应链的要求丝毫不亚于大牌，对供应链品质把控拥有极高的话语权；出货周期灵活，可根据美国销售情况，加快或延缓出货周期；给予宽裕账期，支持创业等。这是由创始团队自身地域优势带来的与供应链的紧密联系。

FRP 也在亚马逊站内外开展了多线营销，多个产品已位于类目前列。站外也已在 Google Ads、Facebook、Instagram 等平台开展数字营销，效果同样不错。黄魏表示："2022 年上半年公司将启动 FRP Shopify 独立站，增加销售渠道，并逐步摆脱亚马逊平台履约成本。"但同样，创业不可能是一帆风顺的，黄魏也向我们分享了创业初期遇到的一些挑战。因为 FRP 产品销售性质，消费者多在"黑五"至圣诞期间，购买 Kids PowerSports 产品作为小朋友的圣诞礼物，在 2020 年年末，FRP 隔三岔五就会出现订单量创新高的情况。但问题也随之出现——货发不出去。由于 FRP 自身物流不强大，卡车取货成了一个困难。当时，黄魏与团队都在积极寻求帮助，把货物送到有载货卡车的卖家仓发货，而团队各成员也每天都自发地用私家车送货。因为线上销售火爆，UPS/FedEx 也没有做好充足的人员和设施准备，加之疫情感染造成的工作人员短缺，导致 UPS/FedEx 加州仓爆仓，货发出去了，却无法送到顾客手上。送进了 UPS/FedEx terminal 的货，却需要在 terminal 内滞留 4 天以上才能发出去。据当时 FRP 的 FedEx 卡车司机透露，Fontana terminal 在 2020 年年末最夸张时有超过 1000 辆拖车在等候进仓处理，最终导致 FRP 在 2020 年圣诞节前仍有超过上千个包裹未送达到客户手中，最后引发客户退货退款，而部分包裹又在客户退款后送达，FRP 也因为自身和 UPS/FedEx 方面准备不足吃了哑巴亏。

这一情况在 2021 年年末得到了全面改善，2021 年年初，因为上一年的销量喜人，FRP 也获得了 FedEx 的肯定，有了稳定的卡车载货，在销售旺季还有额外的卡车，包裹发不出的情况不再出现，而 FedEx 自身也做好充分的准备，包裹发出后，也能在圣诞节前及时发到客户手中。

创业者问答

黄魏将 FRP 成功背后的秘诀归功于所谓"天时地利人和"，"品牌快速发展主要还是得益于天时。天时大于地利，地利大于人和。"他这样说。FRP 成立于 2019 年，短短两年时间发展飞速，背后的原因是什么？

黄魏：就是我所说的"天时、地利与人和"，"天时"是疫情导致的线下实体店关闭与美联储的经济刺激方案，使得消费者口袋里有钱，尝试了线上购物。在 2020 年疫情前，线上零售占美国整体零售 11%，至 2021 年第四季度，该占比最高到了 18%～19%。"地利"方面，FRP 在美国有自有仓库与办公室，无竞争对手的海外仓限制，对于产品入仓，订单出货，处理退货上调配灵活。而在国内，FRP 尚未设立办事处，大小事宜多交由姊妹

公司代理,代理为 FRP 发展前期带来了很多便利,但同时也存在沟通与管理上的问题。"人和"优势则来自自己拥有多年批发零售经验,对美国内陆物流、海关调配拥有丰富的经验。我们的联合创始人在共同创立 FRP 前从事精算/金融工作,对数据有敏感的判断。而我们的创始团队中亦有多名专业领域内 TOP30 美国高校的研究生,曾在花西子、植村秀,及网创电商任职。另外,公司开始,麻雀虽小,五脏俱全,除两位创始人外,团队成员仅 8 人,而能帮助 8 个人完成 8 位数营业额的就是 SOP。我倡导聪明的"偷懒",有目的性地"偷懒",主张把重复操作的事情 SOP 化、书面化,促使团队中各成员分工极其明确,且公司各岗位日常工作大小事宜都高度流程化,极大地提高了工作效率。但同时挑战同样存在,公司人才处于短缺状态已 2 个季度,FRP 计划 2022 年开设中国办公室,扩建营销与供应链团队,招募运营、美工、营销,以及供应链管理人才。

两年时间,平台发生了怎样的变化?

黄魏:创业前期,FRP 主要追求营业额,追求订单量。且依赖亚马逊/沃尔玛等第三方平台发力。当前则是致力于对内降低成本,提高资金使用率,对客户致力于为客户提供更好的消费体验、更饱满的消费感受。在未来,我们希望可以大力发展 Shopify 独立站,打造 FRP 品牌,并逐步摆脱对第三方平台的履约压力。

2020 年爆发的新冠疫情在某种程度上加速了电商行业的发展与转型,但对于跨境电商平台来说,货源、价格、物流等,又成为避免不了的问题。FRP 遇到了怎样的困难与挑战?是如何应对的?

黄魏:主要有四个方面的问题。除了卡车装载问题之外,还有亚马逊封号潮:2021 年年初,亚马逊 CEO 新官上任,对平台不良风气进行整顿,包括刷单、恶意竞争、篡改对手链接等,但是 FRP 一直都没有这些操作,而是把更多的时间和精力放在了提升产品质量和站内站外营销上了,封号潮使得很多像 FRP 一样的卖家受益。第三,等船来:2021 年港口集装箱"一柜难求",而 FRP 在海运费急剧上涨与港口堵塞前就预计到了这些问题,所以在 2021 年 3—4 月份就在为下半年备货,准备了充足的货量迎接 2021 后三个季度的销售。FRP 创始团队认为,不要等船来,备好了 3 个月以上的销售周期库存后,船来不来就不成问题了。第四,现金流:因为海运费急剧上升,且海运公司话语权提升,海运账期缩短。FRP 大把现金流都流向了海运公司,所以如何提高公司现金流周转率,如何根据海运/港口的节奏备货,如何根据产品销售季节提前营销和当季营销,都成为 FRP 迫在眉睫的困难和挑战。

如今,"后疫情时代"的电商行业还有哪些需要面对的新挑战和值得把握的新机遇?

黄魏:FRP 在跨境电商大海中,依旧是一只小鱼,FRP 仅结合自己走过的坑,表达以下关于品牌/消费者/产品的几个观点:用做品牌的思路做产品,不要想着卖货,不要一味追求营业额;不针对市场进行营销,而是针对购买人群喜好进行营销;尽量选择无大牌垄断的领域,找到品牌根基产品;要不断寻找适配固定人群的刚需型、弱周期性产品;选品要有独特性,体积适中,利润率高。

您如何看待当前海内外跨境电商市场的现状与未来发展？

黄魏：产品方面，严格把关产品质量，控制产品次品率在 2% 以下，在保持现有产品线的基础上，每年开发 1~2 款新品；业绩方面，三年内，实现业绩翻番，并在现有利润率的基础上提高 10%，提高资金使用率，保证 FRP 有稳定现金流；品牌层面，在业内提升品牌知名度，加强品牌线上线下品牌营销，抢占 Z 世代用户心智，据此 FRP 已在准备开设 FRP Kids PowerSports Enthusiast Community（FRP 儿童户外玩具忠实粉丝社区），与社区成员/消费者形成强联系，而不是一次性买卖的关系。FRP 将在新品投放市场前，优先赠予社区成员，社区成员给予关于产品设计/质量/使用体验/个性化选项的反馈，品牌与供应链讨论改进后，进而将产品投放市场，这将是品牌在占领消费者心智上很重要的一步；员工待遇方面，提高员工幸福指数，在薪资上体现员工的市场价值；仓储方面，FRP 计划在 22 年开设加州以外的美东/美中分仓，从而缩短物流时间，提高消费体验。

目前与资本关系如何？有融资的计划吗？

黄魏：我们暂未与资本接洽。主要因为个人对美元的新消费品牌融资前景不看好，尤其是 2022 年。美元基金不再像以前一样受欢迎，促使国内美元 VC 涌入新消费赛道，导致新消费公司估值普遍偏高，可再回过头来看二级市场对新消费 IPO 的反馈，估值普遍走低。所以未来的两年，需要拿美元基金的新消费公司的融资难度会加大，但这不意味着 FRP 不会尝试融资。只不过我们要在天晴的时候去添砖加瓦，在好融资的时候，顺势而为融资；下雨的时候补漏检修，在融资难的时候，踏实发展，壮大自己。

跨境电商创业案例二

98 年"特殊"小伙创业跨境电商，日出超 7000 单！

摘要：2020 年 3 月，黄天祥即将告别校园，开启全新的职业生涯，正好他看到朋友在 Shopee 平台做得"风生水起"，心里痒痒，于是在同年 4 月他也申请入驻了 Shopee，并把越南市场当作"开疆拓土"进军东南亚的第一站。零经验小白出身的他，在刚入驻 Shopee 两个月左右的时间便尝到了爆单的喜悦，随后 2 年时间，黄天祥由单枪匹马到拥有自己的 4 人小团队，跨境电商事业稳步发展，目前已是箱包品类的头部卖家，2021 年"双十一"大促成功日出超 7000 单。年仅 24 岁的黄天祥能取得今天的成就，背后其实要付出比寻常人更多的艰辛和汗水。由于天生患有慢性疾病 SMA 脊髓性肌萎缩症，他的双腿目前已无法活动，只能坐在轮椅上，这无疑会给正常的工作和生活带来很多不利影响，但这样的挫折也并未将他打倒，他照样用勤劳和智慧收获了自己的财富和精彩人生。

创业经历

一出生，黄天祥就身患慢性疾病 SMA 脊髓性肌萎缩症，随着年龄增长，他的四肢会

慢慢地失去力气,所以,普通人轻而易举的小学、初中、高中、大学历程,对他来说却并不平坦。受限于糟糕的身体状况,一开始,黄天祥并不对自己的未来抱有很大希望,但幸运的是,他遇到了Shopee,并由此开启了人生的新篇章。作为一个土生土长的泉州人,黄天祥周边的经商氛围一直很浓厚,父亲同样也在做生意,经营的是一家鞋铺。耳濡目染下他自然也萌生了创业的想法,他认为电商的工作性质于自己而言是一个很不错的从业选择。

"刚开始踏入跨境电商的门槛时,我的目标只是能有一份稳定的收入,随着接触并深入了解Shopee平台后,发现比自己的预期还要好,自己非常喜欢这个行业,在工作的时候非常投入,人也很有动力,整个精神面貌都非常好。"现在,黄天祥的目标早已不是"只求温饱",而是能慢慢地把公司做大做强。黄天祥表示,自己能走到今天离不开家人的支持,尤其是父亲。刚开始做Shopee的时候,他离泉州的物流仓最近,但开车来回往返也需要一个小时车程,这时候就算是店铺只出了一单,哪怕是半夜十二点父亲都会把这一单送到仓库去。

创业伊始,考虑到越南的整体文化和地理位置跟中国非常贴近,购物思维和国人很相似,于是黄天祥将越南市场作为产品出海首站。为了能更好地了解越南市场,他会一遍一遍地去浏览前台各种类目的热销产品,最晚能到凌晨两三点,而且乐此不疲,根本不觉得累。从选品、运营再到客服,彼时还是"零基础小白"的黄天祥一个人包揽了所有活,摸索着向前。

据悉,作为一位男性创业者,黄天祥刚开始并没有把女包放在考虑范围之内,而是把目光锁定在数码、手机壳、居家等产品上,但是经过前期试验,他发现自己并不适合经营这些产品。经过深思熟虑后,黄天祥决定落子箱包品类。"我父亲是做鞋生意的,当时也考虑卖鞋,但泉州的鞋货源价格偏高,没有成本优势,都说鞋包不分家,这时候我很自然地就联想到了包包,一番思考过后,我认为女包更适合自己。"在黄天祥看来,相对来说女性更喜欢购物,消费需求更多,同时,女性会更喜欢分享和评论,尤其是20岁左右的群体,而评价对产品而言又非常重要,比如能帮助产品更快地做起来,基于这些出发点,黄天祥把包包的客户群体定位为20岁左右的女性群体。正好,越南市场箱包品类的用户画像和黄天祥的判断高度重合。根据Shopee平台的箱包类重点市场买家画像及风格偏好数据显示,越南市场箱包品类的主要购买群体是19—24岁,购买力普通但价格敏感度高,追求小而美的日韩风,还喜欢睡前零点购物。

(一)转战箱包品类后,黄天祥立马尝到了甜头

2020年5月份,此时黄天祥刚入驻Shopee越南站一个月左右时间,店铺里一款比较卡通可爱的帆布包就表现亮眼,大概到6月底的时候,包括这款产品在内的店铺所有产品便迎来了小小爆单潮。这让黄天祥坚信了把包包产品继续做下去的决心。现在,黄天祥的店铺日均销量超过了1000单,遇到大促,产品销量更是成倍攀升。平时,黄天祥非常重视Shopee平台的推广和大促活动,能报名参加的基本都会参加。他认为,大促或者推广不仅可以在当天给单量带来明显增长,还会让产品后续的销量慢慢增加,给店铺带来持续良性的影响。依靠大促助力,黄天祥的店铺产品销量迎来节节攀升,2020年,"9•9"大促当天单量破2000,"双十一"大促一天出单超5000,"双十二"大促日出更是达到了

6000多单！仅用半年时间，黄天祥就完成了从0单到日出超6000单的跨越！2021年"双十一"大促当天，黄天祥店铺销量再创历史新高，超过7000单。

（二）从越南到东南亚全站点，征服各市场消费者自有秘诀

黄天祥的跨境电商之路并不是一直顺风顺水。有一段时间，黄天祥越南站店铺单量下滑得非常厉害，这次"挫折"让他萌生了开通Shopee其他站点的想法，因为除了越南市场，箱包品类在其他市场照样也是"香饽饽"。据报告，预计2025年全球电商市场时尚产业将增长至1万亿美元，为全球电商市场规模最大的品类。Shopee跨境时尚类常年热销，其中箱包类目以其新颖的款式、优质的产品深受东南亚和拉美消费者喜爱。正是看到了箱包在东南亚市场的远大前景，到目前为止，黄天祥已经开通了东南亚全站点，此举也让黄天祥的事业迎来转机。现在，黄天祥已经在Shopee东南亚全站点经营得"风生水起"，并签下了3名员工，包括1名运营、2名进货及打包，慢慢从单打独斗到拥有自己的小团队。由于市场不同，消费者偏爱的风格也不同。相关数据显示，马来西亚、越南市场体量大，消费者中意可爱卡通亚洲风，国货需求旺盛。菲律宾市场同样体量大，消费者均偏好欧美风，对流行时尚更关注。泰国则是品牌国货包包蓝海市场，可同步布局掘金。分市场具体来看，马来西亚市场：用户画像25—34岁，购买力强、紧跟潮流、社交属性高，重视评论及销量数据，对品牌忠诚度高；泰国市场：用户画像23—29岁，购买力强、买家口味更挑剔，重视店铺风格、追求韩流、爱逛店铺、决策时长更久；菲律宾市场：用户画像25—34岁、购买力强、社交属性高、价格敏感度高、复购率极高、对品牌忠诚度高。

扩张东南亚全市场的过程中，针对市场差异化特征，黄天祥采取的是先单个站点站稳脚跟、再慢慢布局下一个站点的扩张原则。每来到一个新的市场，他都要进行全面的学习，这时候，Shopee官方提供的各种学习资源给予了很大帮助。"我平时会每周浏览微信公众号的文章、观看Shopee公开课、积极在Shopee卖家学习中心学习……这些渠道里面的知识非常全面，作为一个零基础的'小白'，我从里面学习到了很多实用知识，为店铺运营和市场扩张奠定了良好基础。"除了利用好Shopee平台提供的数据，黄天祥也会通过新产品的上新情况等去充分了解每个市场的箱包消费需求，判断产品在当地的销售表现，以制定后续运营策略。据悉，黄天祥走的是精细化运营模式，经过仔细挑选，店铺每个月大概会上30~50个产品，然后黄天祥会站在买家的角度去看买家需要什么，观察、总结热销品的特点，再进行选品和优化产品。在黄天祥看来，维护客户关系、主动去跟消费者沟通是非常重要的事情，据悉，黄天祥店铺"聊聊"回复率高达99%，他坦言："即使刚开始一个人运营店铺，忙于发货打包，我也会基本保持每小时在线。"在和消费者沟通的过程中，黄天祥能够更好地了解当地的市场需求、进行产品筛选。据悉，黄天祥的店铺有一位消费者是越南的在校大学生，同时本身也在开设线下店铺，这位消费者在聊天的过程中，经常会给黄天祥分享当地正流行的产品，拓宽他的选品灵感和思路。"有一次这位消费者告诉我，越南最近在流行小雏菊，我很快找厂家预订了一批雏菊风格的包包，市场反响热烈，一上市就被一抢而空。"同时，与消费者沟通也能提高产品销量。针对店铺里的爆款等产品，黄天祥非常重视消费者的反馈，比如根据消费者的建议，改进后续产品的面料，以及改进肩带长度等。可以说，消费者的反馈更好地帮助黄天祥进行了产品的本土化改良，促进了产品销量的增长。

消费者带给黄天祥的惊喜还有很多。"有一次,越南的一位消费者在店铺买了东西,可能是快递员的原因没有收到货,她跟我反馈后,我二话不说,立马免费给她补发了产品,让人惊喜的是,这位消费者公开在 Facebook 上发文夸赞我,还公开了我的店铺名,正是由于这件事,我店铺的粉丝数突然暴涨了很多,从刚开始的只有几百个粉丝直接上升到几千个粉丝。"刚好那段时间正赶上大促前夕,黄天祥的店铺单量也上升得非常快,这更加让他觉得积极跟消费者沟通是件非常重要的事情。除此以外,供应链布局也是重要一环。黄天祥认为优质的物流服务可为消费者提供良好的购物体验,保障店铺开启增长飞轮。因此,2022 年 3 月份,黄天祥在听到 Shopee 新增中国南宁境内仓的消息后,便紧跟平台的步伐,成为第一批入驻者。"南宁仓开通之前,我们仓库一直在自己打包发货,然后外发到中转仓,货物通过中转路径去到东南亚的市场,中间肯定会需要大量的时间,有了南宁仓以后,我们的成本更低了,速度也更快,物流时效至少提高了 20%～30%,这是个两全其美的事。"据悉,使用南宁仓服务的跨境卖家既可以享受优惠的费率,又能保持国内灵活持货,具体来说就是中国边境发货,享分钟级清关服务,总时效优化 1—2 天;卖家头程藏价最高节省 70%,享海外仓同等待遇费率优惠;还可享灵活入库退库政策,1 份库存直通泰国越南 2 市场。在南宁仓的助力下,黄天祥的产品价格和其他卖家相比更有竞争优势,入驻没多久产品销量就有了很大提升。目前,黄天祥已经成为南宁仓箱包品类 Top 级卖家。

(三)依托白沟箱包产业带,打造产品差异化竞争

做跨境电商,同行竞争是绕不开的话题。入行 2 年来,黄天祥一直都知道产品差异化的重要性,这也是他能在众多卖家中脱颖而出的秘诀之一。女包作为箱包"单量王者",跨境订单领先且仍保持高增长,虽然女包的整体竞争环境还不算特别大,只是女包若想在东南亚市场成功闯出一片天,还需产品具备差异化优势,做出市场上没有的风格或系列。创业伊始,黄天祥通过观察发现越南市场上大多卖家都在售卖皮革类的女包,但是没有卖家售卖帆布包,发现市场的空缺后,黄天祥认为这是一个很大的机会,他当即下定决心售卖帆布包,填补越南市场的帆布包空缺,凭借独特的产品,黄天祥成功在越南市场站稳脚跟。产品销售表现比较好后,会不可避免地出现被同行"模仿"的情况,不过黄天祥并不担心这会影响销量。在他看来,包包属于时尚类目,这也意味着包包产品没有很长的生命周期,等同行反应过来的时候,能分到的单量其实很少,只要自己不断地与时俱进,经常更新产品,就能持续保持竞争力。据悉,在产品的进货渠道上,黄天祥 90%以上的订单都是依靠白沟,可以说事业的成功与白沟箱包产业带密不可分。白沟被誉为"中国箱包之都"。这个隶属于河北省保定市的小城,现在已经形成一个从业人员超过 100 万人的区域特色产业集群,发展成为全国最大的箱包产销基地,年产箱包 8 亿只,产品畅销 174 个国家和地区。"通过在白沟箱包产业带进货,不光可以节约自己的时间成本,再也不用在各地寻找货源了,还可以节约店铺运营成本,给工作带来很大便利。"黄天祥认为,和其他渠道比起来,白沟箱包产业带具有很大优势。首先,产业带里的产品款式更多,既可以缩小选品范围又可以节省选品时间;其次,因为产业聚集拿货价格方面也更有优势,这可以降低产品成本,让产品在东南亚市场更有竞争力。

结束语

我们会发现,黄天祥的爆单策略和运营打法主要是以下这些:(1)了解目标市场、目标人群需求,进行产品的本土化改良;(2)错开同行,做差异化选品,保持创新维持自身的核心竞争力;(3)依托平台,看准机会布局南宁境内仓,提高物流时效;(4)坚持精细化运营策略,让投入发挥更大效益。不过,已经取得良好成绩的黄天祥并没有满足于现状,他认为女包市场还有很大的挖掘空间,而他愿意在女包市场继续深耕下去。"包包这个品类本身就很大。我们目前做的女包其实只能说是女包中的很小一部分,所以在女包品类中还有很多地方值得我们去扩充。"未来,黄天祥打算立足女包深耕细作,在稳固当前在售产品的基础上,拓展女包的品类,同时在材质以及设计风格上对女包做进一步的拓展,最终让店铺产品征服更多的海外消费者。像黄天祥一样,目前,还有很多中国卖家正乘着跨境电商的东风,通过 Shopee 等跨境电商平台把家乡的优质产品卖向了东南亚各地,并在扬帆远航的美妙征程中,成就了自己的精彩人生。

跨境电商创业案例三

独立站+TikTok 助力家乡特色产品出海

广东佛山里水是花卉园艺产业名镇,以花卉产业为核心,自 2015 年起就慢慢地发展出了一条电商之路,镇内的电商氛围非常浓厚,电商基础扎实,有超过 10 家以上的物流园区,近一半是国内知名的物流公司,物流配送方便。2020 年,政府支持发展电子商务,里水成为广东省首个农产品跨境电商综合试验区。

里水土生土长的大学生 Martin 正好乘上了这趟顺风车。Martin 大学学习的是外贸专业,毕业之后在外贸公司上了一年半班之后,回到这个广东佛山的小镇做起了花卉跨境电商的生意。里水这块土地最出名的就是蝴蝶兰,而 Martin 的父亲几十年来一直潜心种植各种稀奇、趣味的蝴蝶兰,Martin 主要销售这些花卉。Martin 最开始是在阿里巴巴国际站做面向个人消费者的生意,受疫情影响,业绩每况愈下。电商直播给了他曙光。Martin 说:"之前我们这有个卖家,在 TikTok 直播间里单场做成了几十万的销售额,而他们仅仅是一支成立不到一个月的直播团队,我是非常看好直播这个赛道的。"Martin 经过一番思考,鼓起勇气将跨境生意转移到了 TikTok 上,做起海外电商直播。在直播间里,Martin 把父亲种的珍奇类蝴蝶兰介绍给海外手机屏幕前的受众,凭借着专业度和努力,Martin 的销售额有了稳定的增长。在直播中,Martin 发现只有特定的 TikTok 用户才能在直播间下单,为了不让客户流失,Martin 想搭建一个独立站来承接客户,建立自己的私域客户流量池,也为后续品牌化建立基础。可在当时,村里做跨境生意,基本是以阿里巴巴国际站为主,很少有人入局独立站,但是 Martin 认为,生意上,抢先入局,才能接住机遇。"RCEP 成员国有着强劲的鲜花消费需求,市场非常广阔,虽然疫情下,发展艰难,但我不想放弃海外这块蛋糕。"Martin 说。抢先塑造品牌是 Martin 入局独立站的另一目的。现在 Martin 已经布局了多个社交媒体矩阵,除了发布产品内容之外,未来,Martin 会发布有关种植花卉的内容,向海外粉丝普及花卉文化,塑造自己的产品文化和品牌文化。

2022 年区域全面经济伙伴关系协定(RCEP)将生效。RCEP 成员国是蝴蝶兰的主要出口国,在独立站+TikTok 直播新模式下,Martin 将稳稳接住这个"绣球"。农产品跨境电商自疫情以来一直保持着良好的势头,并衍生了农产品跨境电商直播等新业态新模式,不管是产业链和生态体系都在不断地完善中,市场发展空间大。用新兴模式早先入局市场,路才会越走越宽。

跨境电商创业案例四

传统外贸转型发展跨境电商,未来可期

珠海 HoldPeak 是一家仪器仪表(万用表、环境测量仪)生产、销售型企业,至今已有 20 年的历史。从前接到的订单多是来自欧美经销商的大额订单,而近年来,随着欧美电商市场逐渐成熟,欧美的经销商数量逐渐在下降,而这一现象在广交会上尤为明显——欧美采购商数量下降,印度、非洲等国家的采购商数量却慢慢增多。"很多欧美的小客户直接绕过上面的经销商,找到我们采购;原来大的经销商,其采购量也逐渐减少,订单呈碎片化,所以我们也在 2015 年拓展了跨境电商的渠道,目前为止,我们跨境电商渠道的销售额差不多能占销售总额的三分之一。"

公司负责人李江介绍道,现在 HoldPeak 在亚马逊美国站、英国站、日本站、澳洲站都有开店,年销千万人民币,但人才问题却是其最为担忧的。"我们公司在珠海,在珠海做跨境电商无论是行业气氛还是配套的基础设施、物流渠道以及人才资源都与一江之隔的深圳差很多。深圳跨境电商企业多,竞争激烈,基础设施、物流渠道也较为完善,我们很多货物都是从深圳、香港发出去的,但最重要的一点,深圳高薪将跨境电商人才都吸引过去了,我们在珠海很难找到有经验的人才,只能自己培养。"

珠海的高校有很多,HoldPeak 当前更多地是招一些应届毕业生,自己培养,但谈起跨境电商运营人才流失率高的问题,李江表示人才流失迟早会遇到的,当前也在调整模式逐步转型,想办法将有才的年轻人留下来。

"以前都是 B2B 客户下单后我们才生产,下一千台,我们基本上也就做一千台,最多可能会留一点备余的货。但针对跨境电商,肯定是要备货销售的,但是备什么类型的货?备多少?货备在国内还是国外?货备在国内,从国内发货物流周期就会比较长,根本没有竞争力;备在国外风险过高,货物滞销的话,亚马逊要收取高额长期仓储费,还可能店铺遇到问题被关,钱货两空。"李江表示,现在针对备货问题,他们也调整了解决方案——新品上市初期发较少的量试货,如果销售状况好就空运补货。同时后期海运的补货也及时跟进;在备货的位置选择上,会在国内工厂备一部分货,然后海外与第三方海外仓合作,将货放进海外仓,根据销售情况再分批入 FBA 仓。

谈及未来的发展,李江透露道,当前已经接到美国亚马逊 VC 的邀请,具体细节还在

商谈之中。接下来还会将更多的精力放在亚马逊平台上，同时速卖通较大的发展空间也是其比较看好的。从市场需求上来看，因为欧美等国家人工成本较高，通常家里的东西坏了都是自己动手解决，所以仪表仪器类产品在当地属于家庭用品，市场较大；新兴市场中，俄罗斯和巴西也是较具发展潜质的。"仪表仪器类产品，俄罗斯消费者也多为家用，但俄罗斯消费者消费水平比较低，对价格更敏感，喜欢低价。以前俄罗斯通关比较麻烦，通常货物卡在海关都要半个月到一个月以上，不管是批量货还是小件包裹都难逃此劫。而现在只要不是敏感产品，基本一周左右就可以正常过关。"

跨境电商创业案例五

90后西安大学生，玩转跨境电商

假发，是一个市场需求不是特别大的商品，目标群体窄，销售难度高，在我们的固有观念中，似乎只有脱发、头发稀疏的少数人群才会用得到，把售卖假发作为创业项目，对于有过创业经历的人来说可不是一个非常明智的选择。然而西安翻译学院的在校大学生靳亚飞却将假发卖到了美国、俄罗斯等海外市场上，一年能够带来十几万的利润，我们看看他是怎么做到的。

（一）高中前几乎没有接触过互联网

对于出生在河南许昌农村的靳亚飞而言，在上高中之前，互联网是一个未知而神奇的东西。之后靳亚飞到县城上了高中，开始接触网络，才知道了马云、阿里巴巴，能够改变一些传统模式的电子商务让靳亚飞觉得神奇，大学毫不犹豫地选择了西安翻译学院电子商务专业，通过对课程的学习，他已经不甘心只学习理论知识，而是想着自己利用互联网真正做点什么。

（二）生活烦恼带来创业创意

2013年8月，靳亚飞老家辣椒进入了采摘季，但是出现了滞销的情况，8毛钱一斤的辣椒眼看就要烂在地里。同时，西安辣椒的批发价是2元/斤，超市、菜场买到了4元/斤。"有没有办法既能解决滞销的菜品，同时又能让西安市民不用花几倍价钱去购买蔬菜？"于是，靳亚飞的第一个创业项目"易蔬菜"诞生了，属于蔬菜的O2O形式，"用户在网上下单，我们从菜农那里进货，然后为用户配送。"这一年，他只是一名大一学生。最终，由于学生的资金利用能力和配送货物能力的局限，靳亚飞的第一个创业项目失败了。

（三）假发卖到美国、俄罗斯

从"易蔬菜"之后，靳亚飞收拾好心情，又开始寻找其他商机。通过对国内电子商务竞争"白热化"的分析，这一次，他将目光转向了跨境电商——将"中国制造"卖到国外去。靳亚飞想到了老家许昌：那是全国最大的假发生产地。于是，靳亚飞开始寻找假发货源，并最终将此作为自己的主打产品。3家网店，6个人来做，这是靳亚飞团队目前的工

作状态。其中,2个人负责商品的采购、进货,1个人负责售前、售后服务,1个人受理订单,剩下的1个人负责更新、发布产品,靳亚飞统筹坐镇。"除了我和合伙人,剩下4个人都是我的学弟、学妹,我创业成功了,给他们提供就业的机会。"现在,靳亚飞的产品已经卖到美国、俄罗斯和巴西。

(四)假发畅销,月入万元

靳亚飞透露,所有电子商务平台,都有淡季、旺季之分,消费者购物需求主要集中在下半年,尤其是"双十一"等大型活动的刺激,往往能够带来可观的收入。"现在,我每个月营业额大概有5000美金左右,下半年可能会多一些。一年十几万的利润。"

"没有做不成功的事情,只有不为之努力的人。"这句话是靳亚飞的座右铭。他对未来有着清晰的规划——先借助第三方平台,发展团队,积累经验,"主要是多挣点钱。"靳亚飞笑着说。接着,重新选择产品,打造自己的品牌,最终建立独立的跨境电商平台。

从靳亚飞假发远销海外的案例中不难看出,创业项目往往来源于生活,来源于我们对现实问题的思考,善于利用自身和周围资源,学会分析和总结,一步一脚印地坚持下去。

跨境电商创业案例六

湛江90后大学生试水跨境电商,商品卖到53国

"大众创业,万众创新"已点燃一股又一股的创业热潮,当前,在跨境电商平台上活跃着一大批90后大学生,他们选择跨境电商行业挖掘人生第一桶金,是因为这是一个成本更低、技艺门槛更低的平台。越来越多的大学生正在通过跨境电商闯出一条创业新路子,他们的产品甚至卖到美国、西班牙、比利时等全球几十个国家。

庞文杰今年大四,是湛江市青年大学生电子商务创业就业孵化基地岭南师范学院校园CEO。完成一天的学习任务之后,他开始上跨境电商平台处理当天的订单。从大二开始,创业这个想法已在他心里扎根。2014年10月,庞文杰入驻市青年大学生电子商务创业就业孵化基地,经过两个月的培训,12月的一天深夜12点多,他收获了境外第一张单。"那是来自巴西的订单信息,我成功卖出了一块手表,在跨境电商平台上有了第一笔收入,当时心情特别激动。"尽管是深夜,但他按捺不住兴奋,马上打电话告诉培训导师,分享喜悦。庞文杰说,因为以前曾利用业余时间做过实体销售、活动策划和推广,现在通过互联网成功交易,让他对走创业之路更有动力了。通过互联网,他已经把产品销售到比利时、美国等53个国家去了,"手表比较受青睐,指甲油也挺畅销的,一个能卖二三十块钱。每天都会收到10份左右的订单,每个月有2000~4000元的收入。"

现在,他基本上不用家里给生活费,还可以补贴家里,经常买点小礼物送给父母。"在目前的形势下,跨境电商很有发展前景,我之前做实体销售,发现还是有一些局限性的,需要资金周转、店租等,而现在完全没有这种资金压力,门槛比较低。"目前庞文杰

已有一支自己的创业团队，希望带领这支团队一起拼搏，一方面带领团队搞策划，一方面搞跨境电商。他正在探索一条创新的路子，希望通过线上线下互动，把服务、广告、活动策划等业务和互联网结合起来，线上推广、线下销售、广告、服务，把自己的一些创业项目发展起来。庞文杰也坦言，创业之路并非一帆风顺，"很多创业团队都在大浪淘沙中以失败告终，这是无可避免的，毕竟大学生在资金、人脉、技能、管理技巧等方面还是有所欠缺的。"他建议想创业的大学生在真正开始创业之前，要多学点东西，平时也看一些营销书籍，或者在孵化基地学习一些系统的知识。

跨境电商创业案例七

大学生创业就业孵化基地成就大学生创业梦

位于岭南师范学院的湛江市青年大学生电子商务创业就业孵化基地，目前已接受入驻孵化对象820余人，主要面向大三和大四的学生，为即将毕业的大四学生提供电子商务培训，拓宽就业渠道，增强就业技能。目前，孵化基地已经有部分大四毕业生走出孵化基地找到了跨境电商相关的工作。该孵化基地还将湛江地区的农产品、海鲜等有鲜明地域优势的产品导入到大学生创业实践中，帮助大学生创业者优化跨境电商平台的产品供应链，让大学生创业者直接面对海外客户。

"首先我们与具有湛江特色的产品供应商进行洽谈，例如菠萝制品和海鲜产品的生产及供应。在获得供应商的合作意向之后，我们会带领有意向销售这些产品的创业者来到产品供应商的公司和车间实地考察，在充分了解产品之后，将这些产品放到跨境电商平台上去销售。"该孵化基地相关负责人介绍道，这一举措既丰富了大学生在跨境电商平台上创业的产品供应链，同时也促进了湛江特色产品的外销，在带动创业就业的同时，拉动了地方经济的发展。

据了解，该孵化基地在让大学生真正实现零成本创业的同时，还将在创业方面为大学生创业者提供团队建设、财务管理、资本运作等方面的培训，推动大学生创业者向市场化企业家成长。同时，针对就业意向比较强烈的学生，该孵化基地也会引入实用的职前培训，为在校大学生提供职前教育与实践。正在岭师读大二的李志慧，怀揣着创业梦想，从国内的电商平台转战跨境电商。手表、手机壳、动漫、西装袖扣、游戏配件、汽车配件等都是他喜欢卖的"宝贝"，他说，卖产品，关键在于自己对产品的了解程度有多少、感不感兴趣，才能卖得好。当然，光靠兴趣支撑是不够的，他平时更加倚重平台上大数据的指导，对平台产品的销售状况和走势进行分析。"客户要什么我们就卖什么，什么产品卖得好，我们能不能找到这种产品，价格是否有优势，以此来吸引客户。同时，我们还要分析客户来自哪些国家，然后在产品的描述和标识上，有针对性地写上那个国家的语言，尽我们最大的努力给客户最好的服务，快速提升店铺的好评率和信誉度。"尽管对创业有着浓厚的兴趣，但李志慧还是将学业放在第一位，做到学业创业相互促进。现在他与客户交流都用英语，英语水平提高得很快，手表行业的词汇基本都懂。"虽然很累，但是很充实。"李志慧说。对于"大众创业，万众创新"，李志慧认为，现在大学生毕业就业形势严峻，

而越来越多的大学生出来创业，对积极解决就业问题有很大的推动作用。李志慧坦言："创业是很艰难的，最后成功的不多。我认为，只有创新了，才能创业成功。即使不在电商这条路上走下去，我也会走其他的创业路子。以后也可能会考虑先就业、后创业，创业是最终的结果，我要先积累经验、资本、人脉、阅历，才能更好地创业。"

跨境电商创业案例八

温理工学生拿下近 50 万美金订单　助力温州品牌走向世界

温州理工学院外国语学院学生林奥易、杜锦阳在直播间达成了一笔数额接近 50 万美金的订单，将温州泰顺县泰鑫玩具厂的"厨房玩具"销往海外。近年来，该校外国语学院的跨境电商实操班利用跨境直播的新平台，助力温州品牌走向世界，将温州产品打造成"爆款"，至今共计 100 多位学生为温州市 50 多家企业进行阿里巴巴国际站的运营，为企业拿到 150 份订单。

2015 年，温理工外国语学院开设了跨境电商实验班，每年会选取 70 名优秀学生参与专业课程培训。2020 年，学院与浙江蚁宇网络科技有限公司合作开办欧宇跨境电商实操班，采用"理论教学＋实践操作＋见习实习"的培养方式，与中国电子商务人才服务商、阿里巴巴跨境电商人才培训基地合作。这样的培养方式，不仅提高了学生的外贸实操能力，也促进了中小企业外贸的发展，实现了校企"双赢"。

温理工外国语学院对符合口语要求的优秀学生进行专业培训，通过跨境直播方式在阿里巴巴国际站上进行线上销售，将温州的皮鞋、游乐器械、印刷品等本土产品销往美国、欧洲、东南亚等国家和地区。同时，结合具体实际，该学院构建"产教融合、校企合作、服务地方"的跨境电商模式，新建校外教育实践基地 15 家，包括浙江卓诗尼控股有限公司、浙江玛雅贸易有限公司、浙江橙树网络技术有限公司等企业。

两年来，已有外语、国际贸易、电子商务等专业学生 100 多人次参加跨境电商实操班学习实践。林奥易说，跨境直播是一个新的领域，这些实践经验提升了他的口语交流能力，开拓了他的视野和眼界，同时帮助他对海外市场有了更深的理解。

跨境电商创业案例九

3C 配件，GOX 如何做到年销售额 7 亿？

3C 配件，因产品小而美、消费者复购周期短、利润空间大等特点，广受跨境电商卖家的青睐，因此市场环境内卷严重。但是，年轻的潮汕张氏兄弟却能杀出重围，年销售额 7 亿，拿下欧美 3C 配件市场，他们是如何做到的呢？

2016 年末，来自潮汕的张氏兄弟，在国内跨境电商行业的"耶路撒冷"深圳，成立了 GOX 科技有限公司。在创业之初,就确定了主营 3C 配件产品,坚持初心深耕至今。GOX 的第 1 次转型在 2017 年,正值亚马逊兴起的黄金元年。创业之初,选择从 B2B 市场切入的 GOX,嗅到了新商机,一脚踏入亚马逊平台。作为亚马逊"新人",彼时,GOX 的经营重点是"活下去",对平台的了解和运营方法,还处于摸索阶段。

2018 年,越来越多的卖家,都瞄准了亚马逊平台这块甜美的蛋糕,尤其是 3C 配件市场,竞争愈发激烈。此时,卖家走品牌路线,在平台获得更高的权重,是大势所趋。于是,GOX 紧跟趋势,完成了第 2 次转型,走自有品牌路线,开发了诸多主流数码产品的配件,并投入市场。走品牌路线,是 GOX 海外掘金的必行之路,它在这条路上也走得很顺利。但年轻的张氏兄弟,并不止步于此。为了在欧美 3C 配件市场持续走高,GOX 开始酝酿第 3 次转型,不光做主流数码产品的配件,还分散一部分精力,投入到国外本土品牌的数码产品配件的研发上,以此扩大自身在全球的市场,获得更广阔的生存空间,取得了不俗的成绩。基础有了,要获得现在的优秀成绩,不得不努力。在 3C 领域,每一年都有新机型出现。衍生的配件市场,必须快速对变化做出反应,高速迭代产品,才能适应最新的市场需求,这是企业的核心竞争优势来源之一,GOX 深谙此道,就算是一个小小的手机壳,也花尽心思打磨细节。对此,其运营负责人张总说道:"我们会不断地挖掘产品的新卖点,更新迭代,这在 3C 配件领域,是非常重要的,也是我们公司能成功的原因。"

跨境电商创业案例十

疫情后毕业生如何创业逆袭?

我们大多数人都是平凡人,成长环境早已经确定,也许你足够努力,通过学习可以获得比较好的工作待遇。但是每天按部就班、朝九晚五的生活,真的是我们学生时代所期待的生活吗?别人都说正确的圈子可以改变一个人对生活的态度,乃至命运,你相信吗?

作为 2019 年的毕业生,当时感受到了口袋空空的窘迫,迷茫、自我怀疑。毕业面临失业,曾经豪情壮志的棱角开始被现实磨平。2020 年六月疫情稍微好转,结束了整个大学生活,甚至来不及遗憾就开始面对生存问题。两个月的面试和自我否定,八月份我在郑州找了一份电商运营的工作,每天过着朝九晚八的生活,没有一点自己的时间,总是很焦虑。

更重要的是工资真的拿不出手,甚至父母问起都会难以启齿,这样的生活过到 2022 年年底,疫情隔离在家我开始失眠。身边的大学同学开始在朋友圈里搞副业,他们做公众号,或者脱离本专业在外地干销售。有些人靠拍短视频积累了一些粉丝,开始招兵买马组建团队,好像无所事事守着死工资的只有我一个人。如果你也经历过毕业的迷茫和焦虑期,你可以看看我接下来的思路转换,我相信每个人都是自己的神,能解救自己于水火的也只有自己。

2021 年初,我从电商运营离职,当时关系比较好的一个同事,闲聊时问我日本人有什么消费习惯,他滔滔不绝地讲了很多,我才知道他在做日本的电商,正在考察市场。同

样都是离职,他不过比我大一两岁,朋友圈里都已经晒车晒房。作为跨境电商的早期受益人,他的生活不止靠工作的工资。2021年九月份,我搬到了上海,换了一个工作,一边上班一边开始了我的跨境电商之路,循序渐进地了解 Starday 跨境电商平台。

毕业三年,靠跨境电商创业,赚取人生第一桶金,人生才刚刚开始。

跨境电商创业案例十一

河北籍衡阳大学生通过跨境电商创业将中国制造推向全球

人学始知道,不学非自然;青春须早为,岂能长少年。在年轻这一辈中,他们不甘于现状,追求成为更好的自己,也敢想敢干,用新的方法获得个人和事业成长;在与世界融合发展中,他们更自信也更有底气,不辜负时代与青春韶华。今天为大家讲述河北籍衡阳大学生通过跨境电商创业将中国制造推向全球的故事。

刘玉红(以下简称"玉红")1996年出生于河北张家口,2016年到衡阳读大学,2019年实习期间参加了阿里巴巴(以下简称"阿里")国际站的"华南问道"培训,开始认知跨境电商,于同年12月25日在衡阳成立湖南荣鑫达科技有限公司(以下简称"荣鑫达"),主要经营叉车、堆高车、托盘车等产品。通过跨境电商平台阿里国际站引流客户,2020年实现营业额近200万元,2021年超500万元,2022年有望突破1000万元,主要以9710模式拓展出海之路。

(一)认知突破,创业萌芽

2019年玉红大学实习期间通过参加阿里国际站的"华南问道"培训,了解到跨境电商趋势,在心里播下通过跨境电商创业的想法。"实习专业与大学所学专业不对口,刚开始接触跨境电商平台时遇到很多操作困难,打开后台不知道从哪里开始,于是白天上课,晚上通过阿里线上课程学习跨境知识,从 FOB(贸易术语,一般指船上交货价)、港口基础知识都不知道到慢慢掌握,这段经历是很有价值的。"玉红说。

(二)排除万难,坚定创业

玉红想办法解决入驻跨境平台的资金和产品问题后,2019年12月28日荣鑫达公司入驻阿里国际站,选择防爆搬运车系列产品进行出海。希望是美好的,而现实是残酷的,对出海怀着美好期待,却被突如其来的疫情将这一份美好击碎。玉红说:"当得知疫情的消息后,想到每天平台开通后都属于'花钱'状态,心里非常焦虑,陷入了迷茫,不知道下一步该如何开展,想突破却无可奈何。"历经挫折,但玉红没有放弃,在潜意识层面每天让自己处于乐观状态,在河北老家过春节的她无时无刻不在思考下一步该如何破局,在和朋友交谈中,萌生出结合短期需求,跨境暂售防护服系列产品解决燃眉之急的想法。思想在于行动,玉红立即订机票返回创业地衡阳。

(三)转换产品赛道,思洋本地护航

玉红排除困难回到衡阳后,便马上联系思洋衡阳本地服务小二帮忙找防护服的供应商

资源，同时协助办理出口防护服业务的相关资质。玉红说："上传新产品到平台上后，国际站店铺确实迎来新转机，通过后台数据反馈，下单客户主要来自欧洲，我于是调整工作时间开始用欧洲客户时间运营店铺，通过2个月努力，终于燃起了新希望，在这个过程中非常感谢思洋本地服务团队一对一的指导，从店铺后台操作到产品供应链的寻找都给了很大的支持。"此时国内各行业的出口也逐渐开始复苏，而防护类产品热度也渐渐出现下降趋势，于是荣鑫达又重新把主力放在了当初经营的叉车系列产品上，并确定其为长期经营产品，2020年期间累计完成销售额近200万元人民币。

（四）沉淀经验，砥砺前行

2020年是机遇与挑战并存的一年，数字化改变了做生意的常规模式，同样荣鑫达积累和沉淀了宝贵经验，也在全球化进程中不断思考要如何进一步突破。在2021年，玉红参加思洋组织的跨境电商培训活动，和优秀同行面对面相互交流学习，通过不断改变思维认知，这一年完成销售额超500万元人民币。

（五）展望公司未来的发展

玉红说道："2022年是很难的一年，越来越多的同行加入跨境电商赛道，导致产品竞争越来越大，利润空间越来越低，为解决这一竞争现象，今年我们结合市场的需求再一次优化了产品矩阵与数字化营销策略及自身服务，通过这样的一套组合拳形成差异化的竞争，同样我们也提前4个月完成了年初定下的保守目标，今年有望突破1000万元销售额，未来可期。"

跨境电商创业案例十二

年销2500万美金背后的"二代"掌舵人：
20岁接棒创业，带领企业迈向品牌发展之路

10年前，飞速发展的互联网科技将全世界消费者推至张毅面前，他选择用跨境电商拥抱这片前所未有的广阔市场。今年是张毅创业的第21个年头，他将在更加复杂的商业环境中展开角逐，也将担负更多责任，助力行业发展。

张毅的父母是建德市第一代白手起家的民营企业家，父亲做机械，母亲做工具的塑料原料。年少时，他经常跟着母亲去下游的成品工厂催收账款，从小耳濡目染，不满足于生产工具原材料，他萌生了做成品的想法。2002年，年仅20岁的张毅拿了家里给的启动资金和一个老厂房，创立了杭州圣德义塑化机电有限公司（以下简称"圣德义"），开始书写年轻一代的创业故事。创业初期，圣德义做OEM代工，尽管销售额逐年走高，但利润并没有得到明显增长。越来越重视品牌的张毅，开始不满足于只是作为一个代工厂的角色。"没有品牌就没有定价权。"受制于人的局面令张毅决心谋求改变。

2004年，圣德义正式开始实施转型升级5年计划。张毅坦言，这5年的转型过程非常难熬和痛苦，失去了很多老客户，企业生产经营业绩也大幅度下滑。但是，他始终坚信只

要有了自主品牌的销售渠道,牢牢把握研发、质量、品牌、销售四大核心,就可以掌握市场的主动权,就算有再大的困难和挫折,也必须坚定地走下去。

在转型过程中,张毅重新思考和布局企业的发展,选择从国外的华人聚居地入手,通过让利和产品外观吸引的方式,在华裔华商开设的商场超市里推圣德义的产品,并且按照客户的需求主动开发产品,产品销量不断攀升,成功在海外市场站稳了脚跟。2008年,原先的旧厂房已经满足不了生产需要,张毅购置了新厂,一起搬进办公室的还有收集许久的400多艘帆船模型。"寓意一帆风顺。"就在这一年,张毅去澳大利亚考察市场,迈出了深耕澳大利亚市场的第一步。设立澳大利亚子公司,在当地租下1200平方米的仓库,主营自主品牌产品的批发和零售……圣德义在澳大利亚的生意逐步走上了正轨。与此同时,互联网带来的变革正潜移默化地改变消费者的习惯。张毅发现自己的产品被客户买去放在电商平台上销售。他尝试着用手机拍了照片,上传到eBay平台,很快产品就被拍下。

2013年起,圣德义在eBay平台上线自主品牌的产品,正式迈进跨境电商领域,通过跨境电商平台更好地把品牌产品输送到终端客户,直接与消费者点对点沟通。得益于"互联网+"的红利,圣德义在eBay上的销售业绩直线上升。2017年,张毅将目光投向了市场更为庞大的美国市场,这次他选择了亚马逊平台。此前张毅对于海外市场的认知,多来自客户之口以及澳大利亚市场的经验,待杀入亚马逊平台后,才明白什么叫无知者无畏。

"对美国人的消费习惯没有概念,比如卷尺的度量单位,澳大利亚用公制(mm),美国用英制(ft),根本卖不出去。"不懂消费者、库存管理混乱、营销脱节、跟不上市场的节奏,堆在亚马逊FBA仓库中的40万库存交了"学费"。2018年,建德市组织了第二期亚马逊孵化培训,张毅决定从头再来。他精心挑选了参加培训的员工,组建了新的亚马逊运营团队,对市场深度调研、重新选品,这次,张毅信心满满。果然,公司开发的磁性手腕带在亚马逊平台上一炮打响,销量很快达到每天3000个,库存很快就见底。"不论是品牌转型还是触网上线,我们都赶上了好时机。"尽管有些小插曲,但顺着跨境电商品牌出海的风口,圣德义的业绩一路高歌猛进。2019年,圣德义跨境电商销售额2500万美金。在全球疫情笼罩的阴影下,圣德义传统外贸的订单几乎停滞,然而2020年1—4月,其跨境电商销售额逆势上扬,增长40%。"多渠道发力提升了我们的抗风险能力,随着疫情期间消费者购物方式的改变,我们还有更多机会。"

随着销量的快速增长,自有工厂的产量已经满足不了来自海外的消费者,张毅在国内寻找优质的产品供应商,为圣德义做贴牌生产,把国内优质的五金工具产品嫁接到公司的销售渠道中。圣德义也从传统制造商转型成了实体贸易商,不仅其自主品牌在全球市场越做越好,也带动产业带上的上下游企业一起"走出去"。如今,圣德义的产品已经拥有手工具、电动工具、汽保工具、园林工具等12个系列3000多个品种,供应链体系内合作单位200多家。每天,张毅都会关注平台上产品的销售数据,每周六,他会根据库存信息,向工厂下订单。"他们很惊讶,为什么我们一直在下单。"疫情期间,订单也未停歇,源源不断地给合作工厂带来希望。2014年和2017年,张毅相继在澳大利亚买下2800平方米和7000平方米的土地自建仓库,构建跨境电商和公共海外仓相结合的模式,开发智能仓储系统,为200多家企业提供海外仓服务、仓储配送、库存管理等一系列服务,开拓线上线下海外营销渠道。

海外仓的建设与运营步入正轨，"闲不住"的张毅又开始着手国内跨境集运仓的建设。大卖家因为货量大可以在物流公司拿到较好的运价，而中小卖家和新手卖家往往因为物流成本过高而利润微薄，难以为继。国内跨境集运仓将借助规模效应帮助卖家摊薄成本，从而提高中小卖家的存活率。"借助跨境电商，我收获了很多，现在想为这个行业做点事情。"张毅透露，国内跨境集运仓就选址在建德，有一万两千平方米，预计将在年底投入使用，复制在澳大利亚海外仓运营的成熟经验，带动建德乃至浙西的企业一起走向海外市场。从货源采购到仓储物流、线上线下销售，张毅形容与供应链上各环节的合作伙伴形成了"鱼与水"的关系。

跨境电商创业案例十三

打工返乡一年把300万个板凳卖给全世界

位于菏泽市定陶区张湾镇西部的湾子张村，在几年前还是有名的穷村和乱村，但如今，电商产业在村里发展得如火如荼，这个村成为远近闻名的"板凳村"。仅在2018年一年，就有300万个各式各样的板凳从这个村发往世界各地，全村56家公司、120多家网店实现了1.5亿元销售额，占了全网板凳销售额的80%。

2009年，返乡创业的杨俊红筹资5万多元，生产起了城里居民装饰用的搁板。"开始生意也不好，朋友建议我开个淘宝店试试，我一口气注册了5家淘宝店，虽然销量上去了，但是这种搁板在运输途中很容易损坏，最后也没赚到什么钱。"杨俊红说。2013年的一天，在淘宝上浏览商品的杨俊红，看到布艺板凳销量火爆，便买来研究，她发现布艺板凳构造简单，方便易学，不易损坏，就萌生了做板凳的想法。随即，说干就干的杨俊红在村里建了第一条布艺板凳生产线。一段时间后，布艺板凳不仅增加了店铺流量，销量更是与日俱增。杨俊红做板凳的劲头更足了，在板凳款式上也从模仿别人转为自己研发，开发出了一系列板凳，有穿上毛衣的实木凳、轻巧方便的懒人沙发、可折叠变形的靠背椅，还有图案可爱的换鞋凳……2015年，杨俊红的店铺第一次参加"双十一"，当天，她的店铺订单就突破了5000件，销售额达到了十几万元，一天的净利润比她外出打工一年挣的还要多。

据杨俊红介绍，在她的"美丽印记"天猫店里，一款实木换鞋凳的年销量突破6万件。"整个凳子轻巧、方便又实用，面料的使用上有意大利进口PU革和舒适棉布两种选择，图案上既有简洁的条纹图案也有各种可爱的水果图案，填充物也用了有记忆功能的回弹海绵。"说起板凳头头是道的杨俊红，被乡亲们亲切地称为"板凳姐"。

作为湾子张村板凳生意的带头人，杨俊红带起了全村的板凳产业。2016年，杨俊红积极响应精准扶贫工作，立足湾子张村电商产业和木制品加工产业优势，成立了创意工艺品合作社，优先吸纳贫困户做社员，免费为村民提供技术培训、市场信息、就业指导等服务。

村民张海舟是文博电子商务有限公司负责人，也是创意工艺品合作社的社员之一。他的妻子患有心脏病，常年吃药，之前家里欠了近10万元的外债，巨额医药费把这个家庭压得喘不上气来。杨俊红听说了他家的事情后，不忍心看着这个家庭在贫困线上挣扎，便多次与张海舟进行沟通交流，并把自己的成功经验与他分享，希望他也能通过电商发家致富。张海舟没钱起步，杨俊红便借钱给他；张海舟不会用电脑，杨俊红手把手教他；杨俊红还带着他去购买价格低、质量优的原材料，把自己的客源介绍给张海舟。在杨俊红的帮助下，他的文博电子商务有限公司发展得风生水起，如今已经拥有2个建筑面积达1000平方米的大车间。提起杨俊红，张海舟充满感激："没有'板凳姐'就没有我的今天！是她领我走上了电商的路。"

走进正信工艺品扶贫车间，工人们正在热火朝天地忙碌着。今年69岁的贫困户李来志，正在锯凳子腿，他的妻子做着粘漆、打磨的工作，夫妻俩每月收入达6000多元；73岁的赵爱梅，在车间叠包装盒，每天有30元的收入。患有先天性心脏病的贫困户冯芳芳，高额的医疗费用使其生活十分拮据，但扶贫车间根据她打字快的优势，为其提供了客服岗位，月收入也有2000多元。在板凳姐的帮助下，湾子张村的村民们都参与了木制工艺品的生产和销售工作，实现创业的贫困户就有56人，实现就业的贫困户175人。

湾子张村的生产者们告诉大众网记者，他们村生产的凳子非常实用，构造符合人体工学，他们通过网络学习，紧跟流行趋势，做消费者喜欢的"北欧风""ins风"。在面料和图案上也根据消费水平和习惯，使用不同的面料和图案，店铺商品达150多个，供消费者选择，永远把消费者的需求和体验放在首位。随着村里做木制工艺品的村民越来越多，为了防止恶意竞争，杨俊红和她的丈夫创办了"万和商会"，统一定价，杜绝价格战。商会规定，对于已经在架销售的款式，其他木制工艺品公司不能再做同款，防止恶意竞争。同时，在创意工艺品合作社的努力下，湾子张村先后引进圆通等多家物流公司，畅通产品运输渠道，解决了农村电商"卡脖子"的物流问题，借助阿里巴巴"千县万村"农村淘宝工程建设机遇，全镇建立4个村淘服务站，搭建菜鸟物流农村电商配送体系。

当杨俊红等湾子张村的创业先锋在资金、技术、场地等方面遇到问题时，湾子张村党支部第一时间站出来给他们提供了极大帮助。张湾镇党委政府也顺应当地电商发展新形势，用活政策，及时介入，抓人才、搭平台、搞培训、做服务，极大地促进了湾子张村电商产业的发展。"之前湾子张村是有名的贫困村，借助电商的东风，湾子张村变了样，宽敞的马路通往家门口，家家户户都开上了小轿车，没有了贫困乱象，只有人人奔致富的好景象。下一步我们将建设占地100亩的湾子张村木质工艺品产业园，建设标准化厂房，不断创新发展，将板凳卖到全世界去。今年我们村定了个小目标，全村销售额要实现2个亿。"

科创时代中国需要更多的企业家精神

知识链接

案例分析步骤

一、先读懂案例

阅读案例的方法，一般是先粗读一遍，了解案例大意，然后再精读。最好是在先浏览案例，开始精读前，先向自己提几个基本问题：本案例的关键问题即主要矛盾是什么？为什么老师在此时布置这个案例？它在整个课程中处于怎样的地位？它跟课程中已讲的哪些内容有关？它的教学目的是什么？要通过反复思索搞清楚这些问题。一旦想通了此案例的基本目的与关键问题，你的分析自然纲举目张，击中要害。案例后附有的若干启发性思考题往往具有一定的层次性，是非常好的案例分析"向导"，涵盖了理解案例的重点与难点。因此，对于附有思考题的案例，案例学习者可以先看问题，然后带着问题去阅读案例，找出与问题直接有关的信息，通过整理案例中的相关信息而获得答案。在获得思考题答案的同时，你对案例的理解往往会更进一步。

二、确定案例分析类型

一个好的案例通常是在社会生活实践中产生的典型而完整的事件，信息量比较大、头绪比较多，有背景介绍，有人物描写，有事件描述，有前因后果以及各种各样的内外部联系与特定背景等信息。这样就增加了分析的难度。在案例分析过程中，能做到面面俱到，当然是好的。但是不能期望在任何情况下都能将案例分析得既全面又深入。案例分析报告在体例上通常有综合型、专题型两种。综合型分析，要求对案例中所有的关键问题都进行深入分析，列举有力的定性与定量论据，提出重要的解决方案与建议。专题型分析，则只是着重分析某一个或数个专门的问题，异军突起，攻其一点，重点突破。所选的当然应是自己最内行、最富经验，掌握情况最多、最有把握、可以充分扬长避短的问题，这样就可以比其他同学分析得更为深刻、细致、详尽和透彻，能提出独到的见解。因此，进行案例分析前，可选择这两种类型中的一种。

三、掌握案例分析报告的书写要求

撰写案例分析报告时应当注意以下三点。一是报告要抓住并反映案例中的主要矛盾和关键问题，突出中心。无论采取综合型案例分析还是专题型案例分析，案例分析报告的撰写者都应注意突出中心。分析者应从纷繁复杂的案例内容中抓住问题的实质进行分析，从丰富多彩的信息中提炼出有价值的信息进行归纳整理，找准并围绕案例的主要矛盾和关键问题进行详尽的分析，并通过文字的形式在分析报告中反映出来。二是要恰当选择、运用相关原理、原则和方法进行分析，力求做到说理透彻，层次分明。案例分析的目的是使大家掌握某些理论与方法等。为此，大家在撰写案例分析报告时，用原理、原则说话，做到言之有据，言之有"理"，围绕中心问题进行详尽的论述。三是说理与叙事要充分运用案例中大量有价值的信息，力求语言上明快简洁、生动形象。案例分析是从案例本身出发，引发的一系列思考和探索，因此，案例分析报告一定要紧密结合案例内容本身，充分挖掘案例中有价值的信息，运用这些信息材料在分析报告中阐明自己的观点，增强说服力。

实训任务

1. 通过阅读以上案例，选择其中一个案例进行分析，你认为这个跨境电商创业者成功之处在哪里，他是如何发现创业机会的？创业需要什么样的精神？你打算如何在学习和生活中去培养这种精神？如果你选择跨境电商创业，你会选择做什么？案例中有什么地方可以借鉴？

2. 撰写案例分析报告。案例分析报告格式可以参考以下内容。

案例分析报告

案例名称：

讨论时间：

讨论地点：

小组成员：

发言人：

撰稿人：

报告正文：

_____

_____

模块四
创新创业大赛及证书

跨境电商创业

Entrepreneurship for
Cross-border E-commerce

项目一
中国国际"互联网+"大学生创新创业大赛项目

"互联网+"大赛,全称为"中国'互联网+'大学生创新创业大赛",首次举办于2015年,目前已经成为覆盖全国所有高校、面向全体高校学生、影响最大的赛事活动之一。2019年12月,在教育部召开的工作研讨会上第六届大赛正式更名为第六届中国国际"互联网+"大学生创新创业大赛。大赛旨在深化高等教育综合改革,激发大学生的创造力,培养造就"大众创业、万众创新"的生力军;推动赛事成果转化,促进"互联网+"新业态形成,服务经济提质增效升级;以创新引领创业、创业带动就业,推动高校毕业生更高质量创业就业。

一、大赛特点

中国"互联网+"大学生创新创业大赛是全国知名度最大、覆盖的院校最广、申报项目的种类最多、参与学生最多,且涉猎国际项目、国家重视度最高的大学生创新创业大赛。"互联网+"大赛成绩已逐渐成为考核高校双创教育质量、评估双创师资的重要指标。大赛主要采用校级初赛、省级复赛、总决赛三级赛制(不含萌芽赛道以及国际参赛项目)。校级初赛由各院校负责组织,省级复赛由各地负责组织,总决赛由各地按照大赛组委会确定的配额择优遴选推荐项目。大赛组委会将综合考虑各地报名团队数(含邀请国际参赛项目数)、参赛院校数和创新创业教育工作情况等因素分配总决赛名额。

二、赛程安排

一般为自然年3月—5月,参赛的队伍可通过登录"全国大学生创业服务网"或微信公众号(名称为"大学生创业服务网"或"中国互联网+大学生创新创业大赛")任一方式进行报名。

(一)院级初赛

一般为自然年3月—4月,各学院通过学生报名情况组织院级初赛,比赛环节、评审方式由各学院自行决定(一般包括项目申报书评审及PPT路演),评审出优秀项目推荐进入校级初赛。

（二）校级初赛

一般为自然年 5 月—6 月，校级账号由各省级管理用户进行管理，比赛环节、评审方式由各校自行决定，校级初赛评选出的优秀项目推荐进行省级复赛。

（三）省级复赛

一般为自然年 6 月—8 月。省级管理用户使用大赛组委会统一分配的账号进行登录，比赛环节、评审方式由各地自行决定。各地在 8 月 31 日前完成省级复赛，遴选参加全国总决赛的候选项目。

（四）全国总决赛

一般为自然年 10 月下旬。大赛专家委员会对入围全国总决赛的项目进行网上评审，然后选择选拔项目进行现场比赛，决出金、银、铜奖。

三、赛道介绍

（一）高教主赛道

面向普通高等学校师生，分为创意组、初创组、成长组和师生共创组。要求参赛项目能够将移动互联网、云计算、大数据、人工智能、物联网、下一代通信技术等新一代信息技术与经济社会各领域紧密结合，培育新产品、新服务、新业态、新模式；发挥互联网在促进产业升级以及信息化和工业化深度融合中的作用，促进制造业、农业、能源、环保等产业的转型和升级；发挥互联网在社会服务中的作用，促进互联网与教育、医疗、交通、金融、消费生活等深度融合。

（二）"青年红色筑梦之旅"赛道

面向普通高等学校学生，将分为公益组、商业组。公益组要求参赛项目以社会价值为导向，在公益服务领域具有较好的创意、产品或服务模式的创业计划和实践；商业组参赛项目以商业手段解决农业农村和城乡社区发展的痛点问题，助力精准扶贫和乡村振兴，实现经济价值和社会价值的融合。

（三）职教赛道

面向职业院校（含高职高专、中职中专）院校学生，分为创意组、创业组。要求参赛项目能够将移动互联网、云计算、大数据、人工智能、物联网、下一代通信技术等新一代信息技术与经济社会各领域紧密结合，培育新产品、新服务、新业态、新模式；发挥互联网在促进产业升级以及信息化和工业化深度融合中的作用，促进制造业、农业、能源、环保等产业的转型升级；发挥互联网在社会服务中的作用，促进互联网与教育、医疗、健康、交通、金融、消费生活等深度融合。

（四）国际赛道

面向全球高等学校创新创业优秀青年，分为商业企业组、社会企业组、命题组。商业企业组要求参赛项目具有较新的创意、技术、产品、商业模式等，有明确的创业计划；社会企业组要求参赛项目以商业手段解决社会问题，形成正向、良性、可持续运行模式，服

务于乡村振兴、社区发展、弱势群体，或以增益可持续发展为宗旨和目标，并有机制保证其社会目标稳定，其社会影响力与市场成果是清晰、可测量的。命题组持续征集全球大型企业、政府机构、公益机构等就自身发展或社会共性问题设立参赛题目，符合参赛条件的个人、团队、企业均可参赛。

（五）萌芽版块

面向普通高级中学在校学生，鼓励学生以团队为单位参加，允许跨校组建团队。要求引导中学生开展科技创新、发明创造、社会实践等创新性实践活动，培养创新精神、激发创新思维、享受创造乐趣、提升创新能力。

项目二
全国高校商业精英挑战赛国际贸易竞赛跨境电商赛道项目

全国高校商业精英挑战赛国际贸易竞赛是由中国国际贸易促进委员会商业行业委员会（以下简称"中国贸促会商业行业委员会"）牵头主办的国家级学科竞赛活动。经过多年的培育，全国高校商业精英挑战赛国际贸易竞赛业已发展成为我国国际经贸教育领域，基于校企合作的规模最大的综合实践平台和学科竞赛活动。根据2022年2月中国高等教育学会高校竞赛评估与管理体系研究工作组发布的《2021全国普通高校大学生竞赛排行榜》，全国高校商业精英挑战赛国际贸易竞赛已纳入学科竞赛排行榜，赛事序号为52号。

一、参赛对象

学习跨境电商、电子商务、商务英语、国际贸易、贸易经济、市场营销、工商管理及相关专业的在校学生，鼓励在华留学生和海外留学生报名参赛。

二、竞赛形式

（一）知识赛阶段

采取统一网络机考方式进行。主要考核跨境电商实务及数据运营等方面的知识。知识赛为各院校必须参加的环节，60分（含）以上合格的知识赛选手有资格组队参加实践赛。

（二）全国预选赛和全国总决赛两个阶段

采用团体赛（每队由3~5名选手，1~2位指导教师组成）的形式。参赛选手自行组成团队，采取远程竞赛的方式，即参赛队无须集中，只需在竞赛期间登录竞赛执委会指定的服务器进行操作即可。

三、竞赛流程

一般为自然年3月—9月进行网上报名，先由各院校自行组织知识赛进行校内选拔；接下来，当年5月中旬开通竞赛指定软件"跨境电商综合实训平台"，然后，10月开展全国预选赛；最后，11月进行全国总决赛。

关于举办2022年全国高校商业精英挑战赛国际贸易竞赛跨境电商赛道的通知

项目三
湖北省大学生文化创意作品大赛

湖北省首届大学生文化创意设计大赛在 2014 年拉开帷幕,之后改名为"湖北省大学生文化创意作品大赛",至今一连举办九届。大赛聚焦于思维最为活跃的大学生群体,以"文化承载梦想、科技点亮生活"为主题,以互动答辩模式面向社会大众公开进行,突出原创、突出成果转化。大赛由湖北省文化厅、省科技厅、省教育厅、省旅游局相关领导和各门类知名专家、企业家组成赛事评审,评出大赛的优秀作品。除了对获奖者颁发证书、奖杯和奖金外,获奖者还有机会获得政府相关文化、科技和创业项目申报指导;大赛组委会还将对获奖者直接进行创业推荐,大赛的优秀创新项目和个人将有机会进驻国家级孵化器进行创业孵化,并获得风险投资机构的投资支持。此外,大赛组委会还将为获奖项目和其他所有参赛项目分门别类地建立湖北省创意人才和创意产品项目库,为下一步推动大赛创意项目的产业化、市场化做好准备。

一、参赛对象

参赛作者必须为湖北省普通高等学校在校生或毕业 5 年内的普通高等学校研究生和本科、专科(高职)学生。

二、作品要求

大赛关注作品的原创性、引领性和实用性,用以赛促创的形式培养大学生创新、创造、创业能力,实现对优秀作品的商业赋能及价值升级。参赛作品需要满足以下要求。

(1) 所有参赛作品应为原创设计,知识产权纠纷由参赛者自行承担。

(2) 作品主题符合社会主义核心价值观要求,弘扬正能量,鼓励作品在内容、形式上进行创新。

(3) 作品应为可视化的实物作品或数字作品,优质作品应具备"文化主题 + 创意转化 + 市场价值"三个特点。

(4) 大赛作品主题不限,但鼓励和提倡参赛作品能够更多关注生态保护与绿色发展方向,突出文化创意与生态保护理念相融合。

三、征集类型

（1）创意作品类（含创意包装、招贴设计、工业设计，创意家居家具，服装与服饰等）。

（2）新媒体作品类（含新媒体影音作品、虚拟现实类产品、交互类产品、数字生成艺术作品、创意数字动画等）。

四、竞赛流程

初赛分网评遴选和实物遴选两个阶段进行评比，组委会组织专家评委对各高校推荐参赛作品进行省赛网络评审，评选出作品入围省赛复赛，相关高校报送复赛入围作品实物，组委会组织专家评委对报送的实物作品进行评审；复赛分网络投票评比和现场路演评比两个环节进行，复赛路演作品需参加复赛作品展，作品展以实物陈列和视频展示方式进行。

数字创意经济报告分析

关于举办 2022 年湖北省大学生
文化创意作品大赛的通知

项目四
SYB 创业培训项目

SYB（Start Your Business，创办你的企业）培训是 SIYB 体系（Start and Improve Your Business，创办和改善你的企业）中的一个模块。SIYB 体系是国际劳工组织、中国劳动和社会保障部积极倡导的专门为创业者、中小企业量身定做的社会化创业全程扶持指导体系，目的是以创业促进就业。

SYB 创业培训吸纳世界 80 多个国家有关专家学者的智慧和实践经验的结晶，同时也是专家们几十年时间集体智慧的浓缩。在国际劳工组织亚太地区就业促进项目与中国劳动和社会保障部合作下，SYB 被引入中国，并在近百个城市成功推行了 SYB 项目培训。

SYB 培训面向那些有创办企业的想法，并确实打算创办一个新企业的人。它向参加培训的人介绍开办企业的各个步骤，以及怎样完成自己开办企业的各项可行性调查研究，培训的目的就是让有创业意愿的人自己来演练实施开办企业的各个步骤，完成自己的创业计划书，并提供后续支持服务，帮助他们创建自己的企业并实现有效经管。接受 SYB 培训的学员顺利结业后可获得由中国劳动和社会保障部与国际劳工组织统一登记颁发的"创业培训合格证书"，部分学员经过有关部门评估可享受国家创业贷款方面的相关优惠和创业跟踪服务。

一、培训对象

创业培训的对象为应、往届毕业大学生和社会有志青年。只要有创业愿望和一定的创业能力，都可以申请参加开办企业的培训。有条件的地方，也可对已经是企业主，但需要提高经营能力的人员进行提高培训。培训后实现创业分为创办企业和自谋职业两种形式。前者要在工商部门办理私营企业注册登记；后者是指在工商部门办理个体营业执照或在社区举办非正规就业组织。

二、培训意义

（1）通过创业培训，培养、提高创业者的心理、管理、经营素质，增强其驾驭市场的应变能力。对下岗职工和失业人员中的创业者实施心理、管理、经营素质的培训，帮助下岗职工、失业人员转变就业观念，树立创业的自信心。同时，对他们实施市场分析能力、市场竞争意识、组织管理能力的培训，增强他们驾驭市场的应变能力，造就一批成功的小老板。

（2）通过创业培训，实现就业倍增效应。部分下岗失业人员通过创业培训成为小老板，开办新企业或实体组织，在解决创业者本人就业问题的同时，也为社会创造了一批就业岗位，能帮助更多的下岗失业人员实现再就业，实现就业倍增效应。

三、培训内容

培训内容分创业意识和创业计划两部分，总共分十个模块。

第一步：将你作为创业者来评价（即创业适应性分析）。

第二步：为自己建立一个好的企业构思（即创业项目构思和选择创业项目）。

第三步：评估你的市场（即产品、客户及竞争对手分析）。

第四步：企业的人员组织（即经营上的人员安排）。

第五步：选择一种企业法律形态（即申办何种经营许可）。

第六步：法律环境和你的责任（即创业方面的法律法规，创业对你意味着何种法律风险和法律责任）。

第七步：预测启动资金需求。

第八步：制订利润计划（包括成本效益分析）。

第九步：判断你的企业能否生存（包括你的创业项目的可行性分析，草拟创业计划书）。

第十步：开办企业（即开办企业的实际程序和步骤）。

项目五

教育部 1＋X 证书试点项目
（跨境电子商务多平台运营职业技能等级认证项目）

2019 年 1 月，国务院印发的《国家职业教育改革实施方案》明确了职业教育作为类型教育的定位，确定了 1＋X 证书制度作为类型教育基本制度的设计。根据教育部《关于在院校实施"学历证书＋若干职业技能等级证书"制度试点方案》等文件，厦门优优汇联信息科技有限公司（以下简称优优汇联）对标跨境电商产业业态、岗位群和技能人才紧迫需求，研发了《跨境电子商务多平台运营职业技能等级标准》。2020 年 12 月，优优汇联成为第四批职业教育培训评价组织，《跨境电子商务多平台运营职业技能等级证书》纳入第四批 1＋X 职业技能等级证书，参与 1＋X 证书制度试点。

一、证书涵盖的跨境平台

《跨境电子商务多平台运营职业技能等级证书》精准对标各大跨境电商平台，对接跨境电商行业紧缺急需的运营类岗位群。当前跨境电商运营岗位群人才缺口巨大，高校及各大跨境电商平台所培育的人才与企业人才需求仍存在较大的差距，《跨境电子商务多平台运营职业技能等级证书》将 Amazon、eBay、AliExpress、Wish、Lazada、Shopee 等跨境电商平台在实际运营中涉及的工作任务岗位技能需求等进行精准提炼，体现了行业企业的新技术、新模式、新要求。

二、证书涵盖专业

结合院校跨境电商人才培养目标，在内容的广度、深度上探索各院校对不同层次跨境电商运营人才的培养要求，面向电子商务、移动商务、网络营销、商务数据分析与应用、国际贸易实务、国际经济与贸易、国际商务、商务英语等共计 26 个专业，可辐射中、高职、应用型本科院校约 131 多万在校生。标准分为初级、中级、高级，涵盖了跨境电商多平台运营人才在产品、客户服务、运营、营销推广等工作领域的工作任务及职业技能，并与实际典型工作任务紧密结合。

三、1+X 跨境标准职业等级划分

以跨境电商行业应用发展的实际情况和法律法规为依据,按初、中、高三级细分工作内容和职业技能要求,具体涵盖店铺开设、产品运营、数据运营、营销推广、客户服务等五个维度,其中初级主要是面向运营助理等岗位,负责跨境电商运营的基础操作,中级是面向运营专员等岗位,负责跨境电商运营的重要执行,高级是面向运营主管等岗位,负责跨境电商店铺的规划与设计,这是对数字经济时代跨境电商行业选才用人标准的高度概括。

初级:主要面向跨境电商应用或服务型企业、传统外贸转型跨境电商的应用或服务型企业、政府部门等的跨境电商平台运营助理、客服专员等岗位(群),完成注册与设置、店铺安全维护、产品标题撰写、类目分析与设置、产品页面制作、咨询回复与产品推荐、订单跟踪与反馈退换货与评价处理、客户服务信息收集等工作任务,具备店铺设置与维护、产品上架、客户服务能力。

中级:主要面向跨境电商应用或服务型企业、传统外贸转型跨境电商的应用或服务型企业、政府部门等的跨境电商平台运营专员、推广专员、客服主管等岗位(群),完成产品数据指标采集分析及链接优化、店铺健康数据指标采集分析、店铺业绩数据指标采集分析、活动方案执行、站内推广执行、站外推广执行、客户服务信息分析、客户服务异议问题处理、客户服务质量优化等工作任务,具备运营数据采集分析、营销推广执行、客户服务管理能力。

高级:主要面向跨境电商应用或服务型企业、传统外贸转型跨境电商的应用或服务型企业、政府部门等的跨境电商平台运营主管、店长等岗位(群),完成店铺定位、产品线规划与选品、利润分析、店铺健康与业绩数据指标值制订、店铺健康与业绩数据诊断、客户画像分析、店铺活动方案制订、店铺推广方案制订、营销项目管理等工作任务,具备产品分析与布局、运营数据分析与诊断、店铺营销策划能力。

四、1+X 证书学分认定与转换

学习者可以将获得的职业技能等级证书存入学分银行,存入学分银行的学习成果可申请认定和转换为学历教育课程学分,学习者入读相关院校后可以免修免考相应课程,提高学习效率。

实训任务

一个人是否能获得成功,取决于他的态度和思维方法,态度决定行动,思维方法决定方向。也就是说有效的行动和正确的思维方法是成功的保障。如果要想成功,管理自己的时间是一个很重要、很关键的因素,一个人的成就跟他时间管理得好坏是成正比的。大学是青年有梦的年华,是人生影响力最大的阶段,同时也是人才储备竞争力的过程,是准备冲刺的过程,是酝酿精华的过程,学会管理时间的人方能管理自己。这里我们重点介绍一个时间管理工具——ABC 时间管

理法，它是由美国管理学家莱金（Lakein）提出，以事务的重要程度为依据，将待办的事项按照重要性从高到低的顺序划分为 A、B、C 三个等级，然后按照事项的重要等级依次完成任务的做事方法。这种方法可以有效地解决因日常事务异常繁乱而陷入混乱的状况，使学习、工作和生活等活动在有条不紊中进行。

根据事务的重要性划分事务级别、规定优先顺序，判断每一项工作是否有助于达到长期（短期）目标之后，再根据判断确定事务的级别，可以将事务分为以下三类。

（1）第一类（A 类）：非常有助于达成目标的事情。

如果非常有助于达到目标，即为最重要的事项，将其标注为 A——必须做的事，是指与实现自己的目标相关的关键事务，比如管理性指导、重要的客户约见、重要的期限临近、能带来领先优势或成功的机会。A 级事物都是必须在短期内完成的任务，关键是需要立刻行动起来去做。

（2）第二类（B 类）：对达成目标有帮助的事情。

如果对于达到目标具有一般的意义，即为次重要的事项，将其标注为 B——应该做的事，是指具有中等价值的事务，这类事务有助于提高个人或组织业绩，但不是关键性的。B 级事务虽说不如 A 级事务那样一样紧迫，但它仍然很重要。这些工作可以在一定期限内相应地推迟。若规定的完成期限较短，就应该将它们很快提升为 A 级。对于 B 类事情，可以进行合并处理、简化处理和适度授权处理。

（3）第三类（C 类）：对达成目标没有帮助的事情。

如果对达到目标起的作用不大，即为不重要的事项，将其标注为 C——可以做的事，是指价值较低的一类事务，无论这些事务多么有趣又紧急，都应该拖后处理。C 级事务可以推迟。

现在，请你结合你的职业生涯规划，使用 ABC 时间管理法制订出你的学习计划，可以按照以下步骤进行。

步骤一：列出目标；

步骤二：目标分类；

步骤三：排列顺序；

步骤四：分配时间；

步骤五：行动实施；

步骤六：及时记录；

步骤七：归纳总结。

参考文献

REFERENCE

[1] 王振杰. 大学生创新创业基础 [M]. 北京：高等教育出版社，2018.

[2] 勾俊伟. 直播营销 [M]. 北京：人民邮电出版社，2017.

[3] 高长利. 直播营销：互联网经济营销新思路 [M]. 广州：广东经济出版社，2017.

[4] 王占熬. 跨境电子商务创业 [M]. 杭州：浙江大学出版社，2019.

[5] 武晶晶. 直播营销 [M]. 北京：航空工业出版社，2021.

[6] 韦亚洲. 直播电商平台运营 [M]. 北京：人民邮电出版社，2021.

[7] 朱秋城. 直面危机：跨境电商创业 [M]. 北京：中国海关出版社有限公司，2021.

[8] 韩金菊. 大学生创新创业指导教程 [M]. 成都：电子科技大学出版社，2017.

[9] 廖俊杰. 创新创业教育 [M]. 广州：广东教育出版社，2019.

[10] 杨经葵. 跨境电商创业实务 [M]. 长沙：湖南大学出版社，2020.

[11] 林菡密. 跨境电商 eBay 立体化实战教程 [M]. 杭州：浙江大学出版社，2019.

[12] 陈旭华. 跨境电商创业 [M]. 杭州：浙江大学出版社，2021.

[13] 纵雨果. 亚马逊跨境电商运营从入门到精通 [M]. 北京：电子工业出版社，2018.

[14] 雷重熹. 创新创业案例与分析 [M]. 北京：高等教育出版社，2018.

[15] 刘鹰. 创业基础 [M]. 北京：中国轻工出版社，2015.

[16] 谢强. 创新创业课程——教与学 [M]. 北京：机械工业出版社，2019.

[17] 徐俊祥. 大学生创业基础知能教程 [M]. 北京：现代教育出版社，2014.

[18] 陈洪峰. Shopee 跨境电商卖家实战指南 [M]. 北京：电子工业出版社，2021.

[19] 胡龙廷. 大学生创业基础 [M]. 北京：机械工业出版社，2017.

[20] 斯图尔特·瑞德，萨阿斯·萨阿斯瓦斯，尼克·德鲁，等. 卓有成效的创业 [M]. 2版. 李华晶，赵向阳，等，译. 北京：机械工业出版社，2020.

［21］杜绍基. 设计思维玩转创业［M］. 北京：机械工业出版社，2016.

［22］海迪·M. 内克，帕特里夏·G. 格林，坎迪达·G. 布拉什. 如何教创业：基于实践的百森教学法［M］. 薛红志，李华晶，张慧玉，等，译. 北京：机械工业出版社，2015.

［23］鲁百年. 创新设计思维——设计思维方法论以及实践手册［M］. 北京：清华大学出版社．2015.

与本书配套的数字资源使用说明

  本书部分课程及与纸质教材配套数字资源以二维码链接的形式呈现。利用手机微信扫码成功后提示微信登录，授权后进入注册页面，填写注册信息。按照提示输入手机号码，点击获取手机验证码，稍等片刻收到 4 位数的验证码短信，在提示位置输入验证码成功，再设置密码，选择相应专业，点击"立即注册"，注册成功。（若手机已经注册，则在"注册"页面底部选择"已有账号？立即注册"，进入"账号绑定"页面，直接输入手机号和密码登录。）接着提示输入学习码，需刮开教材封面防伪涂层，输入 13 位学习码（正版图书拥有的一次性使用学习码），输入正确后提示绑定成功，即可查看二维码数字资源。手机第一次登录查看资源成功以后，再次使用二维码资源时，只需在微信端扫码即可登录进入查看。